GEORGES PEREC ET L'HISTOIRE

 *Etudes Romanes 46*

Rédaction: Hans Peter Lund

INSTITUT D'ETUDES ROMANES
UNIVERSITÉ DE COPENHAGUE

Georges Perec et l'histoire

Actes du colloque international
de l'Institut de littérature comparée
Université de Copenhague
du 30 avril au 1er mai 1998

Recueillis et publiés par
Steen Bille Jørgensen
et Carsten Sestoft

MUSEUM TUSCULANUM PRESS
UNIVERSITY OF COPENHAGEN
2000

Georges Perec et l'histoire

© Museum Tusculanum Press et les auteurs 2000
Etudes Romanes vol. 46
Edité par Steen Bille Jørgensen et Carsten Sestoft
Mise en pages: Nils Soelberg
Imprimé au Danemark par AKA Print, Aarhus

ISBN 87-7289-560-8
ISSN 1395-9670

Illustration par Thora Fisker d'après une vidéo prise à l'occasion de la conférence de Georges Perec à l'Université de Copenhague, le 29 octobre 1981.

Publié avec le soutien financier de Landsdommer V. Gieses legat,
de l l'Institut de littérature comparée, Université de Copenhague,
et du Conseil de recherche des lettres et sciences humaines du Danemark.

Museum Tusculanum Press
Université de Copenhague
Njalsgade 92
DK-2300 København S
Danemark
www.mtp.dk

Table des matières

Présentation 7

Cécile De Bary : Une mémoire fabuleuse : de l'Histoire à l'histoire 9

David Bellos : Les «erreurs historiques» dans *W ou le souvenir d'enfance* à la lumière du manuscrit de Stockholm 21

Yvonne Goga : *Les choses* – histoire d'une réception 47

Hans Hartje : *W* et l'histoire d'une enfance en France 53

Steen Bille Jørgensen : Lecture-Investigation : l'histoire dans le détail de *La Vie mode d'emploi*. 67

Bernard Magné : Coup d(e) H 77

Elizabeth Molkou et Régine Robin : De l'arbre a l'herbier : l'histoire pulverisée 87

Manet van Montfrans : Georges Perec : Copier/Créer, d'un cabinet d'amateur à l'autre 105

John Pedersen : Histoires *per* excellence... : une lecture d'*Un Homme qui dort* 129

Mireille Ribière : *La Disparition / A Void* : deux temps, deux histoires 143

Anne Roche : Perec et le monde arabe 159

Anny Dayan Rosenman : Ecriture et Shoah : raconter cette histoire-là, déchiffrer la lettre 169

Daphné Schnitzer : Entrer dans *la Boutique obscure* (sans se heurter à la table) 183

Tania Ørum : Perec et l'avant-garde dans les arts plastiques 201

Présentation

Nous avons le plaisir de rassembler dans ce volume les actes du Colloque Georges Perec qui s'est tenu à l'Université de Copenhague du 30 avril au 1er mai 1998. Si Copenhague et le Danemark – royaume effectivement « pourri » durant le colloque avec sa grève générale qui empêcha certains intervenants d'être présents – semblent quelque peu éloignés de l'univers perecquien, des liens existent néanmoins. Perec a fait allusion à la « littérature danoise » (catégorie explicitée dans *Le Cahier des charges de La vie mode d'emploi*) dans *La Vie mode d'emploi*, et John Pedersen, auteur de la première monographie en langue française consacrée à Perec – *Perec ou les textes croisés* (1985) – a invité Perec à Copenhague en 1981. En effet, la photo de la première page de ce volume, extraite d'une cassette vidéo, témoigne d'une conférence donnée par Perec à cette occasion.

Le thème du colloque fut « Perec et l'histoire », formule quelque peu maladroite puisqu'elle pourrait limiter l'enjeu à une seule histoire. Si ce terme désigne non seulement le mode d'être des choses humaines, mais aussi une manière de les penser, le thème du colloque se présente d'emblée sous deux aspects principaux : d'une part, l'histoire de Perec, de son œuvre et de la réception de celle-ci, et, d'autre part, l'histoire telle quelle est présente dans l'œuvre, c'est-à-dire représentée, et parfois déformée, par le travail d'écriture.

La lucidité particulière de l'écrivain et sa création magistrale de fictions ténébreuses ne l'empêchèrent pas d'inscrire dans ses textes le rapport entre la fiction et sa propre histoire, procédé qui contribua à la complexité considérable de l'œuvre. Cette complexité est abordée de nombreuses façons dans les communications présentes, qui visent différents aspects, ainsi que des aspects différents, du champ de l'histoire, sans pour autant prétendre à l'exhaustivité ; il y aurait notamment du travail à faire sur l'engagement de Perec-écrivain. Le travail accompli et présenté ici pourrait ainsi ouvrir à de nouvelles recherches sur l'histoire de et dans cette œuvre capitale de la littérature contemporaine.

Nous tenons à remercier l'Institut français de Copenhague, le Conseil paritaire des études de doctorat de la Faculté des Sciences Humaines de l'Université de Copenhague, le Conseil national de la recherche en sciences humaines et le Département de littérature comparée de l'Université de Copenhague pour leur soutien au colloque, ainsi que pour leur soutien à la publication de ce livre.

Steen Bille Jørgensen et *Carsten Sestoft*

Une mémoire fabuleuse.
De l'Histoire à l'histoire

par

Cécile de Bary
Paris

En 1975, Georges Perec a commenté la deuxième partie de *La Vie filmée des Français* (1930-1934), série télévision constituée de films amateurs Pathé Baby. Son commentaire mérite d'être étudié dans ce colloque, car il est consacré à la mémoire. De fait, Régine Robin en cite les derniers mots dans *Le Deuil de l'origine* (p. 184) :

> Qu'est-ce qui reste quand tout est oublié et quand ça ressurgit tout à coup ?
> Qu'est-ce qu'il y a, qu'est-ce qui se passe derrière ces images tremblotantes, derrière le petit bruit du projecteur ?
> On sait bien que ce sont des mensonges, ces poignées de souvenirs cueillis comme des fleurs des champs ; on sait bien ce qui se cache derrière ces vacances heureuses, ces flonflons et ces canotiers, derrière ces complets immaculés et ces parties de campagnes, derrière ces grand-papas gâteux et ces bambins à nounours...
> Et pourtant ça miroite et ça s'engouffre, si loin de nous et si près de nous. C'est là, c'est un petit scintillement qui palpite et ça nous raconte quelque chose d'un peu secret, d'un peu futile, une sensation fragile, l'évocation fugitive d'un instant, les bribes d'un air oublié, quelque chose d'un peu suranné qui n'appartient à personne, mais peut-être à un rêve que nous faisons tous, comme une mémoire fabuleuse qui brasse ces milliers et ces milliers de souvenirs anonymes arrachés au temps perdu pour les projeter sans pitié dans le vertige de notre histoire.

Et elle conclut : « Cette mémoire fabuleuse, Perec en sera l'historiographe et le conservateur. » C'est ce point de vue que nous allons discuter :
– qu'est-ce qu'une « mémoire fabuleuse », d'abord, et en quoi l'image filmée permet-elle à Georges Perec de retrouver une mémoire ?
– l'écriture de Perec est-elle celle d'une « mémoire fabuleuse », et comment cette écriture se fait-elle trace ?

1. La « mémoire fabuleuse » de l'image filmée

Première remarque, Perec commente ici d'abord ce que l'image représente, non ses caractéristiques esthétiques[1]. Les seules remarques de ce type concernent, au début, la double nécessité de « bouger » la caméra et de « savoir s'arrêter » pour cadrer[2].

De plus, ces vies filmées lui sont une occasion de réfléchir sur le cinéma en général, comme le montre le premier paragraphe.

> *Sur la caméra*
> C'est une petite boîte noire. On met la pellicule à l'intérieur. On remonte le ressort, comme si c'était un réveille-matin. Au lieu de prendre une photographie, on va en prendre plusieurs à la suite, assez vite pour donner l'illusion du mouvement, de la vie. C'est ça le cinéma. C'est aussi simple que ça. (Perec, 1975, p. 1)

Dans cette introduction, l'image filmée est d'emblée placée sous le signe de l'imaginaire : c'est d'*illusion* qu'il s'agit. De fait, tout le commentaire va osciller entre deux pôles, comme dans sa conclusion, qui n'est autre que le long passage cité par Régine Robin. On reconnaît dans le début des deux derniers paragraphes – *On sait bien* [...] *Et pourtant* – la formule « je sais bien… mais quand même », qui est celle de toute croyance, si l'on suit Octave Mannoni (1969, en particulier pp. 9-33). Pour résumer « cette théorie bien connue », je reprendrai les termes de Catherine Kerbrat-Orecchioni, qui en conteste certains présupposés, mais retient le principe « extrêmement productif [...] d'un conflit, au sein du sujet, entre le savoir et le croire ».

> Le désir (de croire, malgré tout, malgré le démenti des faits) agit à distance sur le matériel conscient pour [...] maintenir [la croyance] en la transformant, à l'insu du sujet : il y a alors clivage entre le sujet qui sait (« *Je sais bien* – [...] »), et le sujet qui croit (« *mais quand même* – je ne puis m'empêcher, d'une certaine manière, de croire [...]. »). (Kerbrat-Orecchioni, 1982, p. 43)

La dimension fétichiste de l'image s'inscrit, avec cette caméra qui ressemble à un réveille-matin, dans le temps : dans l'introduction déjà citée Perec parle de « l'illusion du mouvement, de la vie » (p. 1). Et le film va

Une mémoire fabuleuse

permettre de retrouver le passé dans son déroulement. La suite du commentaire reprend constamment le thème du temps : la caméra a filmé « les enfants qui grandissent » (p. 1), « du temps qui passait » (p. 2) et permet à une « chronique » de prendre « forme » (p. 2), puis elle restitue un « temps intact immortalisé dans ce qu'il a de plus fluide, de plus inconsistant » (p. 5), et d'« année en année, la pellicule devient mémoire, chronique » (p. 6)... La conclusion, enfin, évoque *souvenirs* et *mémoire*. Leur « resurgi[ssement] » recouvre l'absence de l'oubli et le « vertige de notre histoire » (p. 10).

Cette mémoire, de surcroît, est collective, c'est celle d'« une quotidienneté enfouie sous les fracas de la grande Histoire » (p. 5).

Et puisque cette mémoire est *fabuleuse*, imaginaire, le commentaire hésite, comme dans la conclusion, entre croyance dans la trace imagée et dénonciation de son caractère illusoire, entre le *On sait bien que ce sont des mensonges...* et le *Et pourtant...*

Les images ne sont d'ailleurs que *comparées* à une mémoire « fabuleuse », peut-être rêvée. Et Perec en retient le caractère évanescent : le « *scintillement* qui *palpite* et [...] raconte quelque chose d'un peu [...] *futile*, une sensation *fragile*, l'évocation *fugitive* d'un *instant*, [des] *bribes* » participe du vide qu'il recouvre (p. 10, je souligne). Cette évanescence d'une mémoire inscrite sur « le support fragile de la pellicule » (p. 5), apparaît avec plus d'évidence dans le corps du commentaire de *La Vie filmée des Français*.

Dès l'abord, Perec fait observer le figement de l'image, pourtant animée. Ainsi, celui qu'on filme a tendance « à prendre la pose, et se fige » (p. 2). L'auteur insiste ensuite sur le « silence de l'image », son « inquiétante étrangeté » (p. 4).

> On se rend compte alors d'une chose un peu surprenante : c'est qu'il n'y a pas d'information dans ces images, ou plutôt, l'information se trouve ailleurs, elle flotte en suspens autour de l'image, elle est comme une question sans réponse, comme une évidence un peu inquiétante, un peu trouble : la trace presque effacée d'une mémoire morcelée, figée dans son mouvement, figée dans sa durée. [...] Les images sont muettes et on ne peut que les interroger sans fin... (p. 3)

« L'instant qui [...] fixe » les « ombres animées » « les fige, [...] arrête leur rire, [...] pétrifie leurs mouvements » (p. 4).

Autre forme de figement, celui du cliché. Claude Burgelin, analysant le passage cité par Régine Robin remarque d'ailleurs « qu'immédiatement le cliché – c'est le cas de le dire – [...] renforce la fausseté intrinsèque » des images (1996, p. 138). Le cliché est une tendance des vies filmées telles que

Perec les commente, mais cette tendance n'est pas toujours appuyée. Ainsi, « sur le marché », il fait observer : « Parfois, [...] on a filmé autre chose : [...] un monsieur qui choisit une échelle chez le marchand d'échelle [sic], une dame sur un vélo, deux petites filles qui traversent la rue en se tenant par la main » (p. 2). La description est plate – avec son vocabulaire très simple, parfois répétitif, et le double dépli de relatives au schéma syntaxique identique, verbe, C.O.D. et complément circonstanciel –, et elle ne recourt pas au cliché, ou de façon discrète (« un matin d'été, un marché sur la place d'une petite ville », p. 2). Quand le narratif – la *chronique* et les *personnages* –, quand l'imaginaire triomphe, le cliché prend plus d'importance. La description des images semble succomber à la banalité fascinante des images elles-mêmes.

> Et alors, petit à petit, [...] une sorte de chronique prend forme, le village se met à vivre, les gens deviennent des personnages dont on voudrait suivre l'histoire : [...] et qui a gagné la course, et qui a gagné le match, et le bossu, qu'est-ce qu'il est devenu. (p. 3)
>
> D'année en année, la pellicule devient mémoire, chronique amusée et déjà nostalgique des grandes vacances, les excursions, les mascarades, la grande maison au bord de la mer, les concerts et les pantomimes, la ribambelle des petits cousins que l'on retrouve chaque année. (p. 6)

Mais la banalité des films est ensuite elle-même dénoncée (« Tous les 14 juillet se ressemblent », p. 7). Et c'est le caractère-même de cliché des images qui est exhibé, avec ces deux attaques de paragraphes : « C'est la France des cartes postales » et « C'est la France des livres d'école, le bel hexagone violet de l'atlas de géographie » (p. 7). Dans ces paragraphes, le texte accumule alors jusqu'à l'écœurement formules toutes faites (« le mousseux qui coule à flot », « la bonne franquette »...) et métaphores éculées (« la blondeur de ses moissons »).

Au lieu de restituer le temps, l'image risque dans ce cas encore de le paralyser. Après avoir évoqué « la France éternelle », Georges Perec mentionne de même « la France respectueuse des traditions, la France de l'engoncé et du solennel ». Le cliché ne fascine plus, il est opposé à « quelque chose de plus proche, de plus simple, de plus vrai » qu'on « retrouve » dans les films d'un certain Alexandre Bastian (p. 7).

Si l'on observe une certaine ambivalence à l'égard du cliché, tout à la fois dénoncé, en conclusion, comme « mensonge », et fascinant, par exemple à la page 6, on retrouve cette hésitation devant le figement, le morcellement et l'incomplétude de l'image. Cette incomplétude, en fin de compte, fascine en elle-même, comme dans la conclusion, ou lorsque Perec demande :

Une mémoire fabuleuse

> Est-ce ce silence qui aujourd'hui nous fascine ?
> Pas seulement l'absence du son, mais surtout le silence de l'image, son vide, son incertitude. (p. 4)

Le commentaire, d'ailleurs, par des effets de décalage, entraîne la prise de conscience d'un manque dans la perception du spectateur. Ainsi, « le monsieur qui choisit une échelle chez un marchand d'échelle » apparaît à l'image bien avant le commentaire, à l'inverse des « deux petites filles qui traversent la rue », ou de la « dame sur un vélo » (p. 2). Le spectateur est donc conduit à se demander s'il a vu ce dont Perec parle, à chercher à le voir : il regarde ce qu'il n'a pas encore vu, il se rend compte alors de ce qu'il n'a définitivement pas vu – tel ou tel personnage, telle ou telle attitude.

Mémoire imaginaire, mémoire évanescente, la mémoire des vies filmées est indirectement personnelle, comme le montre l'étude de l'énonciation.

Il n'y a pas d'abord dans ce texte d'implication personnelle de l'auteur : présent de vérité générale, présentatifs, verbes impersonnels, pronoms indéfinis. Les seuls pronoms personnels, de troisième personne, renvoient aux personnages mis en scène (sur la pellicule et dans le commentaire) : d'abord « celui qui tient la caméra » et « celui qui est en face ». Plus loin ce sont les « personnages dont on voudrait suivre l'histoire » alors qu'a opéré le charme de l'image : « petit à petit, sans qu'on y prenne garde, une sorte de chronique prend forme, le village se met à vivre » (p. 2). Et après l'évocation de ces personnages apparaît la première personne, incluse encore dans un « nous » : « ce qui nous est donné à voir » (p. 3). Le « nous » réapparaît ensuite à plusieurs reprises :

> Est-ce ce silence qui aujourd'hui *nous* fascine ? [...]
> Les ombres animées font semblant de vivre devant *nous* [...]
> Attention on *nous* prend[3] ! [...]
> C'est alors peut-être que se produit le miracle de l'image : [...] quelque chose d'irremplaçable *nous* est restitué. (pp. 4-5)

L'évocation de la magie de l'image a donc provoqué une implication de l'auteur. Plus loin, après avoir parlé de « quelque chose de plus proche, de plus simple, de plus vrai » que « la France de l'engoncé et du solennel » (les films tournés par Alexandre Bastian), Georges Perec lance un appel à l'auditeur :

> quel effet ça fait de se découvrir, par hasard, au détour d'une de ces images ?
> Il y a certainement ce soir, parmi *vous qui regardez ces films*, quelqu'un qui, tout à coup, va reconnaître un lieu, ou peut-être une scène, ou peut-

> être quelqu'un, ou peut-être lui-même, et alors il va lui revenir, d'un seul coup, un souvenir minuscule, un détail dont il n'aurait jamais pu penser que sa mémoire l'aurait enregistré. (p. 8, c'est moi qui souligne)

Le « je » surgit alors, à travers une comparaison hypothétique, et il se projette dans l'image, grâce à la fiction du conditionnel.

> Il m'est arrivé quelque chose de *presque analogue*. J'ai découvert que *j'aurais pu* apparaître sur une de ces images. (p. 9 ; c'est moi qui souligne)

Dans l'énoncé, c'est ensuite la famille perdue qui resurgit, grâce au « peut-être », mais elle est bientôt « noyée », dans la foule, et la mémoire historique, celle des foules.

> Mon père, ma mère, mes grands parents se trouvent peut-être parmi cette foule qui, tous les dimanches matins, s'amassait sur le Boulevard de Ménilmontant…
> Ou bien, peut-être, sont-ils l'un près de l'autre, *noyés dans ce cortège qui se forme, comme il s'en est souvent formé en 1931*, pour aller manifester contre le chômage. (ibid. ; c'est moi qui souligne)

Dans l'image, Perec retrouve donc la possibilité d'une mémoire, mémoire indirectement personnelle, dans laquelle il retrouverait la continuité du lien avec ses parents. L'entretien avec Frank Venaille confirme cette lecture : « Un de ces films se déroulait dans mon quartier et c'était *comme si* j'avais été *avec* ma mère, mes parents, dans l'image ! » (Perec, 1979, p. 85). Cette mémoire est toutefois évanescente, menacée de dilution dans le cliché et l'Histoire collective. Ne s'agit-il pas d'ailleurs de « souvenirs anonymes », de « quelque chose […] qui n'appartient à personne, mais peut-être à un rêve que nous faisons tous » (p. 10) ?

2. Une écriture de la mémoire

Ces images filmées sont donc porteuses d'une mémoire de la quotidienneté, imaginaire, indirectement personnelle. En est-il de même de l'écriture perecquienne ? On peut le penser, puisque son projet est la trace.

> Ecrire : essayer méticuleusement de retenir quelque chose, de faire survivre quelque chose : arracher quelques bribes précises au vide qui se creuse, laisser, quelque part, un sillon, une trace, une marque ou quelques signes. (Perec, 1974, p. 123)

Dans *W ou le souvenir d'enfance*, de même, Perec écrit :

> je ne retrouverai jamais, dans mon ressassement même, que l'ultime reflet d'une parole absente à l'écriture, le scandale de leur silence et de mon

Une mémoire fabuleuse

silence : je n'écris pas pour dire que je ne dirai rien, je n'écris pas pour dire que je n'ai rien à dire. J'écris : j'écris parce que nous avons vécu ensemble, parce que j'ai été un parmi eux, ombre au milieu de leurs ombres, corps près de leur corps ; j'écris parce qu'ils ont laissé en moi leur marque indélébile et que la trace en est l'écriture ; leur souvenir est mort à l'écriture ; l'écriture est le souvenir de leur mort et l'affirmation de ma vie. (1975, p. 59)

Les mots de *trace*, d'*ombre*, de *silence* sont communs à ces textes et au commentaire de la *Vie filmée des Français*. Ce parallèle va maintenant nous retenir.

On peut de fait s'attarder sur le fonctionnement de cette mémoire scripturale : on la trouvera également fictive, indirectement personnelle et attachée à la « quotidienneté ». Dans *Notes sur ce que je cherche*, Georges Perec distingue pour ses livres « quatre champs différents » :

La première de ces interrogations peut être qualifiée de « sociologique » : comment regarder le quotidien [...] ; la seconde est d'ordre autobiographique [...] ; la troisième, ludique, renvoie à mon goût pour les contraintes, les prouesses, les « gammes », à tous les travaux dont les recherches de l'OuLiPo m'ont donné l'idée et les moyens : palindromes, lipogrammes, pangrammes, anagrammes, isogrammes, acrostiches, mots croisés, etc. ; la quatrième, enfin, concerne le romanesque, le goût des histoires et des péripéties, l'envie d'écrire des livres qui se dévorent à plat ventre sur son lit ; *La Vie mode d'emploi* en est l'exemple type. (Perec, 1978, p. 10)

La seconde de ces interrogations intéresse directement la mémoire. Mais la première également : il s'agit alors d'inscrire une trace collective. Ce qui intéresse préférentiellement Georges Perec, en effet, c'est « l'infra-ordinaire » : « ce que l'on ne note généralement pas, ce qui ne se remarque pas, ce qui n'a pas d'importance : ce qui se passe quand il ne se passe rien, sinon du temps, des gens, des voitures et des nuages » (*Tentative d'épuisement d'un lieu parisien*, 1975, p. 12). Or, ne s'agit-il pas là d'archiver ce que les archives oublient : la « quotidienneté » ?

Il y a beaucoup de choses place Saint-Sulpice [...].
Un grand nombre, sinon la plupart, de ces choses ont été décrites, inventoriées, photographiées, racontées ou recensées. Mon propos dans les pages qui suivent a plutôt été de décrire le reste : ce que l'on ne note généralement pas. (*Tentative d'épuisement...*, op. cit., p. 11-12)

L'« interrogation [...] ludique » est elle aussi trace : Bernard Magné a pu remarquer que les structures choisies par Georges Perec renvoient à des textes autobiographiques, distinguant ce qu'il appelle des « autobiographèmes ».

> Un autobiographème peut être défini comme un trait spécifique, récurrent, en relation avec un ou plusieurs énoncés autobiographiques attestés, organisant dans un écrit, localement et/ou globalement, la forme du contenu et/ou de l'expression. (1997, p. 10)

Reste le « champ » romanesque. Dans *Notes sur ce que je cherche* même, Georges Perec observe : « presque aucun de mes livres n'échappe tout à fait à un certain marquage autobiographique (par exemple en insérant dans un chapitre en cours une allusion à un événement survenu dans la journée) » (*op. cit.*, pp. 10-11). On ne peut que renvoyer à l'analyse de Bernard Magné :

> Il évoque ainsi [...] une des contraintes de *La Vie mode d'emploi* qui l'oblige à faire figurer dans le chapitre de son roman en cours de rédaction un événement survenu au cours de cette rédaction. [...]
>
> Ce marquage autobiographique appartient finalement au processus de renversement des valeurs que j'ai déjà évoqué : faire de tel événement quotidien et banal un générateur textuel vise sans aucun doute à maîtriser le présent et l'avenir, en laissant « quelque part, un sillon, une trace, une marque ou quelques signes. » Mais, plus encore, et de manière assez paradoxale, il s'agit de faire de tel fragment minuscule de l'histoire présente le départ d'une histoire, d'un récit, c'est-à-dire en fait, d'un passé autonome dont le narrateur est le seul maître : inventer le passé, inventer son passé, soit parce que l'histoire vous en a imposé un, inacceptable, scandaleux, soit parce que finalement rien ne vous a été transmis. (1997, p. 7).

Chez Perec, mémoire et fiction semblent indissolublement liées. Ainsi, dans le film sur Ellis Island se trouve-t-il « quelque chose que l'on peut appeler une mémoire fictionnelle, une mémoire qui aurait pu m'appartenir » (Perec, 1979, p. 85). L'autobiographique *W ou le souvenir d'enfance*, de même, fait une place essentielle à la fiction : « l'un des textes appartient tout entier à l'imaginaire », l'autre comprend des souvenirs « fabulés » (1975, texte de présentation de la quatrième de couv. et p. 23).

Autre articulation, celle de l'autobiographique et de la « mémoire collective » (1979, p. 83). Elle apparaît bien dans le cas de *Je me souviens* (1978). Ce livre nous intéresse, puisqu'« il tente de retrouver des éléments faisant partie du tissu du quotidien et, qu'à la limite, on ne remarquait pas » (1979, p. 82). Or, comme l'a montré Jacques-Denis Bertharion, il est un « cryptogramme autobiographique ».

> Je dirai qu'un procédé de dissimulation est à l'œuvre dans *Je me souviens* [...]. En réduisant ses souvenirs individuels à des énoncés très courts présentés comme des souvenirs « collectifs », en apparence anodins, Perec semble *éviter* tout investissement autobiographique direct. Mais le système d'échos avec *W ou le souvenir d'enfance* [...] permet de lire la ruse perecquienne comme un moyen d'expression intime, discret, pudique : Perec *dessine les contours de son histoire*. (1993, p. 75)

La mémoire personnelle traverse donc la mémoire de « l'infra-ordinaire ». On peut mieux le comprendre en comparant les passages suivants :

> Ces « je me souviens », ne sont pas exactement des souvenirs, et surtout pas des souvenirs personnels, mais des petits morceaux de quotidien, des choses que, telle ou telle année, tous les gens d'un même âge ont vues, ont vécues, ont partagées, et qui ensuite ont disparu, ont été oubliées ; elles ne valaient pas la peine d'être mémorisées, elles ne méritaient pas de faire partie de *l'Histoire*, ni de figurer dans les Mémoires des hommes d'état, des alpinistes et des monstres sacrés. (*Je me souviens*, 1978, quatrième de couv.)

> quelque chose d'irremplaçable nous est restitué [...] : l'attention portée à un être, à un événement dérisoire, à un geste oublié, à une quotidienneté enfouie sous les *fracas de la grande Histoire*, et qui resurgit soudain, intacte, merveilleuse... (*La Vie filmée des Français*, p. 5 ; c'est moi qui souligne, ainsi que dans la suite. On a ici un jeu avec les deux sens du mot *fracas* : bris et bruit.)

> Je n'ai pas de souvenirs d'enfance. [...]
> Cette absence d'histoire m'a longtemps rassuré [...] une autre histoire, la Grande, l'*Histoire* avec sa *grande* hache, avait déjà répondu à ma place : la guerre, les camps. (*W ou le souvenir d'enfance*, 1975, p. 13)

Comme la quotidienneté, l'histoire de Georges Perec est ignorée, brisée par la *grande Histoire* : elle relève du petit.

Dans l'écriture, Georges Perec inscrit donc une mémoire. Ses différents pôles font trace, autour de l'autobiographie, et en réseau avec elle : l'expression de soi est à la fois directe, formalisée et détournée, encryptée. Elle passe le plus souvent par la fiction. Elle permet, en fin de compte, de dépasser les bris de l'Histoire, grâce à l'histoire.

On pourrait donc se demander si, pour Georges Perec, écrire, c'est inscrire une mémoire *fabuleuse*. De fait, on ne manquera pas d'être frappé par la concordance entre certains passages parlant de l'image dans *La Vie filmée des Français* et ces passages de *W ou le souvenir d'enfance* consacrés à la mémoire.

> Désormais les souvenirs existent, fugaces ou tenaces, futiles ou pesants, mais rien ne les rassemble. [...] les souvenirs sont des morceaux de vie arrachés au vide. (*W ou le souvenir d'enfance*, 1975, pp. 93-94)
>
> Je crois que la scène tout entière s'est fixée, s'est *figée* dans mon esprit : image *pétrifiée*, immuable, dont je garde le souvenir physique. (*W ou le souvenir d'enfance*, 1975, p. 154)
>
> la trace presque effacée d'une mémoire morcelée, *figée* dans son mouvement, *figée* dans sa durée. [...]
> Est-ce cela qui les [les personnages filmés] *fige*, qui arrête leur rire, qui *pétrifie* leurs mouvements ? (*La Vie filmée des Français*, 1975, pp. 3-4)

Dans ces extraits, la mémoire, imaginaire, ne recouvre pas la fracture qu'elle désigne. Elle fige et pétrifie le passé. Mais la mémoire fonctionne-t-elle toujours ainsi chez Georges Perec : est-elle purement imaginaire ? En d'autres termes, l'écriture de la mémoire fonctionne-t-elle comme une image ?

On remarque tout d'abord que l'image joue un rôle central dans *W ou le souvenir d'enfance*.

> Cette autobiographie de l'enfance s'est faite à partir de descriptions de photos, de photographies qui servaient de relais, de moyens d'approche d'une réalité dont j'affirmais que je n'avais pas le souvenir. (Perec, 1979, p. 84)

Il semble toutefois que la mémoire perecquienne soit moins imagée et imaginaire qu'elle s'inscrit dans un réseau. On peut ainsi citer le souvenir d'un X dans *W ou le souvenir d'enfance*.

> Mon souvenir n'est pas souvenir de la scène, mais souvenir du mot, seul souvenir de cette lettre devenue mot, de ce substantif unique dans la langue à n'avoir qu'une lettre unique, unique aussi en ceci qu'il est le seul à avoir la forme de ce qu'il désigne [...], mais signe aussi du mot rayé nul [...], signe contradictoire de l'ablation [...] et de la multiplication, et de l'inconnu mathématique, point de départ enfin d'une géométrie fantasmatique dont le V dédoublé constitue la figure de base et dont les enchevêtrements multiples tracent les symboles majeurs de l'histoire de mon enfance. (*W ou le souvenir d'enfance*, 1975, p. 106)

Ici, le souvenir dépasse l'imaginaire. Et, de la même manière, l'écriture du souvenir, chez Perec, convoque l'imaginaire – le fantasme – et le dépasse dans le réseau de l'écriture.

> W ne ressemble pas plus à mon fantasme olympique que ce fantasme olympique ne ressemblait à mon enfance. Mais dans le réseau qu'ils tissent comme dans la lecture que j'en fais, je sais que se trouve inscrit et décrit le

Une mémoire fabuleuse

chemin que j'ai parcouru, le cheminement de mon histoire et l'histoire de mon cheminement. (*W ou le souvenir d'enfance*, 1975, p. 14)

Et ce réseau s'étend à l'ensemble de l'œuvre de Georges Perec, grâce notamment aux autobiographèmes. Expression d'une « âme[4] », l'œuvre de Georges Perec laisse au lecteur un travail : à lui de rapprocher les pièces du puzzle pour leur donner sens, en un jeu jamais achevé, ouvert. L'image de l'auteur n'est qu'un horizon, qu'il ne s'agit pas d'atteindre.

> Une fois de plus, les pièges de l'écriture se mirent en place. Une fois de plus, je fus comme un enfant qui joue à cache-cache et qui ne sait pas ce qu'il craint ou désire le plus : rester caché, être découvert. (*W ou le souvenir d'enfance*, p. 14)

Ainsi, l'écrivain exhibe et cache sa biographie, encryptant dans ses textes un réseau formel trouvant un écho dans ses textes autobiographiques, ce que Bernard Magné nomme l'autobiotexte. Au centre de cet autobiotexte, la lettre W, et ce que Bernard Magné nomme l'isotopie du manque, dont un élément essentiel est le clinamen. La volonté de mémoire, encore une fois, ne recouvre pas complètement le vide qui la détermine. Mais cette mémoire n'est pas uniquement fabuleuse, car elle ne met pas toujours en jeu la croyance. Son enjeu n'est pas seulement de dépasser l'Histoire par une histoire fictionnelle, mais surtout de faire entrer cette histoire dans le réseau de l'écriture : *d'inscrire et décrire un chemin, le cheminement d'une histoire et l'histoire d'un cheminement.*

Notes

1. Le texte, de Georges Perec, est lu par Georges Perec. On peut donc postuler une identité entre narrateur et auteur.
2. On peut comparer de ce point de vue Perec et Agnès Varda, qui dans la troisième partie de *La Vie filmée des Français*, insiste sur le cadre choisi par les cinéastes amateurs, sur leur « sens de la lumière », ou les rapproche de peintres, par exemple de Bonnard.

    Il ne semble donc pas que les caractéristiques de ces films expliquent le peu d'intérêt que Perec porte à leur construction. Quand bien même ce serait, d'ailleurs, il faudrait remarquer qu'ils le fascinent malgré leur relative nullité esthétique.
3. Il s'agit ici de discours rapporté. Dans les autres occurrences, on remarque la présence systématique de la vision et presque toujours d'une fascination, d'une magie qui opère.
4. Le Compendium de *La Vie mode d'emploi* (1978, pp. 292-298) encrypte les trois lettres de ce mot, au sein d'une diagonale sénestro-descendante. Voir à ce sujet Bernard Magné : « Le biais » (1993), pp. 40-41.

Ouvrages cités

Bertharion, Jacques-Denis (1993) : « *Je me souviens* : un cryptogramme autobiographique » dans *Le Cabinet d'amateur* : revue d'études perecquiennes, n°2.

Burgelin, Claude (1996) : *Les Parties de domino chez Monsieur Lefèvre* : Perec avec Freud, Perec contre Freud, Circé.

Kerbrat-Orecchioni, Catherine (1982) : « Le texte littéraire : non-référence, autoréférence ou référence fictionnelle ? » dans *Texte* [Toronto], n°1, *L'Autoreprésentation*.

Magné, Bernard (1993) : « Le biais », *Le Cabinet d'amateur*, n°2.

Magné, Bernard (1997) : « L'autobiotexte perecquien », *Le Cabinet d'amateur*, n°5.

Mannoni, Octave (1969) : *Clefs pour l'Imaginaire* : ou l'Autre scène, Seuil, coll. « Le champ freudien ».

Perec, Georges (1974) : *Espèces d'espaces*, Galilée.

Perec, Georges (1975) : *Tentative d'épuisement d'un lieu parisien*, Christian Bourgois,1975. On cite la réédition de 1988.

Perec, Georges (1975) : *La Vie filmée des Français*, réalisation de Michel Pamart et Claude Ventura, commentaire de Georges Perec lu par lui-même, production INA, 2e partie, noir et blanc, 52 min. Ce film peut être consulté à la Vidéothèque de Paris.

    Le texte du commentaire figure dans un tapuscrit du fonds privé Georges Perec : feuillets 34,23,0 à 34,23,10d. Ce document est reproduit et consultable dans le fonds de l'association Georges Perec, sous la cote Phot. 471. Nous remercions vivement Ela Bienenfeld, qui a bien voulu nous autoriser à reproduire ici des extraits de cet inédit.

Perec, Georges (1975) : *W ou le souvenir d'enfance*, Denoël, réédition de 1990.

Perec, Georges (1978) : « Notes sur ce que je cherche », *Le Figaro*, 8 décembre 1978. Réédité dans *Penser/Classer*, Hachette, 1985, coll. « Textes du XXe siècle ».

Perec, Georges (1978) : *Je me souviens*, Hachette, coll. « P.O.L. ». On cite la réédition de 1988, coll. « Textes du XXe siècle ».

Perec, Georges (1978) : *La Vie mode d'emploi*, Hachette. On cite la réédition de 1982, Le livre de Poche.

Perec, Georges (1979) : Entretien avec Frank Venaille, « Perec et le contraire de l'oubli » dans *Monsieur Bloom*, n°3, réédité dans *Je suis né*, Seuil, coll.« La librairie du XXe siècle », 1990, sous le titre « Le travail de la mémoire ».

Robin, Régine (1993) : *Le Deuil de l'origine* : une langue en trop, une langue en moins, Presses universitaires de Vincennes, coll. « L'imaginaire du texte ».

Les « erreurs historiques » dans
W ou le souvenir d'enfance
à la lumière du manuscrit de Stockholm

par
David Bellos
Princeton University

Deux fois dans sa vie – en 1965 et en 1978 – Georges Perec a connu le succès et la gloire littéraires ; mais ces épisodes semblent bien pâles à côté de sa fulgurante carrière posthume, qui ne cesse de s'agrandir et de s'enrichir. Au cours des mêmes décennies, l'historiographie de la destruction des Juifs par l'Allemagne nazie a connu une fortune (si on peut utiliser ce mot dans un tel contexte) à peu près parallèle : contre tout précédent historique, une marée grandissante d'études austères comme d'approches fictionnelles, poétiques et cinématographiques, maintient la *shoah* au centre des préoccupations non seulement des générations concernées mais des enfants et des petits-enfants des victimes, des coupables, et de ceux qui ont passé à côté. Toutes proportions gardées, ces deux phénomènes de retour en arrière ne sont pas entièrement indépendants l'un de l'autre. Certes, nous ne lisons pas Georges Perec seulement parce qu'il fut orphelin de la shoah ; mais à travers son œuvre nous lisons quelque chose qui a rapport à l'interprétation de la destruction de son peuple, et au projet insensé (et pourtant très bien documenté) de la *destruction de la mémoire* de cette destruction.

La shoah, la mémoire, la destruction : trois thèmes historiques qui se rencontrent et s'imbriquent tout particulièrement dans *W ou le souvenir d'enfance*. Publié quasiment le jour du trentième anniversaire de la libération d'Auschwitz, ce livre fondamental est resté pendant longtemps un texte presque confidentiel ; il ne fut ni réédité, ni réimprimé, ni guère traduit du vivant de Perec, et ce n'est que vers la fin des années 80 que sa véritable carrière publique débute, d'abord par les travaux du séminaire Perec à Paris, ensuite par des traductions, et, très récemment, par une floraison d'études en français répondant à l'institutionnalisation du texte dans un programme d'études pré-universitaires (Chauvin, 1998 ; Hartje & Bellosta, 1997 ; Roche, 1997 ; Samoyault, 1997 ; etc.). Mais il faut remarquer que les vingt ans qui séparent la publication de *W ou le souvenir d'enfance* de son accueil dans le canon tant français qu'international sont jalonnés par de nombreux ouvrages qui préparent rétrospectivement sa lecture, dont je mentionnerai seulement les plus évidents : 1976, *La Vie devant soi*, d'Emile Ajar, mystification ambiguë mais dont l'enjeu est certainement une mémoire fictive de l'Holocauste ; 1977, la publication du *Mémorial de la Déportation*, de Serge Klarsfeld ; 1978, le feuilleton télévisée, *Holocauste*, ainsi que le livre de Saul Friedländer, *Quand la mémoire revient* ; 1980, le film de Claude Lanzmann, *Shoah* ; à partir de 1984, la trilogie autobiographique d'Alain Robbe-Grillet ; en 1987, avec la mort de Primo Levi, un regain d'intérêt et une vaste série de rééditions à l'échelon mondial de ses ouvrages de mémoire et de fiction sur Auschwitz ; et, par la suite, de *l'Arche de Schindler* de Thomas Kenneally jusqu'au film qu'en a tiré Steven Spielberg, du procès Barbie jusqu'aux actes de repentance de Jacques Chirac et du Pape, le climat culturel, intellectuel et politique n'a cessé de créer des conditions de lecture qui rendent *W ou le souvenir d'enfance* un texte moins difficile, moins secret, mais par cela même plus trouble.

L'historien anglais Eric Hobsbawm a parlé de la difficulté que nous avons tous à « penser » la tranche de temps où se place pour chacun de nous la vie de nos parents – car elle est à la fois une période d'histoire, mais aussi, à travers les réminiscences de nos proches, un temps de mémoire personnelle. Il l'appelle une zone de « pénombre entre la mémoire et l'histoire », « *the twilight between memory and history* ». Qu'on l'appelle autobiographie ou fiction, autographie ou autofiction, *W ou le souvenir d'enfance* est évidemment une tentative de percer précisément cette pénombre, pour laquelle Perec, en s'appuyant sur Queneau, utilise une métaphore très semblable : « Cette brume insensée où s'agitent des ombres... » Dans la pénombre comme dans la brume, les contours s'estompent ; on y peut se tromper de sens ; rien ne semble très précis. Et comme l'on sait, il y a, dans la partie « souvenir » de *W ou le souvenir d'enfance*, bien des approximations qui semblent d'autant plus surprenantes lorsque, avec le privilège ambigu du recul historique, nous les tirons de leur pénombre et les interrogeons dans la lumière d'aujourd'hui.

Nous revenons donc à la question à la fois gênante et controversée des
« erreurs historiques » de *W ou le souvenir d'enfance*, mais non pas pour
déconsidérer un livre qui constitue, incontestablement, une articulation
fondamentale dans les possibilités d'expression face à la mémoire de la
shoah. Parmi les spécialistes de l'œuvre de Perec, pourtant, il n'y a aucun
consensus apparent même sur l'existence de ces erreurs, et encore moins
sur leur signification. Ce manque de confiance exégétique va souvent
jusqu'à la simple suppression (on ne trouve aucune mention de ces approximations historiques et linguistiques dans certains des petits livres
récents destinés aux étudiants, par exemple, même si une liste des
« erreurs historiques » est disponible depuis un certain temps déjà : voir
Bellos, 1993, 1994, chapitre 52). Mais nous y revenons surtout parce que
l'étude du manuscrit retrouvé de la partie « souvenirs » est susceptible
d'alimenter enfin une véritable réflexion sur ce phénomène, et parallèlement sur l'écriture autobiographique de Georges Perec.

Le manuscrit prend la forme d'un registre noir, conservé à la Bibliothèque Royale (Kungl. Biblioteket, ou KB) de Stockholm (ms 1997/19) [1].
Georges Perec l'avait donné à *La Quinzaine littéraire*, pour une exposition-
vente au bénéfice de la revue à l'automne de 1975 [2]. Ce registre « Eterna »,
22,5 x 35 cm, comprend 43 feuillets manuscrits recto-verso, plus une
centaine de pages blanches ; et de nombreux éléments rapportés,
tapuscrits et manuscrits, scotchés, collés, ou insérés. Dans le sommaire qui
suit, nous avons mis les feuillets supplémentaires (*bilagor* dans la
nomenclature de la KB) en encadrés, et les intitulés littéraux entre
guillemets.

Figure 1 : Sommaire du registre de Stockholm

Couverture	« W »
1 + (*bilaga 3*)	«W6W0416»
1 recto	titre
1 verso, 2+ (1, 2, 3) : W1 tapuscrit scotché	
2 recto	« Intertexte 1 » (→ II)
2 verso	notes 1 & 2
3 recto	« Ma naissance » (→ IV)
4 recto	« Intertexte 2 » (→ IV)
5 recto	« SE2 » (→ VI))
5 verso	« W3 »
6 recto	« Intertexte 3 » (→ VIII)
6 verso	« W4 »
7+ (1,2,3,4) [*bilaga 5*] : textes anciens sur la mère et le père (tapuscrits scotchés) (→ VIII)	
7 recto	« SE4. Intertexte 4 » (→ VIII)
7++ (1-8) [*bilaga 5*] : notes sur les textes anciens (→ VIII)	
7+++ [*bilaga 6*] : VIII.3 (tapuscrit scotché) (devient la fin de VIII)	
7 verso	« W5 »
8 recto	« SE5 »(→ X)
9 recto	« Deux photos »
10 recto	« Le départ »
10 verso	« W6 »
11 recto	« 2e partie »
11 verso	XIII
12 recto	suite et fin de XIII
13 recto	XV
14 recto	suite
15 recto	suite
16 recto	fin de XV
17 recto	corrections
18 recto	XIX
18 verso	corrections
19 recto	suite et fin de XIX
19 verso	corrections
20 recto	XXI
20 verso	corrections
21 recto	suite de XXI
21 verso	corrections
22 recto	suite de XXI
23 recto	suite de XXI
24 recto	« XXII »
24 verso	corrections
25 recto	XXIII
25 verso	corrections
26 recto	suite et fin de XXIII
26 +	corrections
27 recto	« XXIV »
27 verso	corrections
28 recto	XXV
29 recto	suite de XXV
30 recto	« XXVI »
31 recto	XXVII
32 recto	suite de XXVII
33 verso	corrections
34 recto	XXIX
35 recto	suite de XXIX
37 recto	XXXI
37 verso	corrections
38 recto	suite de XXXI
38 verso	corrections
39 recto	suite et fin de XXXI
40 recto	« XXXII »
40 verso	corrections
41 recto	XXXIII
42+ [*bilaga 8*] : QL 99, p. 28 (= XXXIV)	
42 verso	corrections
43 recto	XXXV
43+ [*tilläg 2*] : QL 100 (⇒XXXVI/XXXVII)	

Ce document nous invite évidemment à essayer de poursuivre l'histoire de la *genèse* du texte au-delà du stade où naguère, faute de documents, Philippe Lejeune fut obligé de s'arrêter, stade représenté par le fameux plan en 57 chapitres, reproduit dans presque tous les ouvrages récents sur *W ou le souvenir d'enfance* (p. ex., Bellos, 1994, p. 472).

Depuis la publication de ce feuillet du carton 57 du Fonds Perec par Philippe Lejeune, nous savons que Perec envisageait primitivement de faire alterner les chapitres de la « parabole olympique », publiés sous le titre « W » dans *La Quinzaine Littéraire* en 1969-1970, avec deux autres séries de texte : les *souvenirs d'enfance* (SE), et des *intertextes*, commentaires sur la façon dont l'auteur aurait écrit, interprété et assumé la fable de « W ».

Dans son premier article sur la genèse de *W ou le souvenir d'enfance* Lejeune parle de la « double catastrophe » de l'abandon du plan en trois parties (Lejeune 1989, p. 113) ; dans son livre, il qualifie de « rétrécissement tragique » l'adoption de la structure en miroir, cette structure qui donne au livre son effet dominant de « jeu sur l'ellipse, sur l'implicite » (Lejeune 1991, pp. 91, 131). Lejeune note cependant que le plan en 57 sections semble avoir été utilisé ultérieurement, puisque les rubriques sont cochées, comme s'il s'agissait d'une liste de référence. Cette supposition se révèle tout à fait fondée, voire confirmée par le manuscrit retrouvé.

Le manuscrit des chapitres autobiographiques – sur la couverture duquel Perec a collé un grand « W » découpé dans du carton blanc – ne porte ni date globale, ni datation partielle des chapitres ou paragraphes. Quand donc fut-il rédigé ? Impossible de savoir avec certitude. Il est certainement ultérieur au plan en 57 parties, mais, avant de connaître le registre de Stockholm, nous avons imaginé qu'il y avait un rapport décisif entre le nombre de chapitres dans le texte définitif – 37 – et la coïncidence, entièrement prévisible, mais néanmoins remarquable sur le plan arithmétique, qui faisait tomber le trente-septième anniversaire de Perec le 7 mars 1973 (7.3.73). Le fait que, dès son réveil le lendemain de la soirée de son 37e anniversaire, Perec ait écrit à Maurice Nadeau pour relancer *W*, semblait conforter cette hypothèse (facsimile de la lettre du 8 mars 1973 dans Nadeau, 1992 ; transcr. dans Bellos, 1994, p. 543).

Dans le manuscrit comme dans le texte, Perec parle du voyage à Venise, au cours duquel il s'est soudain rappelé son fantasme d'adolescent d'une île consacrée au culte du sport. Ce voyage à Venise aurait eu lieu « à l'âge de 31 ans » selon le manuscrit, répondant par inversion palindromique à « l'âge de 13 ans » quand il avait inventé et raconté l'histoire de « W » (voir Fig. 4).

Ce miroir peut-être trop clair du 13 et du 31 est occulté dans le texte définitif, qui place le voyage à Venise « il y a sept ans » (p. 14). Par ce changement, et étant donné que ce voyage eut lieu en 1967, l'année de référence pour le présent de l'écriture du texte définitif est de 1974 ; mais le manuscrit ne possède pas un ancrage intérieur aussi solide. Perec n'y a sans doute pas travaillé avant le printemps de 1973 ; même dans le manuscrit, il parle du tournage du film *Un Homme qui dort* avec Bernard Queysanne – de janvier à juillet 1973 – au temps passé ; et il n'a sûrement pas rédigé la majeure partie du registre après le printemps 1974, car cet été-là il tape le texte à la machine lors d'un séjour à Blévy, chez sa tante Esther, mourante ; et puisqu'il ne l'a sûrement pas écrit d'un seul trait, comme on va voir, on ne peut dater le « registre de Stockholm » que de la période 1973-1974.

Rédigé donc au beau milieu de son analyse, le manuscrit porte des rubriques en tête de chapitre ou de page, du moins au début, qui correspondent au « plan en 57 chapitres ». Perec s'est certainement servi de ce plan : les traits et les coches qu'on y voit se superposent précisément sur le déroulement du début du manuscrit.

Par exemple, le texte qui constitue le chapitre II de *W ou le souvenir d'enfance* s'appelle « Intertexte 1 » dans le manuscrit :

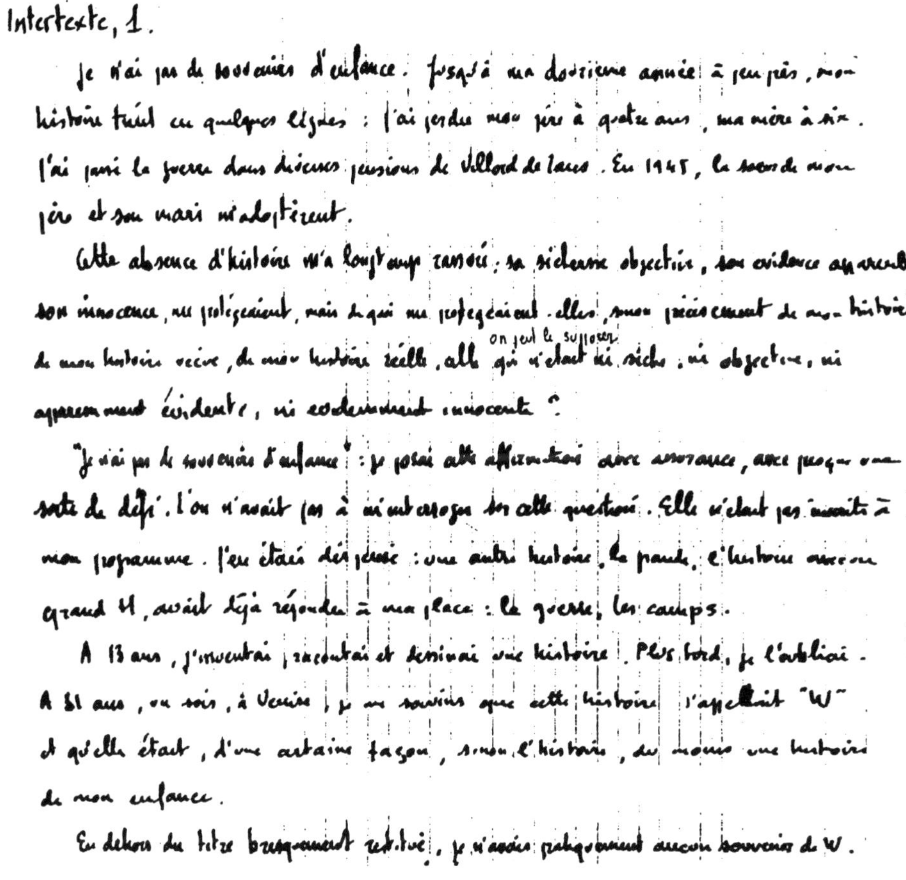

Figure 2
[Ms Stockholm f° 2r]

Ce qui est maintenant le chapitre IV s'appelle « Intertexte 2 », barré et remplacé par la mention « 4.1 » (en chiffres arabes) pour la partie comprenant ce qui est maintenant à la page 21 et les paragraphes qui précèdent la coupure de la page 22, et « Ma Naissance » (également barré) et « 4.2 » (en arabes) pour le reste du chapitre, y compris le souvenir de la lettre hébraïque et les notes qui s'y rapportent.

Ce qui constitue le chapitre VI était à l'origine intitulé «SE2» dans le manuscrit, puis plus tard «VI» en chiffres romains: voici donc la première apparition la première apparition – en crayon, ce qui ne se voit pas dans la reproduction – des chiffres romains qui seront une caractéristique importante de la version définitive.

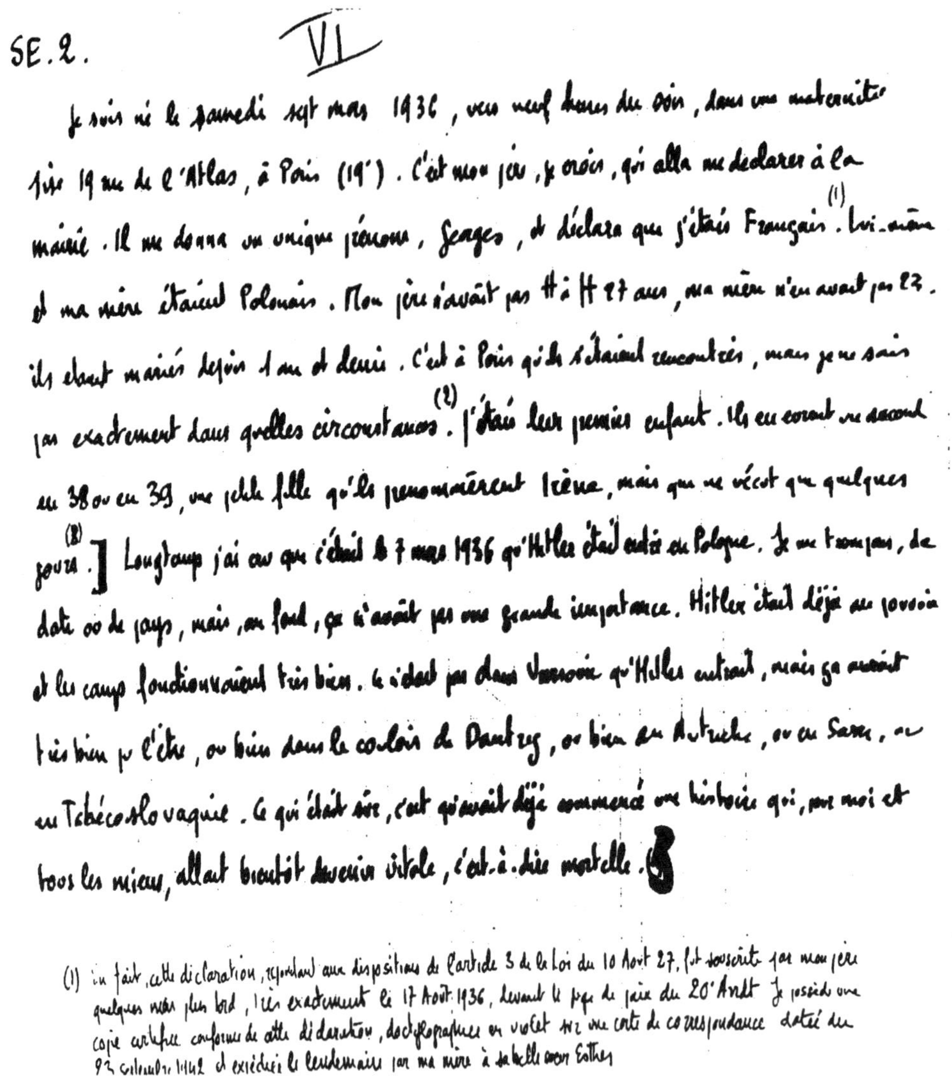

SE.2. VI

Je suis né le samedi sept mars 1936, vers neuf heures du soir, dans une maternité sise 19 rue de l'Atlas, à Paris (19e). C'est mon père, je crois, qui alla me déclarer à la mairie. Il me donna un unique prénom, Georges, et déclara que j'étais Français (1). Lui-même et ma mère étaient Polonais. Mon père n'avait pas tt à ft 27 ans, ma mère n'en avait pas 23. Ils étaient mariés depuis 1 an et demi. C'est à Paris qu'ils s'étaient rencontrés, mais je ne sais pas exactement dans quelles circonstances (2). J'étais leur premier enfant. Ils en eurent un second en 38 ou en 39, une petite fille qu'ils prénommèrent Irène, mais qui ne vécut que quelques jours (3).] Longtemps j'ai cru que c'était le 7 mars 1936 qu'Hitler était entré en Pologne. Je me trompais, de date ou de pays, mais, au fond, ça n'avait pas une grande importance. Hitler était déjà au pouvoir et les camps fonctionnaient très bien. Ce n'était pas dans Varsovie qu'Hitler entrait, mais ça aurait très bien pu l'être, ou bien dans le couloir de Dantzig, ou bien en Autriche, ou en Sarre, ou en Tchécoslovaquie. Ce qui était sûr, c'est qu'avait déjà commencé une histoire qui, pour moi et tous les miens, allait bientôt devenir vitale, c'est-à-dire mortelle.

(1) En fait, cette déclaration, répondant aux dispositions de l'article 3 de la loi du 10 Août 27, fut souscrite par mon père quelques mois plus tard, très exactement le 17 Août 1936, devant le juge de paix du 20e Arrdt. Je possède une copie certifiée conforme de cette déclaration, dactylographiée en violet sur une carte de correspondance datée du 23 octobre 1942 et expédiée le lendemain par ma mère à sa belle-sœur Esther

Figure 3
[Ms Stockholm f° 6r]

Quant au chapitre VIII, on trouve d'abord une insertion, les deux « textes anciens » sur le père et la mère, et ensuite une page intitulée d'abord « SE4 » et ensuite « Intertexte 4 » :

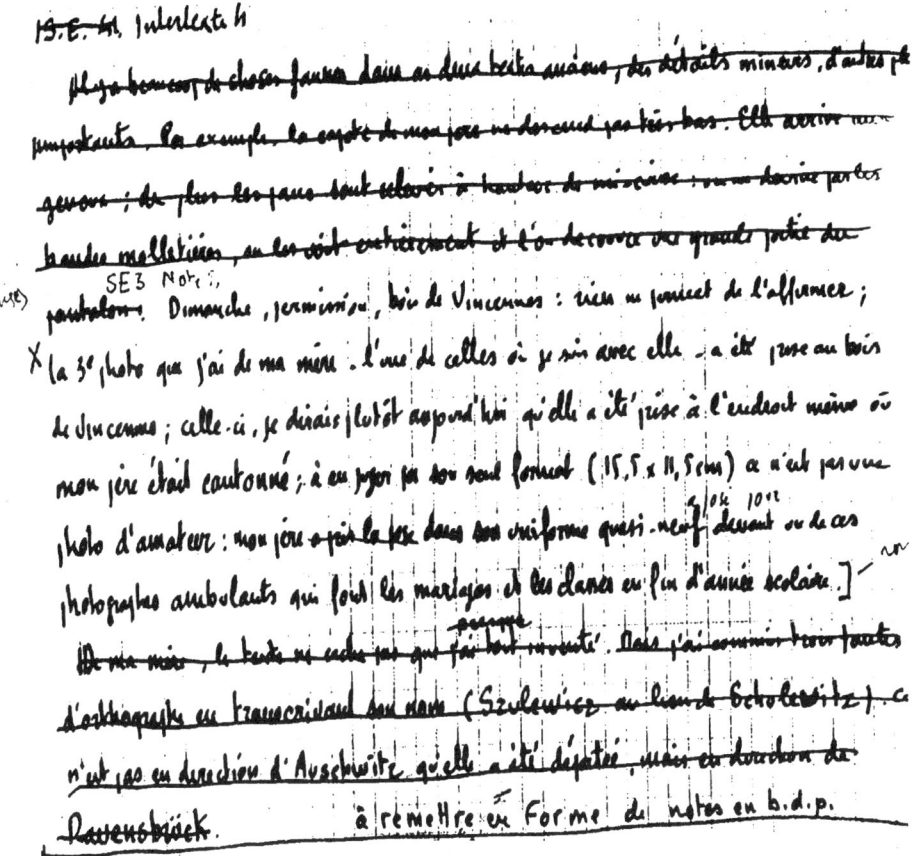

Figure 4
[Ms Stockholm f° 7r]

Il semble bien que nous touchons ici au moment même de la transition de la triple alternation à la structure en miroir : souvenir et intertexte se superposent et s'immiscent ; leur distinction cesse d'être opératoire.

A la fin d'un bref paragraphe de commentaires sur ces textes anciens et que l'on pourrait appeler un « faux départ » du chapitre VIII, Perec se donne une instruction péremptoire : « à remettre en forme de notes en b.d.p ». Ce ne sont pas les premières notes numérotées du manuscrit, mais les deux cas précédents, concernant les souvenirs insatisfaisants du chapitre IV et les notes et suppléments du chapitre VI, font plus évidemment partie du travail préparatoire de l'écrivain que d'une décision d'utiliser des notes dans la rédaction finale. Ici, par contre, l'instruction est sans ambiguïté : les notes en bas de page feront partie du livre.

La mention « SE » intervient pour la dernière fois en haut des pages manuscrites qui constituent l'actuel chapitre X : ces paragraphes sont appelés : « SE5 L'enfance avant-guerre [La rue Vilin, barré] » – et puis « X ». A partir de cette page, les rubriques des chapitres du manuscrit correspondent exactement à la numérotation des chapitres de la version définitive, donnée en chiffres romains.

Le manuscrit nous donne donc accès au cheminement même du travail de l'écrivain et nous montre quasiment le moment de l'invention de la structure binaire. L'adoption de la structure en miroir ne semble pas avoir précédé le début de la rédaction : la « catastrophe », si c'en est une, le « rétrécissement » des trois séries en deux surgit au moment même où Perec se trouve confronté à la grande difficulté de départager, entre « souvenir » et « intertexte », les commentaires qu'il se devait de faire sur les « textes anciens » du chapitre VIII.

Le registre, dès son début, présuppose une alternance avec le feuilleton W, car la première livraison est collée dans le registre, sous forme d'un tapuscrit, peut-être même le tapuscrit original. Les autres livraisons n'y figurent pas (sauf qu'on y trouve une feuille volante du texte imprimé de *La Quinzaine* correspondant au chapitre XXXIV, et le n° 100 de la revue en entier) – mais il y a souvent, surtout dans la seconde partie du livre, des pages blanches entre les « chapitres souvenirs » portant simplement le numéro du chapitre « W » qui viendra s'y insérer dans la rédaction finale (voir ff. 5v, 6v, 7v, 24r, 27r, 30r, etc.). Il est donc tout à fait clair que dans ce registre, à partir du moment aux alentours des actuels chapitres VIII et X où la nomenclature et l'alternance des chapitres se stabilisent, Perec rédigeait le texte des chapitres souvenirs *sachant parfaitement à l'avance quelles parties du texte « W » allait précéder et suivre*. Les « sutures » dont Bernard Magné a dressé le catalogue – les parallélismes syntaxiques et les échos lexicaux entre les chapitres « fiction » et les chapitres « souvenirs » – trouvent donc ici une assise, sinon une confirmation, génétique (voir Magné, 1989).

Comme le livre, le manuscrit est divisé en deux parties, mais le feuillet 11r ne comporte pas (encore) les points de suspension. Ce que le manuscrit permet de saisir encore mieux que le livre, par contre, c'est la grande différence entre les deux parties, non seulement dans leur rythme et leurs contenus, mais dans le travail même de leur rédaction.

Les « *erreurs historiques* » dans W ou le souvenir d'enfance

La première partie, comportant les actuels chapitres II, IV, VI, VIII et X, est, matériellement, une composition hétéroclite (voir fig. 1). La seconde partie, commençant avec un chapitre numéroté XIII (l'inversion pair/impair est donc déjà décidée), comporte un texte manuscrit continu, avec des corrections en interligne et en regard relativement peu nombreuses, et principalement d'ordre stylistique et non référentielles.

Dans leur grande majorité, les approximations et les contre-vérités historiques des chapitres « souvenirs » se trouvent dans la première partie du livre, la partie où, justement, Perec met systématiquement en doute sa capacité de se souvenir. Or, dans cette première partie du registre, il y a beaucoup de pièces rapportées : le tapuscrit du premier chapitre du feuilleton ; ensuite les quatre feuillets grand format d'un tapuscrit visiblement ancien, sur papier de mauvaise qualité aujourd'hui très jauni, qui contient les « textes anciens » sur le père et la mère de Perec ; finalement, pour ce qui est du support de l'écriture, le passage majeur qui constitue la fin du chapitre VIII (pp. 58-59) sur une feuille tapée à la machine sur du papier sans doute moins ancien (c'est-à-dire, plus blanc) et avec une police typographique plus moderne (IBM et non pas Underwood).

Dans la version manuscrite de la première partie, en plus, presque chaque paragraphe est constitué par une première mouture, souvent beaucoup plus brève et beaucoup plus affirmative que le texte que nous connaissons, modifiée par des ajouts en interligne, en bas de page, et en regard (souvent les trois à la fois) apportant corrections, suppléments d'information, et surtout mises en question et dubitations diverses. On y voit beaucoup d'encres, de stylos et d'écritures différentes. Sans qu'il soit possible de rétablir l'ordre dans lequel les ajouts ont été faits dans le registre, il est évident que Perec est allé se renseigner en cours de travail, soit sur des documents, soit à la Bibliothèque, soit (surtout) auprès de ses parents, notamment Esther Bienenfeld, pour rétablir ses connaissances parfois étonnamment erronées de l'histoire de sa famille. Ce constat est d'autant plus surprenant que beaucoup des éléments erronés dans la première mouture de ces chapitres avaient déjà fait l'objet de recherches suivies en 1967-1968 autour de l'*Arbre* (voir Robin, 1993) ; certains avaient même été réécrits une seconde et parfois une troisième fois dans les textes de *Lieux*.

Le terme de « patchwork » fournit une métaphore usuelle pour parler de la technique de l'écrivain dans des textes aussi différents que *Un Homme qui dort*, *La Disparition*, et *La Vie mode d'emploi*. Dans le manuscrit des « souvenirs d'enfance », cette métaphore se matérialise. La fragmentation qui caractérise le livre n'est pas une structure imposée sur la matière du texte : c'est le caractère même de cette matière, au sens le plus prosaïque. Ce qui retient l'attention, ce n'est pas le travail qu'aurait fait l'écrivain pour coller, lisser et joindre ces éléments épars, mais plutôt l'extrême modestie du travail d'écriture visible. Pour les premiers chapitres de la partie souvenirs, le texte définitif reprend exactement la *structure* du document de travail qui l'a précédé. Le génie de Perec, ici, c'est d'avoir su tirer parti sur les plans esthétique, moral, et intellectuel d'un renoncement au traditionnel travail de mise en forme.

L'écriture de tous les chapitres autobiographiques de la deuxième partie du livre fait une impression assez différente. Entre la première et la seconde partie – ligne de fracture dans le feuilleton « W » comme dans la version définitive du livre, fracture non-dite dans l'histoire de Georges Perec aussi – quelque chose se passe, s'est passé, pour changer le rapport entre l'écrivain et son texte, changement qui se lit dans l'apparence même des pages, comme on peut voir dans cet extrait :

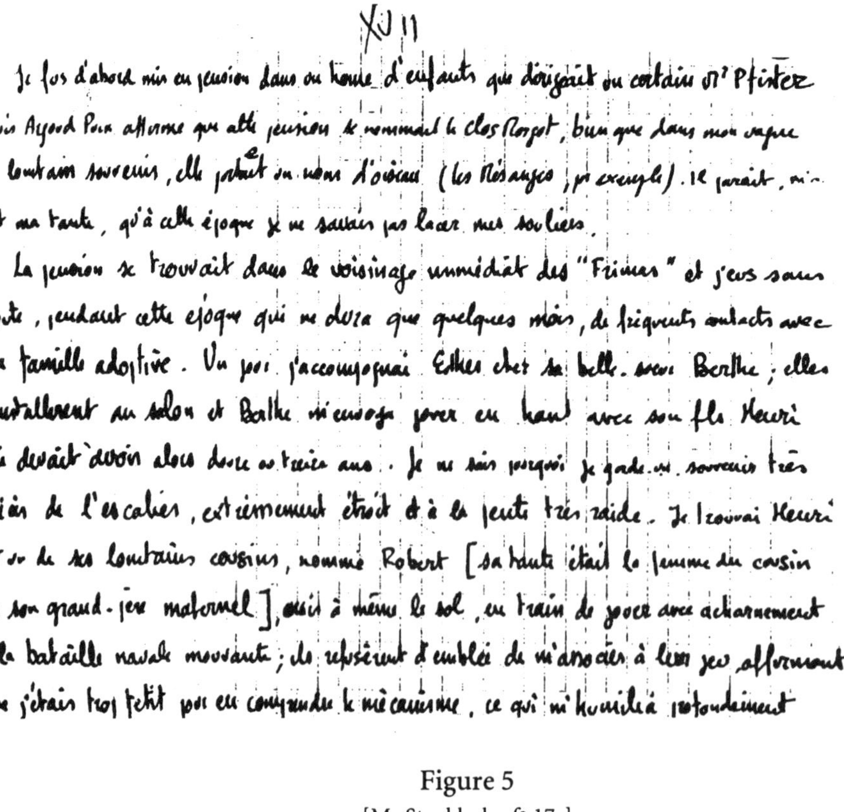
XVII

Je fus d'abord mis en pension dans un home d'enfants que dirigeait un certain Dr Pfister
Louis Aygard Pour affirme que cette pension se nommait le Clos Ronget, bien que dans mon vague
et lointain souvenir, elle portait un nom d'oiseau (les Mésanges, par exemple). Il paraît, m'a-
dit ma tante, qu'à cette époque je ne savais pas lacer mes souliers.
La pension se trouvait dans le voisinage immédiat des "Frênes" et j'eus sans
doute, pendant cette époque qui ne dura que quelques mois, de fréquents contacts avec
ma famille adoptive. Un jour, j'accompagnai Esther chez sa belle-sœur Berthe ; elles
s'installèrent au salon et Berthe m'envoya jouer en haut avec son fils Henri
qui devait avoir alors douze ou treize ans. Je ne sais pourquoi je garde un souvenir très
précis de l'escalier, extrêmement étroit et à la pente très raide. Je trouvai Henri
et un de ses lointains cousins, nommé Robert [sa tante était la femme du cousin
de son grand-père maternel], assis à même le sol, en train de jouer avec acharnement
à la bataille navale mouvante ; ils refusèrent d'emblée de m'associer à leur jeu affirmant
que j'étais trop petit pour en comprendre le mécanisme, ce qui m'humilia profondément

Figure 5
[Ms Stockholm f° 17r]

« Pour chacun de ceux qui vécurent enfants cette période, il y a quelque part dans leurs souvenirs une infranchissable ligne de clivage », a dit Saul Friedländer (p. 9). Le manuscrit de *W ou le souvenir d'enfance* ne dit pas autre chose. Et ce clivage – entre les brumes et le flou de « l'avant » et les souvenirs de « l'après » – devrait structurer aussi notre étude du texte.

Le caractère très travaillé du texte final du livre, et les échos intrigants qui parcourent les chapitres autobiographiques et la fable de W, incitent beaucoup de lecteurs de *W ou le souvenir d'enfance* à penser que chaque mot, chaque élément régulier ou irrégulier, chaque révélation et chaque approximation, a été pensé et planifié par l'auteur. Cette attitude – que l'on pourrait qualifier d'esthétique – devient gênante lorsqu'elle est appliquée au niveau référentiel du texte. Car elle se résume à la conviction que chaque erreur de Perec est intentionnelle, fait partie du dessein esthétique précisément là où elle fait fi de l'histoire et de la véracité, éléments incontournables du « pacte » qui lie un autobiographe à son lecteur : elle soulève ainsi des questions déontologiques et éthiques d'autant plus difficiles à traiter qu'il s'agit d'une enfance juive pendant l'occupation nazie.

L'hypothèse du « tout exprès » est d'ailleurs compatible avec l'image répandue d'un Perec amateur de devinettes, d'astuces, de leurres, et de déceptions ludiques. Mais face au manuscrit de *W ou le souvenir d'enfance*, cette hypothèse se heurte à des objections de taille.

Les premiers jets de certaines notes du chapitre VIII sont moins exactes que dans la version définitive. Par exemple, la note 3 du manuscrit dit : « Mon père est venu en France au début des années 30 ». C'est une approximation assez grossière. Perec l'a corrigée à un moment ultérieur (dans une encre différente), peut-être après une conversation avec sa tante Esther, ou bien en consultant les documents en sa possession. Il corrige donc : « Mon père est venu en France en 1926, quelques mois avant ses parents ». Le fait que son père vécut quelques temps avec Esther, la date de l'arrivée d'Esther à Paris, la nature du travail de David Bienenfeld, et la supposition que Izie avait peut-être lui aussi été coiffeur – tous ces éléments d'information sont des ajouts au premier jet de ces notes, et datent de la seconde, troisième ou énième couche d'écriture (couches que l'on distingue assez mal sur photocopie ou microfilm, mais que l'on voit sans problème lorsque l'on regarde le document original) :

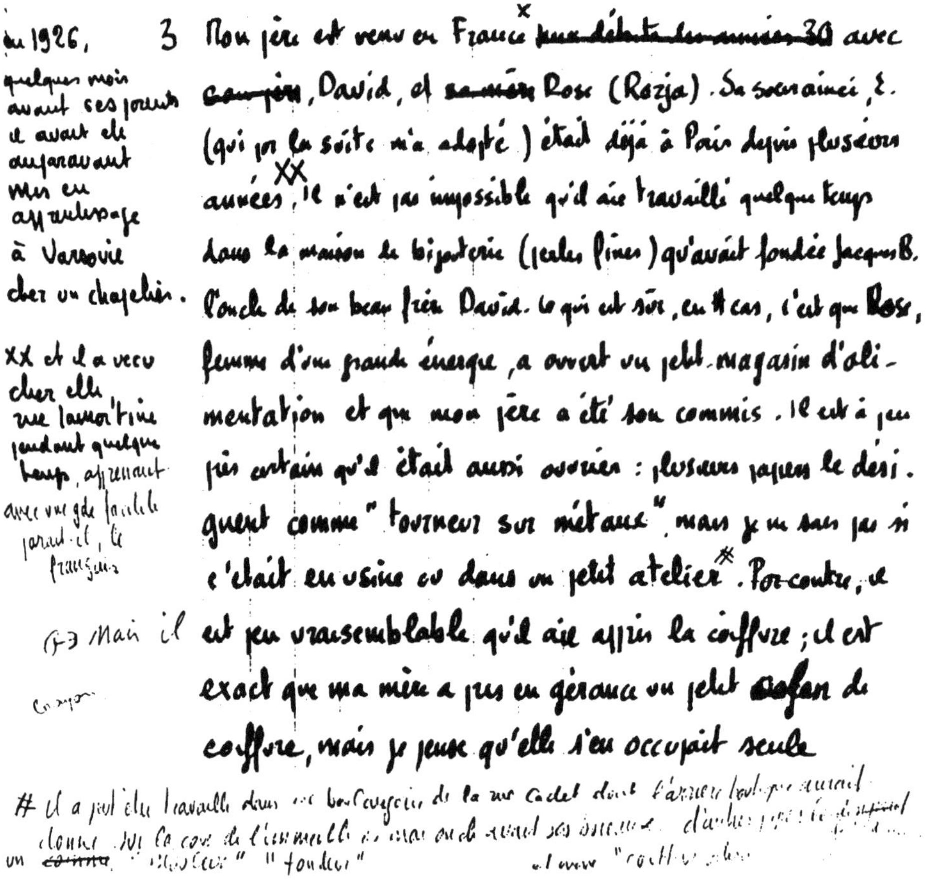

Figure 6
[Ms Stockholm, f° 7++(1)]

Quant aux élucubrations linguistiques de la note 8, voici une transcription de la première version du manuscrit :

> B et P étant en hébreu, yiddish et arabe une seule et même lettre, « B(e)retzel est en quelque sorte un diminutif de Perets : « Baruch », « Barek », sont des équivalents de Peretz. [Ms Stockholm, f° 7++(1)]

Ces informations sont encore plus fausses que celles fournies par le texte imprimé. Or, ces approximations encore plus fautives dans le premier jet que dans les versions ultérieures nous persuadent que Perec a fait un effort, non pas pour introduire des variations signifiantes dans son texte, mais pour y introduire une plus grande correction (même si dans ce cas précis comme dans bien d'autres ce travail n'aboutit pas à un résultat tout à fait impeccable) : ce travail se voit à l'œil nu, et ne conforte pas du tout l'hypothèse d'erreurs faites exprès.

Perec donne la date de la mort de son père comme étant le 17 juin 1940, date corrigée par la suite au 16 juin. Dans le premier jet, il ne donne pas du tout, ou il donne incorrectement, les dates auxquelles les certificats relatifs à la mort de sa mère furent délivrés. Ces exemples suggèrent que Perec a fait un effort parfaitement sincère pour se débarrasser de ses idées fausses et pour fournir, dans les passages autobiographiques de la première partie, des informations aussi exactes que ses sources le lui permettaient.

Presque toutes les informations données dans les notes au chapitre VIII sur sa mère sont des ajouts à la première rédaction : l'absence relative de Cyrla, qui reste fort perceptible dans le livre définitif, est encore plus frappante si on essaie de lire dans le manuscrit le tout premier jet. Et là où il en parle, il semble fantasmer d'une façon très curieuse. On est très surpris d'y lire, par exemple, que Cyrla aurait été déportée à Ravensbrück, et non à Auschwitz (fig. 8). Perec ajoute :

> Il est possible qu'elle n'y soit jamais arrivée ou que tout le convoi par exemple ait été gazé en arrivant. En tt cas, elle ne figure pas sur la liste publiée dans « Les Françaises à Ravensbruck »

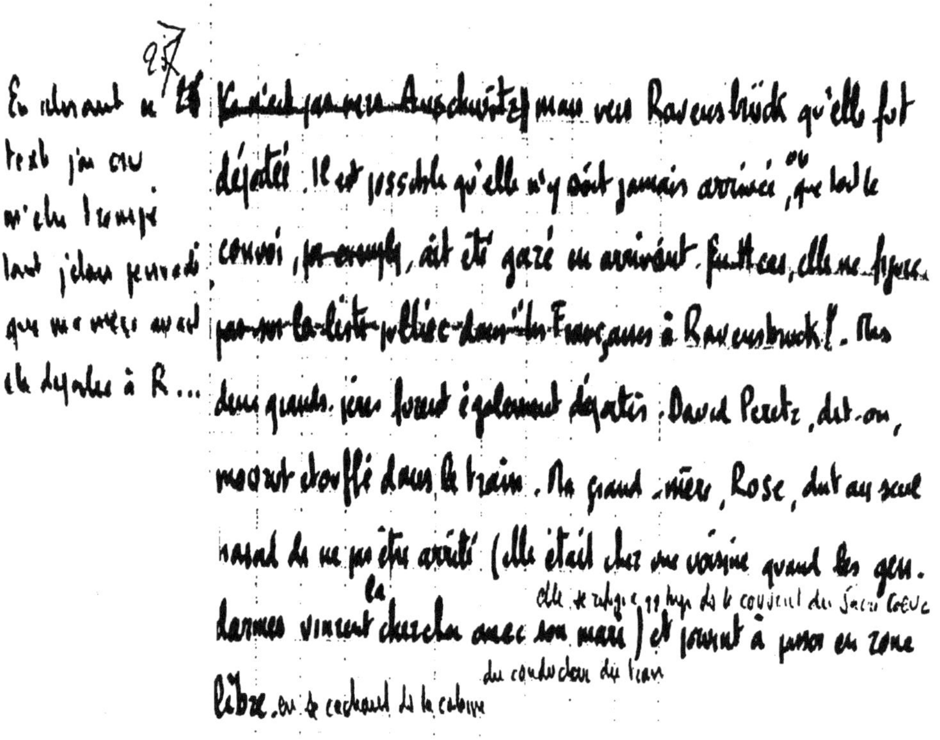

Figure 7
[Ms Stockholm, f° 7++(5)]

Il est difficile de comprendre pourquoi Perec aurait cherché le nom de sa mère dans cet ouvrage : il devait savoir que Cyrla Szulewicz, étant polonaise, n'aurait pas pu figurer dans « Les Françaises à Ravensbruck » de toute façon, même si elle avait effectivement été déportée dans ce camp.

Perec ne se contente pas de corriger ce détail, il commente sa propre correction :

> En relisant ce texte [c'est-à-dire le « texte ancien » qui fait référence à Auschwitz] j'ai cru m'être trompé tant j'étais persuadé que ma mère avait été déportée à R...

Cependant, l'*Acte de Disparition* que Perec a bien dû sortir de son tiroir un jour pour prendre note de la date exacte de son émission indique clairement que Cyrla Szulewicz a été déportée « en direction d'Auschwitz ».

Mais la version définitive de cette partie du texte ne figure pas dans le manuscrit et a dû être écrite à Blévy, au stade du tapuscrit.

Ainsi, le manuscrit des chapitres II à X semble démontrer deux choses. D'abord, que Perec cherchait à se corriger, non à poser des leurres ou des pièges pour son lecteur. Et ensuite, que Perec, tout documentaliste et certifié d'histoire qu'il fût, ne maîtrisait pas très bien la chronologie du vingtième siècle pour la période qui correspondait pour lui à cette « pénombre entre mémoire et histoire » dont parle Hobsbawm ; qu'il ignorait presque tout de l'Hébreu et du Yiddish ; et qu'il ne répugnait pas dans un premier temps à échafauder des hypothèses, à balancer des affirmations sur des choses qu'il ne comprenait pas très bien. Par la suite, Perec corrige, ajoute et module ses propos, pour être moins imprécis, moins erroné, et surtout moins affirmatif. Son travail de correction laisse à désirer, comme dirait un maître d'école, mais nous interdit de parler d'une quelconque désinvolture devant l'histoire [3].

Mais où est donc parti l'araignée de cette toile, le Perec tisserand de textes déceptifs ? On le retrouve dans la seconde partie, et le manuscrit nous le montre en action. On se souviendra que Perec raconte comment « les hasards du service militaire » avaient fait de lui un éphémère parachutiste (p. 77). Or, dans le manuscrit, il attribue cette péripétie non au vague service militaire mais plus précisément à la Guerre d'Algérie. Si l'on prenait ce changement isolément, on dirait que Perec avait voulu gommer le contexte historique des années 50, tout comme il semble gommer le vaste et passionnant contexte historico-militaire de son séjour à Villard-de-Lans en 1942-45. Mais ce n'est pas exactement cela. Comme d'autres lecteurs l'ont bien remarqué, l'Algérie figure bien dans le texte du livre. Au chapitre XXXI, d'après le résumé d'Alexandre Dumas fourni par le cousin Henri, Porthos meurt écrasé par un rocher, d'Artagnan est tué par un boulet de canon à Maastricht, et Athos meurt dans son lit « au même moment où tombe son fils Raoul ». Voilà ce que dit en effet le manuscrit. La version publiée ajoute : « où tombe *en Algérie* son fils Raoul ». Autrement dit : le manuscrit « rétablit » pour ainsi dire le « bon endroit » de l'Algérie (parachutisme et non lecture de Dumas) ; on peut être quasiment certain que les deux changements n'ont pas été faits indépendamment l'un de l'autre. Perec a enlevé « Algérie » de son premier contexte pour la fourrer là où l'on ne penserait pas lui accorder une signification particulière. Et c'est précisément de cette façon – on peut très bien dire ici : de façon « réticulée » – qu'elle signifie.

« Désormais les souvenirs existent », Perec déclare au début de la seconde partie : pourtant on y trouve bien des mystères non signalés comme tels et sans éclaircissements. Un des plus frappants se trouve au début du chapitre XXXIII. Perec raconte le souvenir d'avoir été voir un film à Villard-de-Lans pendant l'année scolaire 44-45 :

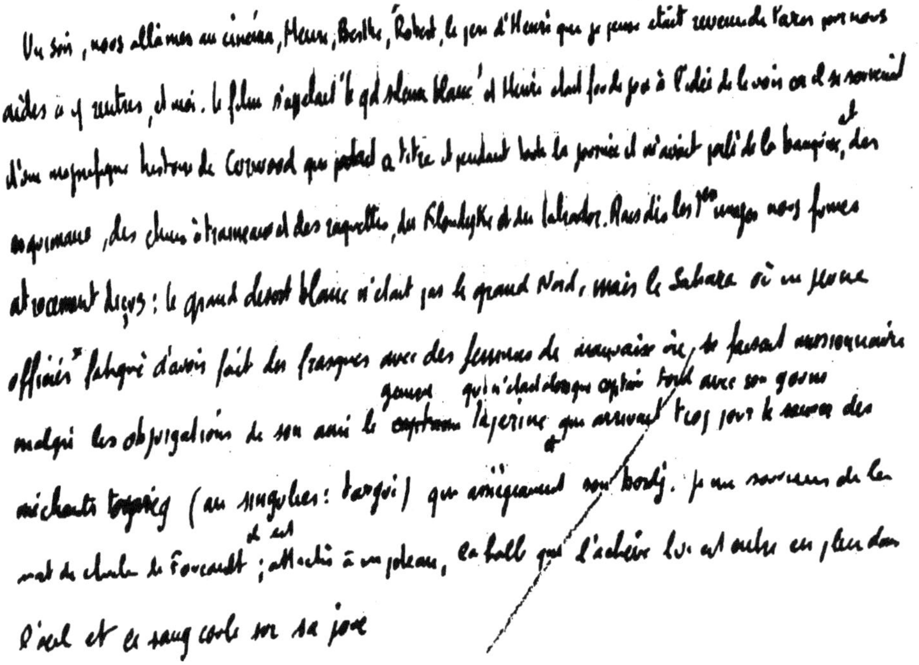

Figure 8
[Ms Stockholm, f° 37r]

Le texte définitif n'est guère différent :

> Le film s'appelait *Le grand silence blanc* et Henri était fou de joie à l'idée de le voir car il se souvenait d'une magnifique histoire de Curwood qui portait ce titre, et pendant toute la journée il m'avait parlé de la banquise et des Esquimaux, des chiens à traîneaux et des raquettes, du Klondyke et du Labrador. Mais dès les premières images nous fûmes atrocement déçus : le grand désert blanc n'était pas le Grand Nord, mais le Sahara, où un jeune officier, nommé Charles de Foucauld.... [203]

Mais comment cette méprise a-t-elle pu se produire, et quelle fut, exactement, l'erreur de Henri ? *Le Grand Silence blanc* est le titre non d'un récit de Curwood, mais de deux autres récits assez célèbres, l'un de Louis-Frédéric Rouquette, où il s'agit effectivement du Yukon, de la neige, des

Les « erreurs historiques » dans W ou le souvenir d'enfance 39

huskies, et du Labrador ; [4] l'autre « Grand Silence blanc » est le tout premier récit publié de Jack London (« The White Silence » en anglais), recueilli en français dans un volume préfacé par Pierre MacOrlan (*Le Fils du loup*, 1922 ; voir Lacassin 1992, p. 277). Henri se trompait donc sur le nom de l'auteur – ou bien Perec se trompe à dessein, pour ne pas mentionner le nom de Jack London, à qui il devait une de ses grandes expériences de lecture enfantine, *Michaël chien de cirque,* [5] mentionné (encore une fois, sans nom d'auteur) dans le chapitre « souvenirs » précédent.

Mais cela n'explique guère la méprise, car il s'agit d'un film, non d'un livre appelé *Le Grand Silence blanc*. Ce film n'est pas une adaptation de London, mais un grand documentaire anglais tourné en 1911-1913 en extérieurs en Nouvelle-Zélande et sur le continent antarctique, et qui traite du dernier voyage vers le pôle sud du Capitaine Scott. Commercialisé sous divers titres, ce grand reportage du cinéma muet fut sonorisé en 1933, et distribué en France en 1936 sous le titre *Le Grand Silence blanc*. Quelle coïncidence ! Le lecteur perecquien a du mal à croire que dans *W ou le souvenir d'enfance* Perec aurait nommé *par hasard* un film sorti l'année de sa naissance et traitant de l'hémisphère sud...

Mais ce n'est pas ce film que Georges et Henri sont allés voir. Le film projeté à Villard racontait la vie de Charles de Foucauld, le soldat-prêtre qui avait tenté la conversion des musulmans du Maghreb français, un héros de la droite française bien-pensante et catholique de l'époque. Y a-t-il un récit de la vie de Foucauld au cinéma ? Bien sûr : réalisé par Léon Poirier, ce film fut conçu comme un acte de piété nationale ; plus de 100 000 souscripteurs répondirent à l'appel public de Poirier, qui travaillait sans producteur. Or, Perec savait tout cela très bien, et n'ignorait pas non plus le vrai titre du film, qui n'est pas *Le Grand silence blanc*.

Perec, comme on sait, est allé glaner dans les numéros du *Temps* du 7 et 8 mars les éléments de son appendice au chapitre VI, la liste des événements qui ont présidé à sa naissance. À sa première consultation dans la salle des périodiques de la BN, il inscrivit sur le registre manuscrit des « Souvenirs d'enfance » une petite douzaine de rubriques, principalement politiques, mais sans oublier des notations « culturelles » et « quotidiennes ». Il a dû faire une seconde visite à la BN après l'achèvement du manuscrit, [6] pour récolter les nombreux éléments supplémentaires de la liste du chapitre VI – les références à Florent Schmitt, à Renault, aux programmes de cinéma et de théâtre, et l'entrefilet concernant la première représentation à Paris des *Temps modernes* de Chaplin, qui termine le catalogue dans le texte définitif, et qui proviennent tous du *Temps* du samedi 8 mars, 1936. Mais l'entrefilet sur Chaplin ne termine pas la colonne « Spectacles » du journal. Ce qui le suit, et que Perec décida de ne pas représenter dans son livre, le voici :

> Léon Poirier a complètement terminé la réalisation de son film consacré à la biographie du père Charles de Foucauld. *L'appel du silence* est en montage. Une grande partie a pu être assemblée, c'est celle qui a été rapportée par Léon Poirier.

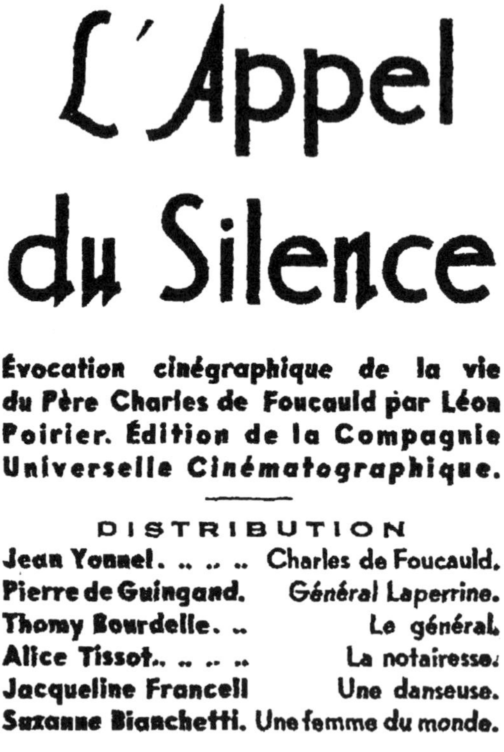

L'Appel du Silence

Évocation cinégraphique de la vie du Père Charles de Foucauld par Léon Poirier. Édition de la Compagnie Universelle Cinématographique.

DISTRIBUTION
Jean Yonnel. .. .. .. Charles de Foucauld.
Pierre de Guingand. Général Laperrine.
Thomy Bourdelle. .. Le général.
Alice Tissot.. .. .. .. La notairesse.
Jacqueline Francell Une danseuse.
Suzanne Bianchetti. Une femme du monde.

Figure 9
Rubrique publicitaire pour le film de Léon Poirier, paru dans *Ciné-Miroir* n° 601 (9 octobre 1936). Archives du film, Bois d'Arcy

Pourquoi donc confondre le titre *L'appel du silence* avec la thématique des glaces et du Klondyke ? Parce qu'il fait écho au titre français du plus célèbre des récits de Jack London, *l'Appel de la forêt* (*The Call of the Wild)* : et donc le nom absent de London se trouve inscrit par référence et par allusion non moins de quatre fois dans le réseau qui s'établit entre le chapitre XXXI (*Michael chien de cirque*) et le chapitre XXXIII (thématique du Klondyke, *Le Grand silence blanc*, et le vrai titre omis, *L'Appel du si-*

lence). Lorsque l'on se branche sur cette piste, ou pour mieux dire, sur cette longueur d'ondes, ce que l'on entend grésiller dans ce tissage d'erreurs peut-être involontaires et de silences certainement voulus, c'est le mot : *London*. Ici Londres ! « London Calling ». Et c'est ainsi qu'apparaît en filigrane un des grands éléments du contexte historique qui paraît manquer dans l'évocation du Vercors des années 1943-1944 : les parachutistes anglais, la BBC, et la préparation du soulèvement.

Lorsqu'on a déballé un écheveau de ce type, on peut très bien croire qu'on tient le fil qui enroule le texte tout entier. C'est tout naturel : mais ce n'est peut-être pas tout à fait juste. Ces erreurs calibrées, textualisées, et signifiantes, se trouvent presque toutes dans la seconde partie du livre, non dans la première. Rien ne nous permet de généraliser à travers ce clivage et de vouloir interpréter les approximations dans l'histoire des années « d'avant » de la même façon que nous essayons d'interpréter les jeux littéraires et historiques des chapitres « Villard ».

La première erreur historique à être signalée publiquement à ma connaissance (par Bianca Lamblin, lors du tout premier colloque Perec à Cerisy, en 1984) est celle de la date du départ de la Gare de Lyon. Selon le texte (manuscrit et définitif) Perec serait parti au printemps de 1942 ; selon Bianca Lamblin, l'enfant a quitté Paris en automne 1941. A en juger par les travaux récents sur *W ou le souvenir d'enfance* (voir par exemple Chauvin 1998, p. 120), cette correction fait aujourd'hui autorité. Or, cette erreur, si elle est volontaire, pourrait donner la clé d'un pseudo-souvenir d'une puissance considérable : celle de la médaille arrachée à l'école, qui recouvrirait peut-être, comme un écran, un souvenir encore plus pénible, celui d'un étoile épinglée. Pourquoi ? Parce que le port de l'étoile ne fut imposé au Juifs de la France occupée qu'en 1942. Le déplacement du départ, de 41 en 42, permettrait ainsi à ce pseudo-souvenir d'être pris pour un traumatisme réel et refoulé sous un souvenir-écran. Mais soyons un peu plus précis : le port de l'étoile fut imposé aux Juifs ayant plus de six ans résidant dans la zone occupée le 29 mai 1942. Or, même selon sa propre reconstruction de cette époque, à cette date Georges Perec était déjà inscrit chez M. Pfister, au Clos-Margot, à Villard-de-Lans, en zone libre, et le lecteur peut donc très facilement s'apercevoir (en supposant qu'il connaît la chronologie des années noires) que le petit Georges Perec n'a pas pu porter l'étoile. Et que le souvenir – supposé souvenir-écran – n'en est pas un, c'est-à-dire n'est pas un écran. Cela serait tout aussi vrai si le petit Georges avait quitté Paris à l'âge de six ans tout juste « au printemps 42 » que s'il était parti, comme le dit Mme Lamblin, à l'automne précédent.

J'ai longtemps cru que cette histoire, enrobée de son brouillard de modulations dubitatives, avait été consciemment introduite par Perec pour amener les lecteurs naïfs à ressentir une sympathie, une identification facile et sentimentale avec le narrateur, victime de l'anti-sémitisme – et pour protéger ledit narrateur de cette sympathie, précisément parce que la spéculation qui la provoque est fausse. Autrement dit, je l'avais pris pour un piège textuel d'une gravité particulière. Aujourd'hui, je ne pense pas pouvoir interpréter le texte et les intentions de l'écrivain avec autant de certitude. A en juger par les nombreuses approximations du manuscrit, corrigées ultérieurement, Perec ne maîtrisait pas à ce point-là la chronologie historique. Bien sûr, il aurait pu, et peut-être aurait-il dû, vérifier les dates de choses aussi pénibles, et qui faisaient partie de l'histoire présente de sa famille : mais peut-être n'a-t-il pas voulu le faire. Peut-être même se complaisait-il vraiment dans un fantasme (qu'il prend soin de signaler comme tel) qui rendait encore plus tragiques les traumatismes de son enfance. Peut-être même ce faux souvenir refoulé est-il la manifestation véritable du traumatisme du survivant.

Si nous avons raison de faire une distinction aussi large entre les erreurs des premiers chapitres (qui seraient pour ainsi dire plus ou moins innocentes) et celles de la seconde partie, phénomènes textuels travaillés et réticulés, il nous resterait quand même à éclaircir la bourde la plus grossière et que presque tous les lecteurs d'un certain âge remarquent tout de suite. Voici la version manuscrite du paragraphe :

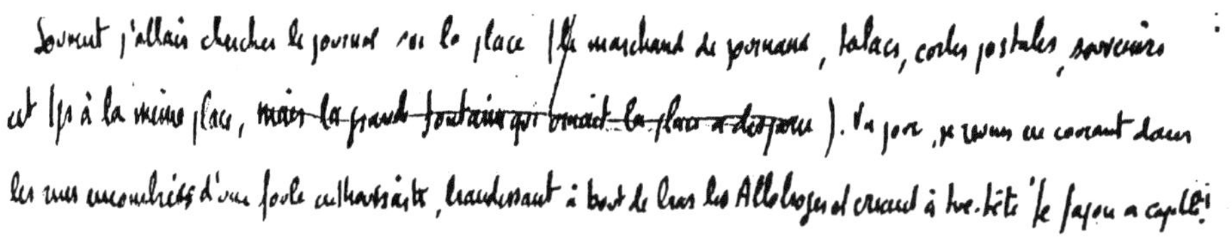
Souvent j'allais chercher le journal sur la place (le marchand de journaux, tabacs, cartes postales, souvenirs est tjs à la même place, ~~mais la grande fontaine qui ornait la place a disparu~~). Un jour, je revins en courant dans les rues encombrées d'une foule enthousiaste, brandissant à bout de bras les Allobroges et criant à tue-tête 'le Japon a capitulé!

Figure 10

[Ms Stockholm, f° 37r]

Le texte définitif représente une réécriture significative :

> Souvent j'allais chercher le journal sur la place (le marchand de journaux, tabacs, souvenirs, cartes postales est toujours au même endroit). Un jour de mai 1945, je trouvai de nouveau la place noire de monde et j'eus beaucoup de mal à entrer dans la boutique et à acheter le journal. Je revins en courant dans les rues encombrées d'une foule enthousiaste, brandissant à bout de bras *Les Allobroges*, et criant à tue-tête, « Le Japon a capitulé ! » [*Wse*, p. 203]

Entre manuscrit et livre, Perec a fait un « effort de style », éliminant la triple répétition de « place », et en ajoutant un détail sentimental (la difficulté pour un enfant de neuf ans d'atteindre un comptoir dans un magasin bondé). Il a également inséré une date qui est de toute évidence fausse.

Selon certains, il s'agirait ici d'une « vérité subjective », une reconstitution, dans la perspective historique d'un enfant, de l'impact affectif de la défaite de l'Allemagne (la chute de Berlin du 8 mai 1945) et le souvenir réel du moment où il annonça triomphalement la fin de la guerre mondiale (voir par exemple Hartje & Bellosta, 1997, p. 203). C'est une hypothèse que l'on peut retenir, malgré le fait que, en général, Perec ne respecte pas cette subjectivité enfantine : la conscience de l'écrivain adulte se superpose sans cesse sur les bribes retrouvées du passé (trace ultime des « intertextes » du premier plan en 57 chapitres). En plus, nous tenons ici un des cas plutôt rares où il semblerait possible de prouver que Perec ment à dessein, car dans les enveloppes de *Lieux*, la même anecdote avait été racontée avec sa date parfaitement exacte (transcr. dans Bellos, 1994, p. 565).

C'est pour cette raison que j'ai cru voir dans cette fausse date comme un signal d'alerte, un phare annonçant au lecteur que rien dans ce livre n'était fiable, et l'invitant à traiter tout ce qu'il avait lu avec suspicion. Cette lecture présuppose évidemment un auteur qui maîtrise entièrement le niveau référentiel, et exige du même coup un lecteur acceptant de jouer avec lui au cache-cache.

Aujourd'hui il me semble toujours que cette fausse date est volontaire, et qu'elle sert à faire entrer dans l'esprit du lecteur (du moins, du lecteur de la génération de Georges Perec, pour qui ces dates sont immédiatement accessibles) le mot : *Allemagne*. Mais l'étude du manuscrit ne permet vraiment pas de généraliser à partir de ce seul élément. Il y a des erreurs et des approximations, des silences et des esquives, dans le texte des chapitres « souvenirs » qui relèvent d'une intentionnalité, et d'un travail d'écriture fait de déplacements, de réseaux et de subterfuges (*Algérie* et *London* en étant des exemples plutôt clairs.) Il y aussi des erreurs dans les chapitres « souvenir » qui relèvent sûrement de l'ignorance (les affirmations sur l'histoire de la Pologne et l'onomastique, par exemple), de fantasmes personnels (Ravensbrück), ou d'un travail de correction non abouti. Finalement, il y a encore d'autres erreurs dans le texte de *W ou le souvenir d'enfance* qui sont simplement des imperfections sans signification profonde : la déformation mineure du sigle des pseudo-nazis du *Dictateur* de Chaplin, par exemple. La tentation, qui nous vient d'une longue tradition esthétique et critique, de chercher un principe unique et unificateur pour tous les éléments d'un texte, doit être repoussé dans le cas des « erreurs » de *W ou le souvenir d'enfance*. Il nous incombe bien davantage d'essayer de départager ce qui relève réellement du dessein esthétique et intellectuel de ce livre capital, et ce qui le dépare en tant que « document historique ». L'étude du manuscrit fournit des assises importantes pour un tel travail, et montre, me semble-t-il, à quel point la génétique est une étape indispensable pour une appréciation plus juste des rapports ambigus entre l'œuvre de Perec et l'histoire.

Epilogue, et retour

Au tout début du registre, sur la page de titre, Perec avait recouvert les mots « W ou le souvenir d'enfance » par une demi-feuille attachée avec du scotch sur un côté seulement, et que l'on pouvait donc relever pour voir le titre caché.[7] Sur ce demi-feuillet (f° 1+ dans le sommaire ci-dessus), se trouve une sorte d'hiéroglyphe, une devinette peut-être, certainement un casse-tête pour le commun des mortels :

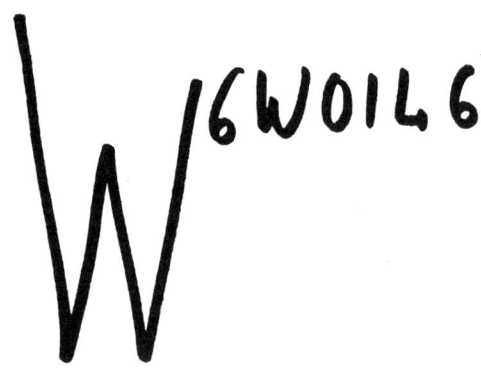

Figure 11

Gématrie ? Jeu homophonique ? Message codé à partir d'une grille dont nous aurions perdu les co-ordonnées et les axes ? Le lecteur qui voudrait se mesurer contre le poseur de ce puzzle est prié de ne pas tourner la page. Tel Bartlebooth devant une astuce de Winckler, nous sommes restés des heures devant ce message apparemment chiffré avant de voir, dans un seul instant, ce qu'il dit. (Tournez la page si vous n'avez pas le courage de persévérer.)

La figure fondamentale de *W ou le souvenir d'enfance* est le dédoublement, la division par deux, l'impossibilité de réunir par un troisième terme explicite tout ce qui relie et sépare en même temps les deux versants d'une mémoire fracturée. (C'est pour cette raison que l'abondon du plan en trois séries n'est ni un rétrécissement, ni une catastrophe, mais bien le mécanisme fondateur du texte.) Mais le faux-titre du registre de Stockholm propose *matériellement* une intégration – à la fois triomphante et triviale – de l'histoire de « W » et du souvenir d'enfance. Les outils nécessaires, purement graphologiques, sont décrits en détail aux pp. 105-106 et 182-183 de *W ou le souvenir d'enfance*. Car il suffit de faire d'abord une rotation du message chiffré de 180º et ensuite d'en inverser l'orientation latérale – *pour le regarder à l'envers dans un miroir* – pour comprendre le sigle par lequel Perec a représenté pour lui-même ce que pour le public il appelle *W* :

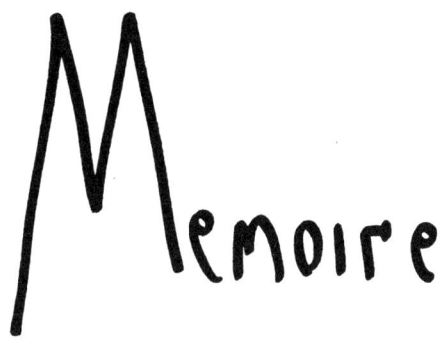

Notes

1. Il fait partie de la donation Carl-Gustav Bjurström. Voir notre note dans le prochain nº du *Bulletin de L'AGP* pour des détails complémentaires sur le fonds Perec de Stockholm.

2. *La Quinzaine littéraire* 221 (du 16 au 30 novembre 1975), p. 2, donne les détails de cette vente. Perec figure parmi les donateurs.

3. Selon Paulette Perec, l'auteur n'a pas corrigé lui-même les épreuves de *Wse* (il se trouvait en Angleterre, auprès de sa filleule Sylvia, au moment de la correction, en décembre 1974), et quelques unes des erreurs sont sans doute des coquilles non relevées. Par exemple, dans le manuscrit, Perec dit que sa fausse lettre hébraïque pourrait à peine passer pour un « mem ». Dans la version publiée, on lit « men » (p. 24, ligne 1). Egalement, le « signe » des SS (p. 106) devrait probablement être « sigle », comme c'est le cas dans le manuscrit ; et la phrase bizarre qui commence par « Ou a vu » à la page 211 (ligne 10), devrait être plus proche de ce qu'elle est dans le manuscrit, une proposition subordon-

née commençant par « où nous vîmes... » D'autres coquilles n'ont pas été corrigées : p. 47, murut (pour *mourut*), p. 53 pricipal (pour *principal*), p. 54 qe (pour *que*), p. 113 meileur (pour *meilleur*), p. 125 éudes (pour *études*), p. 135, ligne 5, point pour virgule, p. 159 impudent (pour *imprudent*), etc.

4. Datant des années de la première guerre mondiale, le livre de Rouquette fut réédité par les Editions Arc-en-Ciel en février 1944, dans une édition de luxe richement illustrée par André Collot.

5. *Michael Brother of Jerry* (1917). Trad. française, Crès, 1925. Voir Lacassin 1992, p. 290

6. Selon Lejeune, 1991, p. 127, « on sait » que Perec est allé lire les journaux du 7 et 8 mars 1936 à la BN « le 23 septembre [1970] ». Nous ne savons pas d'où Lejeune tient ce renseignement.

7. Le scotch ayant perdu son adhésion, ce feuillet est actuellement conservé sous enveloppe, en dehors du registre. Nous avons eu le privilège de voir le manuscrit à Paris dans son état primitif, avant que les mesures de conservation appropriées n'aient été prises par la Bibliothèque royale.

Ouvrages cités

Bellos (1993) : *Georges Perec. A Life in Words.* Harvill & Boston, London ; MA, Godine.

Bellos (1994) : *Georges Perec. Une vie dans les mots* . Seuil, Paris.

Chauvin (1998) : *Leçon littéraire sur « W ou le souvenir d'enfance ».* Hatier, Paris.

Chirat s. l. d. : *Catalogue des films français de long métrage. 1. Films sonores de fiction, 1929-1939.* Cinémathèque royale de Belgique, Bruxelles.

Friedländer (1978) : *Quand vient la mémoire.* Gallimard, Paris.

Hartje & Bellosta (1997) : « W ou le souvenir d'enfance ». In : *L'Humain et l'inhumain.* Belin, collection Sup-lettres, Paris.

Lacassin (1992) : *Jack London ou l'écriture vécue.* Christian Bourgois, Paris.

Lejeune (1989) : La Genèse de W ou le souvenir d'enfance, in : *Cahiers Georges Perec* 2. Rééd. 1998.

Lejeune (1991) : *La Mémoire et l'oblique. Georges Perec autobiographe.* P.O.L., Paris.

Magné (1989) : Les sutures dans *W ou le souvenir d'enfance*, in : *Cahiers Georges Perec* 2. Rééd. 1998.

Nadeau (1992) : *Grâces leur soient rendues.* Stock, Paris.

Perec (1975) : *W ou le souvenir d'enfance.* Denoël, Paris.

Robin (1993) : Un projet autobiographique inédit de Georges Perec : *L'Arbre*, in : *Le Cabinet d'amateur* 1.

Roche (1997) : *Anne Roche présente « W ou le souvenir d'enfance ».* Gallimard, collection Foliothèque, Paris.

Samoyault (1997) : *W ou le souvenir d'enfance.* Hachette, Paris.

Les Choses – histoire d'une réception

par

Yvonne Goga
Université de « Babes-Bolyai » de Cluj-Napoca

Avant 1989, la Roumanie n'a pas souvent eu accès aux œuvres des écrivains contemporains étrangers. Elle a pu cependant voir paraître en 1967 la traduction des *Choses* de Georges Perec, grâce à un heureux malentendu : une citation de Marx figurant à la fin de ce livre avait décidé Moscou à donner son feu vert pour que le roman soit accessible aux lecteurs des pays socialistes.

La traduction roumaine a été publiée par une maison d'édition prestigieuse, « Edition de Littérature Universelle », dont la mission principale était de présenter au public roumain les classiques étrangers d'avant la deuxième guerre mondiale. Pour les écrivains contemporains roumains, l'adhésion à l'idéologie marxiste était la condition sine qua non pour être publiés. Or, cette citation à la fin des *Choses* ne pouvait-elle pas faire passer Perec pour un adepte de cette idéologie !

Cette traduction n'a éveillé aucun écho dans la presse littéraire roumaine de l'époque ; un tel manque d'intérêt n'est pourtant pas coutumier de la critique roumaine, très ouverte à tout renouvellement de la création littéraire et particulièrement à celui du roman. Les lettres roumaines ont toujours prêté une attention particulière à tout ce que pourraient lui offrir les littératures étrangères. Cet intérêt pour les œuvres de la littérature universelle a atteint son apogée durant l'entre-deux-guerres, véritable époque de floraison culturelle dans notre pays. On peut signaler à cet égard que la presse littéraire roumaine a présenté Proust à ses lecteurs en même temps que la presse française le présentait aux siens. La nouveauté du roman proustien avait été soulignée en Roumanie dès 1920[1], quelques mois après le décernement du prix Goncourt au deuxième tome de la *Recherche*, *A l'ombre des jeunes filles en fleurs*. A partir de ce moment, toutes les revues littéraires ont publié régulièrement des articles sur la *Recherche*, insistant sur la nouveauté de la structure, au plus grand profit de l'évolution du genre romanesque dans la littérature roumaine[2].

Le roman de Perec, aussi novateur pour son époque que l'œuvre proustienne pour le début du siècle, n'a pas eu en Roumanie le même écho, à cause de l'embarras éprouvé par une critique qui se voyait dans l'obligation d'appliquer les critères marxistes à son analyse. La préface de la traduction roumaine des *Choses* témoigne de cet embarras par ses tentatives pour faire aboutir l'interprétation du texte à l'éloge de la morale communiste. Le point de vue adopté par le signataire s'appuie sur deux principes. Le premier – issu de la théorie du processus de réification, formulée par le critique littéraire marxiste Georg Lukács et reprise par Lucien Goldmann dans son interprétation du Nouveau Roman – dénonce les transformations de la société et la passivité croissante des individus, qui, pris dans un système de consommation, tendent à accorder la priorité aux choses plutôt qu'aux hommes. Le second, emprunté à l'idéologie communiste, accuse la société capitaliste de déshumaniser l'être humain sous le pouvoir de l'argent. Ainsi l'auteur de la préface construit-il sa démonstration sur ce qu'il appelle une équation à deux termes du monde capitaliste. Les deux termes mis en équation (l'attrait des objets et le besoin d'argent qui en découle) ont pour résultat l'aliénation de l'homme par les choses, sa défaite[3]. En identifiant le but visé par Jérôme et Sylvie au rêve de posséder sans attendre une immense fortune, le critique fait l'éloge de l'argent gagné par celui qui s'applique dans un travail modeste et continu.

L'auteur de la préface oriente son analyse selon deux axes : l'examen de la position prise par l'auteur et du genre littéraire qu'il cultive, d'une part, et l'étude des personnages et de leur évolution, d'autre part. En appliquant ces deux principes, les jugements deviennent souvent contradictoires. Le signataire de la préface constate que Perec ne fait pas figure de philosophe, mais d'esthéticien[4], et qu'il se propose de résoudre le problème idéologique par une abondante gamme de gestes « stylistiques »[5]. En même temps, il affirme que le texte de Perec est né d'une problématique idéologique et qu'il est philosophe par excellence, dans ce sens qu'il met en cause un couple d'intellectuels qui, lancé à la recherche du bien-être et incapable de comprendre que son idéal dépasse les limites du réel, est vaincu ab initio[6]. Ainsi, l'auteur de la préface se contredit-il, puisqu'il voit cette fois en Perec le sociologue/philosophe qui veut démontrer que le jeune couple est victime des lois d'une société de consommation où l'expérience humaine est limitée et incertaine[7].

Comme il n'arrive pas vraiment à définir la personnalité artistique de Perec, le signataire de la préface hésite visiblement à ranger le texte perecquien dans un genre précis. Au début de son entreprise, il parle d'une nouvelle développée[8], plus loin d'un micro-roman[9], pour enfin parler d'un roman social et philosophique[10]. Une nouvelle contradiction apparaît alors. Si *Les Choses* étaient un roman philosophique, les héros auraient dû évoluer vers une prise de conscience. Or, l'auteur de la préface s'étonne que Jérôme et Sylvie ne réalisent pas qu'ils sont victimes de l'injustice sociale[11]. Pour expliquer cela, il s'éloigne complètement de la réalité du texte perecquien :

Ils n'ont pas de vision réelle, profonde, du monde où ils vivent, parce qu'ils ne voient pas clairement que dans le monde capitaliste l'injustice matérielle est une loi foncière, parce que leur recherche du bonheur est – en effet – un acte vital, mais purement égoïste et égocentrique, et parce qu'aucun des deux ne voit de solution radicale[12].

Selon l'auteur de la préface, c'est le jugement objectif qui fait défaut à Jérôme et à Sylvie, jugement sur eux-mêmes et sur les choses. Avec cette remarque concernant les deux héros, le critique fait indirectement l'éloge de la perspective objective et réaliste du monde, que le marxisme considérait comme sienne.

Il est évident qu'une telle critique manipulatrice doit accepter *a priori* la contradiction. En tant que critique de qualité elle ne peut se passer de jugements fondés, mais elle doit toujours les adapter à l'idéologie qu'elle sert. En effet, depuis la seconde guerre mondiale jusqu'en 1989, la critique littéraire roumaine a excellé à réconcilier les contraires, à neutraliser les contradictions. Cette préface aux *Choses* en est un exemple. Erudit et doué d'un sens critique particulier, l'auteur de la préface saisit parfaitement la nouveauté de l'œuvre perecquienne dans le jeu textuel. Il parle de l'importance accordée par Perec à l'intertexte et mentionne la signification du modèle flaubertien pour la conception des *Choses*. Il donne aussi des références quant à l'opinion de Perec sur l'aspect « citationnel » de l'art de son temps[13]. Le critique roumain développe ainsi l'idée que Georges Perec est un novateur de l'écriture romanesque. Cependant, parallèlement à ces remarques pertinentes, l'auteur de la préface pousse son interprétation dans un sens marxiste. La valeur des *Choses* résiderait dans le fait que Perec a recours à un principe énoncé par Marx. Le romancier, fortement influencé par ses lectures du philosophe allemand, semble alors exposer la philosophie personnelle de ses protagonistes. La citation de Marx, que l'écrivain a placée à la fin de son livre, expliquerait ainsi la tragédie du jeune couple : leur métier de psychosociologues exige qu'ils sachent tout de la vie, afin de réaliser leurs enquêtes-minute, mais ils ne parviennent jamais à vraiment la connaître. Ils n'ont aucune possibilité d'accéder à la vérité. La contradiction réside dans le fait que tout leur est étranger justement parce que rien ne leur semble étranger[14]. C'est dans cet esprit que l'auteur de la préface interprète la citation de Térence : *Homo sum ; humani nihil a me alienum puto* – que Perec adapte à son texte : Rien de ce qui était humain ne leur fut étranger[15]. Pour rendre plausible l'existence d'un lien entre la citation de l'auteur latin et l'idéologie marxiste, le critique roumain signale l'attachement de Marx à cette phrase.

Le signataire de la préface considère que le texte perecquien développe surtout la première phrase du passage tiré de Marx : Le moyen fait partie de la vérité, aussi bien que le résultat[16]. A partir de cette affirmation, l'analyse des héros des *Choses* est faite en complète discordance avec le texte de Perec. Le critique roumain explique l'échec de Jérôme et de Sylvie par leur incapacité à trouver le moyen qui leur ferait connaître la vérité et les ferait sortir victorieux de leur combat. On reconnaît la voix d'un critique qui exprime l'une des exigences de l'idéologie marxiste : ne pas manifester une attitude passive devant les événements de la vie, surtout devant les faits de société. Une telle attitude infirmerait un des slogans les plus chers à l'idéologie communiste : la nécessité de cultiver l'esprit révolutionnaire dans l'âme de la jeunesse. La démonstration de l'échec du couple était donc exigée par la morale communiste, qui enseignait à la jeunesse l'esprit combatif, constructif, susceptible de transformer tout être jeune en révolutionnaire communiste, en opposition au capitaliste désabusé et passif.

Le roman de Perec expose le dilemme éprouvé par une jeunesse décidée à vivre en rapport avec son temps. Comme les lecteurs du roman étaient surtout des jeunes, la critique communiste devait leur imposer une perspective de lecture « juste » et attirer leur attention sur les dangers que comporte une vie passée à rêver sans travailler et, surtout, sans s'engager.

La réception des *Choses* en Roumanie s'inscrit dans une direction « pessimiste ». On sait qu'après sa parution, les critiques ont suivi en France deux tendances opposées : l'une qui considérait l'ensemble de l'ouvrage comme « pessimiste » et l'autre qui le considérait comme « non-pessimiste ». Notons que la presse française proche du Parti Communiste (comme L'Humanité par exemple) participait plutôt de la seconde tendance. Sans appeler le message du roman perecquien optimiste, certains chroniqueurs ont relevé le désir des héros de tout connaître, désir éveillé par la tentation des choses.

La critique roumaine, entièrement asservie au Parti Communiste, se devait de dénoncer les erreurs du capitalisme pour témoigner sans cesse de la justesse de l'idéologie communiste, ce qui excluait toute interprétation optimiste. C'est pourquoi tout ce qui ne répondait pas à l'enthousiasme révolutionnaire devait être *a priori* voué à l'échec.

En guise de conclusion, il serait intéressant de remarquer la différence entre les lectures faites sous le signe de la même idéologie marxiste, l'une à l'Ouest (la presse proche du Parti Communiste), et l'autre à l'Est. La première, critiquant elle aussi le refus des personnages perecquiens de s'engager, trouve cependant naturel de plaider pour leur éveil, afin qu'ils prennent leur vie en main. Cette lecture, bien qu'elle affirme l'importance du développement de l'esprit révolutionnaire chez les jeunes, ne révèle aucune tentative de manipulation du lecteur. La lecture faite à l'Est, trop asservie à l'idéologie marxiste, cherchant à tout prix à manipuler son lecteur, a pour seul effet de pousser celui-ci dans le sens opposé. Le lecteur, découvrant partout ces intentions de manipulation, lit, comme le désirait Perec, entre les lignes et retient le contraire de ce qu'on s'est efforcé de lui inculquer.

Cet effort de manipulation, entrepris par la critique marxiste s'est heurté à la résistance du texte perecquien. Il semble que cela a été très bien compris à l'Est et surtout en Roumanie, qui a oublié Perec après la traduction des *Choses* et n'est revenue à son œuvre qu'après 1989.

Notes

1. Mihai Ralea, critique et théoricien roumain, établi à Paris, envoie en Roumanie une chronique : Marcel Proust : *A l'ombre des jeunes filles en fleurs*, Edition de la *Nouvelle Revue Française* (Prix de l'Académie Goncourt), chronique qui sera publiée dans la revue *Viata Romănească*, XII, n° 8, oct. 1920, p. 291.
2. C'est la démonstration que j'ai faite dans le livre récemment paru, Marcel Proust en Roumanie, Cluj-Napoca, Dacia, 1997.
3. Constantin Crisan, Georges Perec si Peisajul conditionalului utopic (Georges Perec et le Paysage du conditionnel utopique), préface au volume Lucrurile (*Les Choses*), Bucarest, ELU, 1967, p. 6.
4. Constantin Crisan, id.
5. Id.
6. Ibid., p. 7.
7. Id.
8. Ibid., p. 6.
9. Ibid., p. 7.
10. Ibid., p. 10.

11. Ibid., p. 8.
12. Id.
13. Constantin Crisan cite les idées d'une interview accordée par Perec, *Les Lettres françaises*, n° 1108, p. 1965. Préface, p. 11.
14. Ibid., p. 15.
15. Georges Perec, *Les Choses*, Julliard, Paris, 1965, p. 31.
16. Ibid., p. 143.

W et l'histoire d'une enfance en France

par

Hans Hartje
Université de Pau

Depuis que je lis et relis *W ou le souvenir d'enfance*[1], une question revient avec obstination : « W », est-ce une parabole du seul univers des camps d'extermination nazis, comme le suggère le fait que fiction et autobiographie se rejoignent au dernier chapitre ? Et cette question en induit immédiatement une autre : « W », est-ce, pour Georges Perec, cette « grille »[2] de lecture dont il parle quand il s'intérroge sur la littérature concentrationnaire ?

En tant que lecteur, on constate tout d'abord que la société « W », telle qu'elle est introduite dans le récit, au cours du chapitre XII, n'a rien *a priori* qui la prédispose à devenir l'univers concentrationnaire qu'elle sera effectivement à la fin. Ensuite, et cet aspect est fonction du précédent, ce n'est que progressivement que cette société se révèle d'essence inhumaine, grâce à une technique de composition littéraire où le jugement négatif prend seulement petit à petit le pas sur la description positiviste de type ethnographique.

Mon propos dans cette communication – est-il besoin de le préciser ? – n'est en aucune manière de nier l'évidence de la barbarie ni d'en amoindrir la portée. Je n'en essaierai pas moins de tenir compte de ce que Perec lui-même constate, dans son essai consacré à Robert Antelme : la réalité nue, qu'elle relève du constat ou du témoignage, et plus particulièrement les images des camps, « ne nous disent rien » (*loc. cit.*, p. 92).

Perec, enfant d'une des victimes ayant trouvé la mort à Auschwitz, n'a pas personnellement connu la réalité des camps. Le peu qu'il dit dans *W ou le souvenir d'enfance* du moment crucial où il a dû se rendre à l'évidence que de là on ne revenait pas, ne relève pas à proprement parler de l'indicible[3], mais correspond au propos du livre : c'est tout ce qu'il a comme souvenirs d'enfance, il ne sait rien de cette réalité-là – qu'il n'a pas plus « apprise », ni « éprouvée », ni « connue ni reconnue » (p. 59) que celle de la mort de son père. Cependant, la mort du père, il a pu l'ancrer « dans l'espace » (p. 59) à l'occasion d'une visite-« pèlerinage [...] sur ce que l'on peut appeler la tombe de mon père » (p. 49).

Pour ancrer dans l'espace la mort de sa mère, en l'encrant lui-même sur une autre sorte de « croix » (p. 59), il a recours à un autre souvenir d'enfance, l'histoire de « W ». Si l'on croit ce qu'il en dit dans les chapitres II et XXXVII de *W ou le souvenir d'enfance*, l'élément caractéristique de cette histoire-là, c'était le sport. Or, mon hypothèse de départ, c'est que cette réalité-là, qui apparaît dans la fiction « W » sous les traits d'une « société exclusivement préoccupée de sport » (p. 18), se nourrit initialement d'une réalité que Perec a bien connue pour y avoir vécu, et que c'est, travestie et exagérée comme tout fantasme, la France de Vichy.

(Je dois ouvrir ici une brève parenthèse. L'équation « W » = Auschwitz constitue une sorte de « pensée unique » dans la critique perecquienne, et les nombreuses études publiées en 1997 (*W ou le souvenir d'enfance* avait alors été mis au programme des classes préparatoires scientifiques) n'ont guère dérogé à cette règle. En introduisant d'autres références dans le débat, je cours un risque non négligeable : celui d'être soupçonné de vouloir amoindrir la montruosité nazie, sous prétexte de la comparer à d'autres réalités historiques. Or tel n'est aucunement mon propos.

Mais c'est peut-être le propre de ce genre de débat que de susciter le soupçon. Un risque analogue, Stéphane Courtois l'a couru récemment dans son « Introduction » au *Livre noir du Communisme*, et le débat qu'il a ainsi déclenché a montré à quel point l'unicité de « crime contre l'humanité » de l'extermination des Juifs par les Nazis continue à être sujet à controverses, notamment quand ce sont des comparatistes qui interviennent. Mais je veux croire qu'un débat vaut toujours mieux que la certitude toujours provisoire quant aux réalités historiques – car le pire n'est jamais sûr. C'est du moins ce que je retiens d'un autre débat récent, dans le sillage du procès Papon où c'est Vichy qui constitue alors ce « passé qui ne passe pas », pour reprendre le titre, beau et ténébreux, du livre d'Eric Conan et d'Henry Rosso (Fayard, 1994), et me voilà de retour à mon sujet. Fermez la parenthèse.)

« La France de Vichy », voilà un « régime et [une] œuvre » dont Robert Paxton écrit, dans son livre éponyme (Seuil, 1973), qu'ils ont « purement et simplement été effacés de l'Histoire après la Libération » (p. 309), par le biais de l'ordonnance promulguée le 9 août 1944 à Alger. Or, écrit Paxton, en fait, on ne peut pas remonter dans le temps, et les libérateurs n'y tenaient d'ailleurs pas. Ceux qui allaient construire la France d'après-guerre ne pouvaient pas toujours faire bon marché de la législation de Vichy, ni éviter de la démarquer. En bien ou en mal, le régime de Pétain avait laissé des *traces indélébiles* dans le pays. (*ibid.*, p. 309 – c'est moi qui souligne)

Une de ces « traces », c'est assurément le rôle joué par le « sport » dans la vie des Français sous Vichy[4], et plus particulièrement dans la vie des jeunes écoliers[5]. Et Georges Perec est allé à l'école, probablement pas très régulièrement, entre sa quatrième et sa huitième année (*cf.* p. 113 : « Lors de ma dernière année à Villard, j'allai à l'école communale »). C'est peu, et il était jeune, mais c'est un âge où l'enfant accède notamment à la faculté de mémoire. Aussi un nombre assez important de souvenirs dans la « Deuxième partie » de l'autobiographie se rattachent-ils à l'univers scolaire, et une des rares personnalités pédagogiques dont il se souvienne est précisément un « professeur de gymnastique » (pp. 154-155).

En guise d'ouverture de cette « Deuxième partie » de l'autobiographie, l'auteur de *W ou le souvenir d'enfance* écrit qu'entre sa « onzième et quinzième année » environ, il a couvert des « cahiers entiers » de dessins qui représentaient entre autres des « athlètes » (p. 97). Cela correspond aux années 1947-1951, des années donc dont Jacques Lecarme fait remarquer qu'elles sont passées « sous silence » dans *W ou le souvenir d'enfance* (« La page des sports », in : *Magazine littéraire* n° 316, décembre 1993, p. 40). De ce silence mémoriel-là, *Je me souviens* prendra la relève exacte, et comme le remarque toujours et à juste titre Jacques Lecarme, ce qui caractérise ces années-là, ce sont les « souvenirs concernant le sport » (art. cité, *ibid.*).

Certes, « W ne ressemble pas plus à [s]on fantasme olympique que ce fantasme olympique ne ressemblait à [s]on enfance » (p. 18.), nous prévient d'emblée l'autobiographe. Il n'empêche que la fiction est le résultat chronologiquement premier d'un effort de mémoire fait dans l'immédiat après-guerre, et que ce souvenir où se mêlent – on dirait nécessairement – éléments fantasmatiques et bribes de réalité, c'est une société où le sport constitue le principal, pour ne pas dire l'unique lien social.

C'est donc par le biais de la fiction que je chercherai à en savoir plus sur l'histoire de Georges Perec, et partant, sur l'Histoire « avec sa grande hache » (p. 17). Je suis réconforté dans ce choix par deux impasses pour le moins surprenantes : il y a d'une part le quasi-silence que l'autobiographe observe concernant les événements historiques, et d'autre part le quasi-silence que la critique perecquienne observe quant au choix de la thématique sportive[6].

Quant au premier point, force est de le constater, mais on ne doit pas nécessairement adopter le point de vue du biographe de Perec. S'il y a lieu de qualifier l'absence de référence à la France de Vichy, je suivrais bien plus volontiers la piste indiquée par Jacques Lecarme dans « La page des sports » :

> Il y a des devoirs de mémoire, mais il y a aussi des injustices : pour la génération des Français nés dans les années 30, les *repères* indestructibles de la chronologie sont ceux des Tours de France, du Tournoi des Cinq Nations, des Bordeaux-Paris, des Coupes de France de football, des Championats du monde de boxe, des Jeux olympiques de Berlin, Londres, Helsinki et Melbourne, et nullement ceux des grands événements politiques du temps. (art. cité, p. 40 – c'est moi qui souligne)

A l'évidence, il n'y eut ni Tour de France, ni Tournoi des Cinq Nations, ni Bordeaux-Paris, ni Coupe de France de football, ni Championnat du monde de boxe, ni Jeux olympiques pendant les années noires de l'Occupation, autrement dit entre 1940 et 1944[7]. Voilà qui donne un relief insoupçonné à cette phrase célèbre du premier chapitre autobiographique de la « Deuxième partie » de *W ou le souvenir d'enfance* :

> Ce qui caractérise cette époque c'est avant tout son absence de *repères*. (p. 98 – c'est encore moi qui souligne)

En reprenant la liste fournie par Lecarme, force est d'autre part de constater que toute la partie autobiographique de *W ou le souvenir d'enfance* se trouve comme encadrée par les XIe Jeux olympiques de Berlin de 1936 et les premiers Jeux olympiques de l'après-guerre qui ont eu lieu à Londres en 1948. Or, Berlin ne figure-t-il pas en tête de la liste de ce qui s'est passé le jour de la naissance de Georges Perec (p. 37) ? Et 1948, n'est-ce pas – à quelques mois près – l'époque à laquelle l'adolescent « inventa, raconta et dessina une histoire » dont il se souvint plus tard qu'elle s'appelait « W » ?

Quant à la thématique sportive à proprement parler, c'est d'une manière analogue, mais cette fois-ci à la lettre, et sur le mode explicite, qu'elle encadre le texte. Le thème est à vrai dire doublement motivé. La première motivation figure dans le premier chapitre de la partie autobiographique :

> En dehors du titre brusquement restitué, je n'avais pratiquement aucun souvenir de W. Tout ce que j'en savais tient en moins de deux lignes : la vie d'une société exclusivement préoccupée de sport, sur un îlot de la Terre de Feu. (p. 18)

L'autre motivation intra-textuelle majeure clôturait initialement la partie fictionnelle. Située au début du dernier chapitre, elle avait pour fonction de préparer le dénouement, en établissant le lien nécessaire entre l'histoire de l'enfant Perec (« Pendant des années, j'ai dessiné des sportifs... » – p. 221) et le « fin mot » de l'histoire tel qu'il figure dans l'extrait qu'il cite de *L'Univers concentrationnaire* de David Rousset :

> La structure des camps de répression est commandée par deux orientations fondamentales : pas de travail, du « sport », une dérision de nourriture. (*ibid.*)

En clôturant ainsi la fiction par un renvoi à l'autobiographie d'un orphelin de la Shoah d'une part et aux « camps » (pp. 35 et 221) d'autre part, donc à cette « histoire qui, pour [lui] et pour les [s]iens » (p. 36), avait fini par « devenir vitale, c'est-à-dire, le plus souvent, mortelle » (*ibid.*), la référence à cette caricature carcérale que constituait le « sport » dans les camps (les guillemets de Rousset témoignent d'un sens pour le moins figuré), semble destinée à verrouiller toute tentative d'interprétation divergente. Mais il se pourrait que cet effet de lecture ait été subi en premier lieu par l'auteur-narrateur lui-même, car le sport a joué un rôle bien plus important dans l'Histoire que la seule référence à Rousset pourrait nous faire croire.

Pour illustrer mon propos, je renvoie à deux affiches réalisées pour le compte du « Commissariat général à l'éducation générale et aux sports » du régime de Vichy. En rappelant sans ambiguïté d'autres affiches, répertoriées dans l'imaginaire iconique de la mise en scène du pouvoir politique du IIIe Reich, elles ont le mérite de rendre immédiatement perceptible une parenté certes particulière et partielle mais néanmoins manifeste entre le régime fasciste allemand et celui, collaborationniste, de Vichy.

Le Commissariat général à l'Education générale et sportive fut créé le 7 août 1940 et fonctionna tout au long de l'épisode vichyste. On en trouve mention dans tous les ouvrages historiques consacrés à cette époque. Il y est généralement étudié dans le cadre d'une analyse de la « révolution nationale », et en particulier quand il s'agit de montrer comment Vichy a tenté d'imposer son nouvel « ordre moral » à la jeunesse.

Le Commissariat, conçu initialement pour

> rendre à la race française santé, courage, discipline ,

selon les termes utilisés par Pétain, le 15 août 1940 (Gay-Lescot, ouvrage cité, p. 23), n'était toutefois pas à la hauteur des ambitions notamment de son premier commissaire général, Jean Borotra. Borotra, qui fut par ailleurs un des quatre « mousquetaires » du tennis français dont Perec se souvient dans *Je me souviens* (n° 101), et qui est présent dans *W ou le souvenir d'enfance* par le biais de son sobriquet issu de *Vingt ans après*, d'Alexandre Dumas (pp. 194-195).

Si la jeunesse française sous l'Occupation n'était donc pas susceptible de rivaliser avec son homologue allemande, les fameuses « jeunesses hitlériennes », ce n'était pas faute d'avoir essayé, comme l'a bien montré Jean-Louis Gay-Lescot, et ce n'est pas, me semble-t-il, diminuer l'horreur du nazisme que de rappeler à quel point l'Etat français a pu être tenté d'imiter son voisin en s'inspirant de ses mesures pour mettre au pas la jeunesse. Le sport, tantôt moyen d'excellence et tantôt moyen de corruption, s'est de tout temps et de bonne grâce prêté à ce genre de tentatives, et pas seulement en Allemagne ou en France. Or tout le système « W » est bâti sur cette ambiguïté constitutive du sport. Comment expliquer autrement la présence de cette question, certes rhétorique, posée d'emblée à l'issue de la première présentation de la société « W » :

> (qui ne serait enthousiasmé par cette discipline audacieuse, par ces prouesses quotidiennes, cette lutte au coude à coude, cette ivresse que donne la victoire ?) (p. 96) ?

Cette question, bien que mise entre parenthèses, ne manquera pas d'apparaître, rétrospectivement, comme l'expression amère d'une ironie désabusée. Elle n'en désigne pas moins, me semble-til, un des possibles, voire souhaitables effets subjectifs d'un pays utopique « où le sport est roi » (p. 96). Or ce « pays », force est de constater qu'il a fait l'objet de toutes sortes de sollicitudes politiques, et notamment entre 1896 à 1944.

La première date est celle des Premiers Jeux olympiques de l'ère moderne, organisés à Athènes grâce aux efforts du baron français Pierre de Coubertin[8]. « Qui ne serait enthousiasmé », pourrait-on se demander avec Perec, par cette « fête des peuples » et cette « fête de la beauté », pour reprendre les titres des deux parties du film *Olympia* réalisé en 1936, à l'occasion des Jeux de Berlin, par la cinéaste allemande Leni Riefenstahl ? (En France, ce film a pour titre *Les Dieux du stade*, et ce syntagme figure à deux reprises dans le texte de la fiction « W » – pp. 161 et 219). Or les Jeux de Berlin (et le film étonnant de Leni Riefenstahl, même si c'était en dépit des objectifs esthétiques de sa réalisatrice, comme elle le laisse entendre dans ses *Mémoires*, publiées en français en 1997 chez Grasset), ces Jeux donc, les XIèmes de la nouvelle série, ont été éhontément détournés de leur fonction initiale dans le but d'en faire une vitrine du nazisme triomphant.

1936, c'est l'année de naissance de Perec bien sûr, mais c'est aussi l'année de l'avènement du Front populaire en France. Une des premières décisions politiques de Léon Blum consista précisément à créer un « Sous-secrétariat d'Etat à l'Organisation des sports et des loisirs ».

> Et pour la première fois dans l'histoire de la République, comme l'a montré l'historien Pascal Ory[9], un gouvernement met en œuvre une véritable politique culturelle, au sens large du terme.

C'est Pierre Mauroy qui le dit, dans la biographie qu'il a consacrée à Léo Lagrange (Denoël, 1997), précisant aussitôt le « programme » de cette nouvelle politique :

> La culture du corps par la promotion des sports pour tous, l'éducation physique à l'école ; la culture de l'intelligence par le développement de la lecture publique, l'initiation aux sciences ; la culture de la sensibilité par l'accès du plus grand nombre aux musées, aux théâtres, le développement des arts populaires que sont le cinéma et la radio... (ouvrage cité, p. 70)

On le voit, en 1936 le « sport » occupe le haut de l'affiche, en Allemagne nazie comme en France, même si c'est sous des auspices diamétralement opposés. Cela dit, il faut croire que le « sport » se prêtait aussi bien aux ambitions répressives des uns qu'aux ambitions émancipatrices des autres.

La fiction « W » illustre à sa façon le chemin qui sépare les deux conceptions, partant d'une vision presque idyllique, s'en éloignant au fur et à mesure qu'elle se révèle porteuse d'aberrations, allant à la dérive comme échappant à tout contrôle alors que c'est le contraire qui se produit, tellement elle est attirée par son envers pervers.

Une évolution analogue s'observe dans l'histoire de la France, entre 1936 et 1944. Léo Lagrange, dès son arrivée aux affaires, en juin 1936, préfère le « sport de masse » au « sport spectacle ». Mais il doit aussitôt choisir : la France doit-elle participer aux Jeux de Berlin ? « Le Parlement vote la participation, à la seule exception du tout jeune député de Louviers, Pierre Mendès France », écrit Pierre Mauroy (ouvrage cité, p. 101). Léon Blum, Léo Lagrange et Jean Zay ont donc voté pour !

En avril 1938, Edouard Daladier devient président du Conseil. L'année précédente, à l'occasion de l'Exposition universelle, il avait remis la médaille d'Or à Leni Riefenstahl pour son film *Le Triomphe de la Volonté* (cf. ses *Mémoires*, ouvrage cité, pp. 277-78). Ce sera le même Daladier qui, en septembre 1938, signera les accords de Munich, le même Daladier enfin qui, après la chute de Barcelone, en 1939, et face à l'afflux de réfugiés espagnols, ouvrira des camps pour les « accueillir ».

Ces camps, la France de Vichy allait par la suite y regrouper les Juifs qui avaient fui l'Allemagne. Et c'est dans la France de Vichy que l'enfant Perec a vécu, et c'est en partie à partir de ce vécu qu'il a développé son « fantasme enfantin évoquant une cité régie par l'idéal olympique » (4ᵉ de couverture de *W ou le souvenir d'enfance*).

De ces réalités françaises, en voici pour finir quelques exemples. Le premier concerne les « villages ».

Pour étayer sa théorie des sutures, Bernard Magné n'hésite pas à rapprocher les « villages » de « W » du « village » où Perec a passé son enfance (« Les sutures … », in *Cahiers Georges Perec* n° 2, 1988 [réédition 1998], p. 32). Dirait-on pour autant que Villard-de-Lans fut un « univers concentrationnaire » ? Il y eut cependant en France à cette époque des camps dont la vie, si elle n'était pas exclusivement consacrée au sport, n'en présentait pas moins des traits similaires au village « W » – première mouture, s'entend – dont voici, pour rappel, la description qu'en donne Perec :

> En somme, sur W, un village est à peu près l'équivalent de ce qu'ailleurs on appellerait un « village olympique », de ce qu'à Olympie même on appelait le *Leonidaion*, ou encore de ces *camps* d'entraînement où des sportifs d'un ou de plusieurs pays viennent faire des stages de mise en condition à la veille des grandes rencontres internationales. (pp. 103-104 – c'est moi qui souligne)

Le jeune Perec ne pouvait pas avoir connaissance des conditions de vie dans les camps de concentration, et il précise, dans le dernier chapitre de *W ou le souvenir d'enfance*, que ce n'est que « des années et des années plus tard » (p. 221) qu'il a trouvé la référence au « sport » dans *L'Univers concentrationnaire* de David Rousset. Il se pourrait en revanche qu'il ait eu connaissance des camps des « Chantiers de la jeunesse »[10] dans lesquels le régime de Vichy a parqué les 90.000 jeunes hommes démobilisés d'un seul coup en juin 1940. Or voici un extrait du texte des *Directives du Commissariat général aux Chantiers de la Jeunesse*, datées du 6 mars 1941 :

> l'éducation physique sera commencée dès l'arrivée de chaque contingent dans les Chantiers. […] La tenue sera impeccable. Ce sera le moyen de

prendre les Jeunes tout de suite en main et de les *dresser* tous les jours ensemble pour obtenir en peu de temps une bonne présentation, la discipline, la cohésion et l'obéissance aux Chefs. (cité d'après Gay-Lescot, ouvrage cité, p. 119 – c'est moi qui souligne)

Mais il y avait d'autres camps, comme ceux de plein air des « Compagnons de France », considérés par Pétain comme « l'avant-garde de la Révolution nationale », comme le rappelle Dominique Rossignol dans son *Histoire de la propagande en France de 1940 à 1944*, dont le sous-titre est « L'utopie Pétain » (PUF, coll. « politique d'aujourd'hui », 1991, p. 154). Mais on pourrait également penser aux lieux de rassemblement et d'enrégimentement des « Scouts de France », regroupés sous Vichy en une fédération unique, ou encore aux « Jeunesses populaires françaises » qui se sont rangés derrière Doriot. Mais rien n'interdit non plus de penser aux jeunes du R.N.P. qui suivirent Marcel Déat, aux « Cadets francistes » de Bucard ou encore aux « Jeunes de l'Europe nouvelle » (J.E.N.) entraînés par le secrétaire général des « Jeunesses patriotes » de Taittinger (cf. Rossignol, ouvrage cité, pp. 150-151).

Quant aux « cérémonies grandioses » qu'on donne sur W « en l'honneur des Athlètes victorieux » (p. 124), si elles font évidemment penser aux Jeux olympiques de Berlin et aux grands défilés de Nuremberg, il n'en demeure pas moins qu'à Vichy aussi on avait le goût de la mise en scène. Ainsi les affiches distribuées se réfèrent-elles au « Serment de l'Athlète », prononcé pour la première fois à l'automne 1941, lors d'une tournée de Borotra en Afrique du Nord en compagnie de 50 sportifs français, et pratiqué par la suite à intervalles réguliers lors de cérémonies organisées un peu partout en France.

Pour illustrer le fait que l'on peut faire dire beaucoup de choses à une même image, rappelons que le « Serment » donna par la suite matière à controverses. Ses prestataires saluaient en effet les couleurs nationales, le bras droit et la main tendus, dans une attitude qui n'était pas sans rappeler le salut hitlérien. Or il s'agissait en réalité du salut olympique, codifié en France depuis des années et qui réserva aux Allemands eux-mêmes, en 1936, une surprise lors du défilé d'ouverture des Jeux de Berlin. C'est du moins la version qu'André François-Poncet présente dans ses *Souvenirs d'une ambassade à Berlin (septembre 1931-octobre 1938)*, ouvrage publié chez Flammarion en 1946 :

Aux approches de la tribune, [les athlètes français] exécutent au commandement le salut olympique : le bras droit replié se détend et se fixe horizontalement, à la hauteur de l'épaule. La foule prend ce geste pour le salut hitlérien. Elle l'interprète comme un hommage chevaleresque, adressé au IIIe Reich et à son chef, et elle se livre à un débordement d'enthousiasme, fondé sur une méprise... (cité d'après Gay-Lescot, ouvrage cité, p. 128)

Enfin il y a jusqu'au « régime de carence » (p. 127) en vigueur sur « W » qui trouve un sombre écho dans ce tableau de la France sous Vichy tel que Gay-Lescot le brosse, en s'intéressant tout particulièrement à la vie « sportive ». C'est ainsi qu'il affirme que l'ambitieuse extension des heures obligatoires d'éducation générale et physique prônée par Borotra, s'est en fait trouvée contrariée par le fait que les élèves ne pouvaient tout simplement pas assumer jusqu'à onze heures hebdomadaires de sport, du fait de la malnutrition généralisée dans certaines classes d'âge. Un autre effet de cette pénurie était que

> nombre de récompenses et de prix sportifs [furent] convertis en denrées comestibles. (ouvrage cité, p. 72)

Conclusion

Jean-Louis Gay-Lescot est formel : « les grandes options prises en 1940 et 1941 [par le Commissariat à l'Education Générale et sportive de Jean Borotra] trouvent une large part de leur explication, de leurs sources, dans le programme voulu et obstinément poursuivi par Léo Lagrange et Jean Zay » (ouvrage cité, p. 9). Est-ce à dire que le Front populaire portait en germe le régime autoritaire de Vichy ? Certainement pas. J'y vois plutôt une ultime illustration de l'ambiguïté constitutive du phénomène sportif dont j'ai déjà parlé, et qu'on retrouve dans les propos de Pétain quand il a précisé les missions du « Commissariat » :

> Il y avait à la base de notre système éducatif une illusion profonde : c'était de croire qu'il suffit d'instruire les esprits pour former les cœurs et pour tremper les caractères [...] Nous nous attacherons à détruire le funeste prestige d'une pseudo-culture purement livresque, conseillère de paresse et génératrice d'inutilité [...] La formation d'une jeunesse sportive répond à une partie de ce problème. Les projets actuels du ministère de la Jeunesse visent à rendre à la race française santé, courage, discipline. Mais le sport pratiqué exclusivement ou avec excès pourrait conduire à un certain appauvrissement humain. (cité d'après Gay-Lescot, ouvrage cité, p. 23)

Notes

1. Denoël, 1975 ; le texte est cité d'après l'édition récente – et répaginée – parue dans la collection « L'imaginaire », Gallimard, 1997.
2. « Robert Antelme ou la vérité de la littérature », in : L.G. Une histoire des années soixante, coll. « La librairie du XXe siècle », Seuil, 1992, p. 95.
3. « (l'indicible n'est pas tapi dans l'écriture, il est ce qui l'a bien avant déclenchée) » –*W ou le souvenir d'enfance*, p. 63.
4. Comme nous l'apprend une pleine page du *Monde* (11/12/98, p. 25), Marie-George Buffet, ministre de la jeunesse et des sports du gouvernement français actuel, vient d'installer une commission, composée d'historiens et de personnalités sportives, censée étudier la politique du sport pendant l'Occupation.
5. Deux livres viennent de sortir sur l'enfance en France à l'époque eu question : *Vichy et l'école* (1940-1944), de Rémy Handourtzel, éd. Noêsis, 1998, et *Les enfants de la guerre. Vivre, survivre, lire et jouer en France* (1939-1949), de Gilles Ragache, éd. Perrin, coll. « Terre d'histoire », 1998. Leur lecture permettra peut-être d'y voir plus clair sur les conditions précises de la vie que dut alors mener l'enfant Georges Perec.
6. David Bellos m'a signalé, en marge du colloque, que Pascale Voilley a consacré un article intitulé « W : Georges Perec and Allegory » à la question. Cet article a paru en effet dans les actes du colloque international *Allegory old and new, Creativity and Continuity in Culture* qui s'est tenu à Luxembourg en juin 1992 (n° spécial du « Courrier de l'Education nationale », n° spécial de la *Revue luxembourgeoise de littérature générale et comparée*, Luxembourg 1992, pp. 23-34). Or dans son article certes important, mais néanmoins totalement isolé dans l'ensemble de la production critique, Pascale Voilley s'intéresse avant tout au statut générique du texte de Perec, en s'efforçant notamment de corriger le point de vue qu'Alan Astro a défendu dans « Allegory in Georges Perec's *W ou le souvenir d'enfance* » (in : *MLN*, septembre 1987, vol. 102, n° 4).
7. Cf. aussi Jean-Louis Gay-Lescot, *Sport et éducation sous Vichy* (1940-1944), PUL, 1991, p. 74. L'auteur fait partie de la commission d'étude citée plus haut.
8. Perec savait-il qu'il y avait exactement *43* épreuves au programme, dont *11* d'athlétisme ? (source : Françoise Hache, *Jeux olympiques. La flamme de l'exploit*, coll. « Découvertes Gallimard », 1992, pp. 31-33).
9. *La Belle Illusion.Culture et politique sous le signe du Front populaire*, Plon 1995, cité d'après Pierre Mauroy, *Léo Lagrange*, Denoël, 1997, p. 70.

10. En publiant un ouvrage intitulé et consacré aux *Chantiers de la Jeunesse. Une expérience de service civil* (1940-1944), les historiens Antoine Huan, Franck Chantepie et Jean-René Oheix viennent là encore de combler une lacune dans l'historiographie concernant la France de Vichy (Opéra Editions, Nantes, 1998).

Lecture-Investigation
L'histoire dans le détail de *La Vie mode d'emploi*.

par

Steen Bille Jørgensen
Université de Copenhague

Texte-montage
La lecture de *La Vie mode d'emploi* a tendance à se prolonger presque indéfiniment une fois que l'on est parvenu à entrer dans l'univers du livre, et la question qu'on peut se poser est celle de savoir si cela ne demande pas un engagement particulier de la part du lecteur. Il y a une question de sens à poser dans la perspective de la relation lecteur-texte, car la fragmentation qui arrête bien souvent la lecture semble également relancer celle-ci en tant que relecture[1]. On peut se demander si Perec n'emploie pas de manière concertée une stratégie de montage (impliquant une historicité) qui problématise à l'extrême toute distinction entre réel et fiction. La frustration ou la crise de lecture est à considérer comme un moment constructif durant lequel le détail fait événement et mobilise la lecture faisant inter-agir différents contextes, en enregistrant une altérité qui est finalement la responsabilité du lecteur.

La durée de la lecture semble décisive pour la relation qui s'établit par rapport au livre et à d'autres espaces de lecture. Valène est un personnage exemplaire à cet égard, dans la mesure où il se souvient d'une gravure représentant le *Grand Défilé de la fête du Carrousel* que Winckler avait trouvé dans *L'Illustration*. « Des années plus tard » (p. 49), il apprend en feuilletant le *Petit Robert* que cette gravure est d'Israël Silvestre. Le lecteur réel, qui serait aussi attentif que Valène, reconnaîtrait également ce détail déjà présent dans *Les Choses* (1965), et Valène *illustre* un type de lecture du livre entre contextes (cadres de lecture) différents.

Mais si lire est un acte temporel, « vraiment regarder » les objets prend du temps également, et Valène, qui connaît Winckler depuis 1932, ne découvre qu'au début des années soixante les détails du bahut que celui-ci a sculpté lui-même et qu'« on mettait très longtemps à voir » (p. 48).

Les motifs de ce meuble illustrent « les scènes capitales de *L'Île mystérieuse* » (p. 47), et si Valène se met *à lire* cet objet, il structure ce qui est narré au lecteur. Valène qui « s'attendait à voir des têtes de cerfs, des guirlandes, des feuillages... » découvre ainsi « des petits personnages, la mer, l'horizon, et l'île toute entière... »(p. 48). De manière analogue, l'espace du livre constitue pour le lecteur une topographie avec ses « lieux de mémoire », et la relecture ne doit pas forcément dépasser le cadre du livre, car « les scènes capitales » du livre de Verne sont énumérées avant la description en détail du bahut. Le jeu entre descriptions et narration (de récits) signale en quelque sorte le travail de montage fourni (en tant que manipulation) par l'écrivain qui emprunte des éléments fictifs (réels !) à Verne ; le lecteur est finalement tenté de vérifier si les scènes empruntées à Verne font bien partie de *L'Île mystérieuse*, et l'acte de lecture détermine ainsi les espaces de lecture.

Perec a lui-même défini la lecture comme travail de reconnaissance[2] et apprécie en tant que lecteur d'*Un rude hiver* de Raymond Queneau que la lecture « s'achemine doucement vers l'inépuisable » : « Depuis, à chaque relecture, je découvre un détail auquel je n'avais pas fait attention ». On peut effectivement avoir ce sentiment à la lecture de *VME*. Mais il y a un effet encore plus radical, dans la mesure où on peut parler de véritables crises de lecture devant le foisonnement des détails.

Si l'on sait que Perec tenait au modèle du roman policier en tant que générateur de fiction, le mouvement herméneutique inhérent à celui-ci se dédouble dans VME d'un mouvement entre espaces (de lecture) ontologiquement différents. Ce mouvement, au lieu d'épuiser le livre dans une solution finale (conventionnelle), permet au lecteur de continuer selon une logique de cadrages.

D'un côté, les para-textes constituent des espaces de lecture distincts, tout en signalant les ruptures (la fragmentation), mais de l'autre, ils renvoient tout autant le lecteur vers l'espace extra-textuel dans leur caractère de textes-cadres[3]. Ils rendent possible la découverte d'un aspect « textuel » aux objets (en tant qu'artefacts). Un ressourcement de la lecture semble, en fin de compte, dépendre de l'expérience du lecteur, de lectures du monde ; et les ruptures permettent paradoxalement de faire progresser l'investigation de manière constructive dans son caractère d'expérience (ou d'expérimentation) artistique qui part d'une reconnaissance de formes plus ou moins stéréotypées.

Investigations

La motivation du lecteur est ainsi déterminante pour le type de lecture réalisé. Mais l'illusion piège le lecteur dans une position paradoxale entre lecture identificatoire et lecture critique, distanciée ; on peut éclairer cette problématique à travers trois récits d'investigation du livre.

Dans le récit de l'Affaire Danglars, l'inspecteur Blanchet est un jeune détective peu expérimenté. Allant à l'encontre de ses supérieurs, il entreprend sa propre enquête pour prouver la culpabilité d'un juge. Mais le sujet (individuel) n'a rien de stable dans cette histoire de « détournements libidinaux » (p. 495), et le problème de la lecture est précisément celui du lecteur (voyeur) désireux de texte, qui risque de trop s'identifier au « jeune héros » avide de justice. Celui-ci finit, après avoir démissionné, par se compromettre en volant « la pièce à conviction » (p. 494), et se met à faire chanter le couple Danglars, effectivement coupable de toute une série de vols. Ceux-ci sont commis dans la perspective d'un jeu érotique dont le lecteur connaîtra partiellement les règles, tout en apprenant que le cahier que vole Blanchet contiendrait les défis lancés par un des partenaires à l'autre, et la récompense ou la punition qui suivrait le succès ou l'échec dans la réalisation du vol.

Le lecteur ne connaîtra, cependant, ni le triomphe du jeune policier, ni le détail du jeu érotique. Lire consiste, dans un premier temps, à prendre ses distances pour observer l'économie textuelle. Celle-ci révèle toute une série d'espaces de lecture différents (journaux, lettres, communiqués[4]), et c'est effectivement à condition de jouer le jeu (celui du roman policier entre écrivain et lecteur) que le lecteur peut continuer son exploration du texte selon des logiques différentes.

Mais être sur ses gardes ne résout pas, pour autant, le problème de la bonne distance par rapport au texte. Dans le chapitre L, composé en abyme, la logique structurelle est en apparence inversée, puisque les artifices narratifs sont ouvertement exposés. Les données du récit policier, « l'assassinat des poissons rouges » sont présentées (d'après une représentation picturale) en tant que reflet d'un tableau dans un parquet. La distanciation est également provoquée par le travail d'investigation de l'inspecteur Waldémar, puisque celui-ci procède de manière très systématique (scientifique) pour aboutir à une solution correcte : les trois personnages soupçonnés sont, d'après un pastiche d'Agatha Christie, coupables. Mais cette solution est toute relative[5], trop rigoureuse, puisque l'inspecteur ne réussit pas à éclaircir toutes les circonstances de l'affaire : « Mais le fin mot de cette affaire, son rebondissement final, son renversement ultime, sa révélation dernière, sa chute, est ailleurs » (p. 288).

L'ironie de cette formule clôturale (presque sans fin) dénonce en quelque sorte une lecture trop méthodique ou machinale, sans engagement personnel, et la différence entre ce récit et celui de l'Affaire Danglars n'est qu'apparence. Dans les deux cas, le lecteur doit faire varier sa distance par rapport au texte, ou plus précisément opérer des ruptures pour créer de nouvelles hypothèses de lecture, de nouvelles relations aux espaces textuels multiples. Tout se passe comme si la conscience rhétorique de Perec[6], entretenait « le désir de lire » dans la mesure où l'expérience, constamment accrue du lecteur engagé, renouvelle l'expérience de lecture. Une « rhétorique de la lecture », ayant le mérite d'accentuer une telle dynamique dans la relation lecteur-texte, échouerait face à sa tâche ultime consistant à proposer un modèle de lecture[7].

Le paradoxe de la lecture est qu'elle ne peut que se fonder sur une hypothèse, à la manière dont le détective Salini propose une « hypothèse de travail » (p. 184). Mais tout « scénario de départ », étant une abstraction, souffre nécessairement d'un manque de détails, et Salini a du mal à accomplir sa tâche :

> J'étais sur le point d'abandonner cette affaire lorsque l'un des étudiants que j'avais recruté me fit remarquer que l'événement dont nous cherchions la trace pouvait très bien avoir eu lieu à l'étranger ! (p. 185)

Salini est méthodique (comme Waldémar) et passionné (comme Blanchet), mais il connaît ses limites. Ainsi, il lit « différemment » les mêmes circonstances après avoir consulté un de ses assistants-étudiants. C'est son « goût pour les affaires criminelles » (p. 183) qui fait de lui un détective engagé au double sens du terme, à la fois professionnel (méthodique, distancié) et passionné (entièrement dans l'affaire) ; non seulement il réussit à éclaircir l'affaire, mais il fait progresser le récit en tant que personnage discret, marginal (reflet de Valène ?), engagé par Mme de Beaumont qui veut connaître le sort de sa fille » (p. 183).

C'est en produisant une lettre adressée à Mme de Beaumont que Salini réussit à fournir le récit d'une autre enquête sous forme de lettre, et ainsi à combler les vides de son hypothèse. Seulement, il ne connaîtra pas l'explication de l'énigme lui-même. La reproduction effective de cette lettre fait doubler la lecture fictive du personnage par le lecteur réel. Mais le détail de la lettre piège le lecteur dans un des récits les plus cruellement structurés du livre. Deux lettres d'Elizabeth de Beaumont sont reproduites à l'intérieur de celle que reçoit Mme de Beaumont, et dans celles-ci, elle peut lire la souffrance de sa fille qui attend la vengeance de Sven Ericsson, le père d'un garçon que gardait Elizabeth, et dont elle a causé la mort soit par accident, soit par préméditation. Les deux personnages trouvent la mort dans cette histoire fatale et tragique, où les mécanismes psychologiques dominent la lucidité.

La logique de cette enquête ressemble à celle de Salini qui l'encadre. Ericsson écoute un de ses enquêteurs, afin de changer de stratégie ; mais il l'écoute mal, car au lieu de suivre son raisonnement paradoxalement cohérent et logique prouvant que seul le hasard lui permettrait de retrouver sa victime, il se livre aux « épuisantes ressources de l'irrationnel » (p. 193), pour oublier finalement le sens de son entreprise une fois qu'il réussit à coincer Elisabeth :

> C'était comme si ma longue chasse m'avait fait oublier au nom de quel serment je l'avais entreprise : plus il me devenait facile d'assouvir ma vengeance, plus j'y répugnai. (p. 195)

Le sens dépasse le sujet, trop impliqué dans les circonstances. Malgré un instant d'hésitation et de lucidité, Ericsson ne réussit pas à « lire autrement », à conférer un sens au monde. En répétant l'acte meurtrier, il reprend un schéma structurel seulement pour vider de sens sa propre vie. Ainsi, c'est en trouvant la solution ultime que le sens du monde se dérobe, et Mme de Beaumont, qui apprend la mort de sa fille, trouve également un certain sens (logique) dans le non-sens de la violence. C'est ainsi la logique sérielle de l'investigation qui permet au lecteur de progresser, mais l'exemple précis d'un détective singulier et énigmatique qui arrête son regard. Salini n'a rien de spectaculaire comme Blanchet et Waldémar, mais réussit son travail grâce à sa discrétion empathique. Cependant, une analyse de ce rôle avant tout structurel implique forcément une réflexion sur les mécanismes psychologiques.

Aucune norme ou méthode préétablies ne sauraient rendre la complexité de ces lectures paradoxales. Ce que l'on pourrait appeler une stratégie (rhétorique) du montage agence *plusieurs versions de la même histoire*, plus ou moins développées. L'objet de lecture dépend de l'espace que réussit à ouvrir le lecteur, en établissant des distinctions entre espaces textuels plus ou moins marqués.

Discontinuité et historicité

S'il y a une « lente accoutumance du corps à l'espace » de l'immeuble (p. 169), l'objet perceptuel qu'est le texte-livre ouvre des espaces virtuels à partir d'éléments discrets. La découverte de ceux-ci dépend d'un travail de mémoire lié au fragment. Le contexte étroit assure une certaine unité du texte, mais la mémoire est décisive pour la lecture du détail en tant que fragment rattachable à différents contextes. L'intertextualité constitue dans cette perspective un horizon de lecture, de même que les différentes formes narratives et pastiches constituent un horizon pragmatique ou discursif à explorer ; mais le fragment découpé reste la responsabilité du lecteur. Lire *VME*, c'est bien relier, mais il faut également détacher, morceler avant de construire. Perec, en créant une topographie non seulement immobilière à espaces distincts, mais également une topographie textuelle à types de texte distincts (avec les *Pièces annexes*), invite à un tel travail de morcellement.

La porte vitrée entre le petit et le grand escalier est un des détails du livre qui invitent à une analyse du montage en tant que travail de la mémoire. On trouve « une page de *Détective* » (p. 275) qui a remplacé un carreau cassé. Mais pour réaliser un tel montage, il faut d'abord détacher cette page de son contexte d'origine. Une telle réflexion contextuelle renvoie le lecteur dans les caves des Gratiolet et des Altamont, où le lecteur a déjà rencontré le mot « détective » inséré dans une liste de « journaux dépareillés » (p. 204), et l'*Index* précise qu'il s'agit d'un « périodique de langue française ». Mais à condition de bien lire l'*Index*, on peut également constater qu'il y a du jeu dans les titres de cette liste, dont les transformations provoquent l'observation.

Si la cave des Gratiolet, lieu de conservation, ouvre bien à une lecture de l'histoire, celle-ci risque toutefois d'être trop hâtive. Mais en investissant ses expériences de lecture dans le cadre du livre, on peut, en bon détective, examiner un aspect sériel de l'histoire apparemment authentique, et il s'avérera que l'histoire des grandes figures mythiques cache une réalité moins spectaculaire, qui peut être à la fois plus douce et plus violente ; bref plus vivante. Un travail de vérification dans l'*Index* peut finalement déboucher sur une recherche parallèle dans les livres d'histoire puisque le chapitre pose la question suivante : « Louis XVII et l'Aiglon se sont-il rencontrés secrètement à Fiume le huit août 1808 ? » (p. 204). La représentation photographique ne fournit pas de réponse immédiate, puisque la fragmentation du texte ne permet pas de relier la question au contenu de la photo. Si l'on s'en tient aux faits historiques, il faut d'abord identifier les deux personnages, et l'on peut apprendre (en consultant des ouvrages historiques) que Louis XVII serait mort avant la date mentionnée et que l'Aiglon, roi de Rome ou Napoléon II n'était pas encore né.

Montage à ce niveau signifie mensonge ! Mais pourquoi la dénomination d'Aiglon ? Le nom se distingue par rapport à Louis XVII (simple dénomination numérique) dans sa singularité, et dans l'*Index*, la discontinuité entre Napoléon I et Napoléon III signale de même une enquête à mener. A l'entrée « Aiglon », on trouve l'ouverture vers une lecture de type encyclopédique : « Aiglon, L' (François-Charles-Joseph-Napoléon Bonaparte, duc de Reichstadt, dit). On peut se douter que l'Aiglon est de la famille de l'Aigle, Napoléon Ier, et le chapitre consacré à Carel van Loorens permet tout autant d'établir une telle relation que les livres d'histoires, puisqu'il est question de l'Aigle Napoléon. Mais une fois encore, ce type de dénomination est frappée de sérialité puisqu'un autre aigle, Hokab-el-Ouakt, est précisément appelé « l'Aigle du moment » (pp. 461-464) !

Une certaine vérité littéraire devient en quelque sorte, dans son caractère de montage, plus vraie que l'histoire, et la lecture d'un poème de Victor Hugo, *Napoléon II* (1832) s'impose[8]. Non seulement Hugo utilise le surnom d'Aiglon (le crée peut-être), mais cette référence peut également permettre d'éclairer un autre détail du livre. Le dernier mot du poème est celui d'Alcyon (pour désigner l'Aiglon face à Napoléon en Léviathan). Cet oiseau fabuleux fournit le nom au yacht de Bartlebooth qui se trouve sur la côte Adriatique (p. 313) entre Trieste et Doubrovnik, où l'on peut également situer (d'un point de vue géographique et historique) la ville de Fiume liée au contexte étroit de l'Aiglon. Cette ville a été un port libre (1723) et état indépendant pendant deux ans (1920-22). Passée de l'Italie à la Yougoslavie en 1947, elle s'appelle depuis Rijeka. Le montage permet de faire osciller les identités et de mentir tout en disant la vérité.

A ce niveau, la fiction nous fournit une image des trois personnages principaux du livre rassemblés à bord d'un bateau mythique indépendant (portant le nom de l'oiseau qui fait son nid sur l'eau « porteur de calme et de paix »). Cette image, associée également à une ville constamment transformée (mais qu'on peut associer à la liberté), rend possible une dynamique dans les relations puisque Valène y déclare son amour pour Marguerite, l'épouse de Winckler. Mais une lecture autobiographique s'impose également, puisque l'instabilité géographique est étroitement liée à la guerre, et que les deux personnages Louis XVII et l'Aiglon, figures mythiques, ne sont finalement que des victimes de la guerre comme Perec le fut, et les « deux adolescents » de la photographie constituent « le petit détail vrai ».

Le manque de continuité au niveau du contexte étroit me paraît paradoxalement significatif en tant que *lecture de l'histoire* possible, dans la mesure où la discontinuité nous oblige à saisir une altérité de caractère topographique-spatiale. Le texte accentue sa propre fragmentation en laissant néanmoins au lecteur la possibilité d'effectuer un travail de vérification, travail de véritable construction à partir d'éléments du texte[9]. De même, des traces de numérotation permettent de constater que 40 chambres de bonne ont existé dans l'immeuble et que leur disparition est imminente. Mlle Crespi fournit une sorte d'image emblématique d'une telle logique spatiale (de la durée) puisqu'elle est omniprésente dans le détail du livre (l'*Index* permet de le vérifier), mais son espace personnel n'apparaît que de manière sommaire dans un chapitre de moins d'une page.

L'histoire avec sa « grande Hache » (concept vide) n'est que mythe et illusion, seule l'action (souvent discrète) crée des événements et un sens qui doit forcément partir du présent en tant que seule mesure du sens toujours voisin du non-sens, dans sa dimension spatiale *à lire*. La chronologie ne fournit pas le sens, mais nous permet de déterminer des espaces distincts susceptibles d'être mis en relation.

Lecture plurielle

Toute investigation est finalement une recherche de sens qui n'a rien de mécanique ou de machinal, et qui part du présent pour éclaircir le passé. Il me semble que VME confronte le lecteur au problème de l'historicité en le mettant devant un texte monté, où l'altérité du passé correspond à la structuration qui fait jouer détail et contexte. L'actualisation de contextes (ou cadres de lecture) différents est ainsi la responsabilité du lecteur qui peut, de cette manière, avoir l'expérience d'un ordre socio-historique révolu en tant que lieu de mémoire. La durée de la lecture opère ce que Bessière nomme une « réversibilité du littéraire dans le non-littéraire »[10]. Mais c'est la motivation du lecteur qui décide des limites de ce jeu avec le sens qui ne peut se faire que dans une confiance par rapport au texte en tant qu'« effet littérature »[11].

A la découverte par Valène de figurines répond le repérage par le lecteur de figures discrètes, de détails. Seulement, en lisant les objets, on risque rapidement de se trouver pris non seulement dans un carrousel, mais également dans une « bibliothèque tournante ». A la manière d'Ursula Sobieski lisant la liste des habitants du 11, rue Simon-Crubellier, le lecteur doit lire la photo qu'elle tient à la main reproduisant la bibliothèque tournante déjà présente dans *Les Choses*. Sobieski voudrait éclaircir la vie énigmatique de James Sherwood (qui selon l'ordre chronologique, né en 1833, prendrait la relève de l'Aiglon qui meurt en 1832) et le lecteur se trouve devant un montage, une mystification (unique) qu'il a peut-être lui-même recherchée...

> ...comme lorsque, lisant un livre, on tombe sur des phrases que l'on a déjà lues ailleurs : et peut-être alors se rendrait-on compte de ce qu'il y avait toujours eu d'un peu particulier dans ce petit personnage, pas seulement un

soin plus grand apporté aux détails du visage, mais une plus grande neutralité, ou une certaine manière de pencher imperceptiblement la tête, quelque chose qui ressemblerait à de la compréhension, à une certaine douceur, à une joie peut-être teintée de nostalgie. (pp. 290-291)

Notes

1. Pierre Macherey fait correspondre la relecture à une notion de « reproduction littéraire ». Voir Macherey, Pierre : « La littérature en tant que reproduction », in Picard, Michel : *Comment la littérature agit-elle ?*, Klincksieck, Paris, 1994.
2. La lecture du livre est également qualifiée de « véritable mission de reconnaissance » par John Pedersen. Voir son article « Perec comment le lire. Réflexions sur *La Vie mode d'emploi* », in : *Nuova Corrente* n° 108, Tilgher-Genova, Genova, 1991.
3. Des textes-cadres à faces interne et externe selon la théorie du parergon présentée par Derrida. Cf. Derrida, Jacques : *La Vérité en peinture*, Flammarion coll. Champs, 1978.
4. Il serait intéressant à ce niveau d'étudier le style perecquien en tant que travail concerté sur le lexique. Différents idiomes sont incorporés dans un même contexte (apparemment) cohérent selon une conception de l'écriture (prononcée par Queneau) comme maîtrise d'idiomes.
5. Il s'avère que la victime est de caractère sadique et lui-même coupable d'un crime affreux.
6. Perec a lui-même évoqué l'aspect persuasif de la rhétorique dans son discours de Londres sur les « Pouvoirs et limites du romancier français contemporain ». Ribière, Mireille : *Parcours Perec* (Colloque de Londres, Mars 1988), Presses universitaires de Lyon, 1990.
7. Un modèle de lecture associant le texte aux modèles rhétoriques de son contexte historique. Charles, Michel : *Rhétorique de la lecture*, Éditions du Seuil, Paris 1977
8. Un autre écho est celui de la pièce dramatique d'Edmond Rostand intitulée *l'Aiglon*. Cette pièce fut représentée la première fois lors de l'Exposition universelle de 1900 (au théâtre Sarah-Bernhardt). Les Honoré se rencontrent (au théâtre) à l'Exposition Universelle et vont passer le reste de leur vie ensemble. Si on ne peut parler d'intertextualité au sens strict du terme, on peut néanmoins entendre des échos d'une « bibliothèque personnelle » qui serait constituée de fragments de discours (ne serait-ce qu'un titre ou un nom), et Perec insiste sur l'identité du théâtre Sarah-Bernhardt « alors appelé le Théâtre de la Cité, le 3 juin 1943 » (p. 559). Le lecteur peut porter le même soin à sa lecture en s'interrogeant sur le nom de jeune fille de Mme Honoré. Le nom de Corinne Marcion répété et associé à sa date de naissance dans les *Repères chronologiques* (p. 677) peut tromper l'œil, car il ne s'agit que d'une

dénomination anachronique. Son mari s'appelant Honoré Marcion, c'est en fait son prénom à lui qui fournit, de manière métonymique, son nom de famille à Corinne, et l'oubli de ce détail (p. 490) par le lecteur correspondrait à l'oubli (réel) de réalités distinctes (récits virtuels) que peut évoquer le changement de nom d'un théâtre.

9. Celui-ci devient l'auteur d'une géographie selon le vœux exprimé par Perec dans *Espèces d'espaces*, Galilée, Paris, 1974, p. 105.
10. Bessière, Jean : *Dire le littéraire*, Mardaga, Bruxelles, 1990, pp. 208-209.
11. J'emprunte l'expression à Michel Charles.

Ouvrages cités :

Perec, Georges (1974) : Espèces d'espaces. Galilée, Paris.

Perec, Georges (1978) : *La Vie mode d'emploi (VME)*. Hachette, coll. Livre de poche, Paris.

Bessière, Jean (1990) : *Dire le littéraire*. Mardaga, Bruxelles.

Charles, Michel (1977) : *Rhétorique de la lecture*. Seuil, Paris.

Derrida, Jacques (1978) : *La Vérité en peinture*. Flammarion, coll. Champs.

Macherey, Pierre (1994) : La littérature en tant que reproduction, in: Picard, Michel (éd.) : *Comment la littérature agit-elle ?*, Klincksieck, Paris.

Pedersen, John (1991) : Perec comment le lire. Réflexions sur *La Vie mode d'emploi*, in: *Nuova Corrente*, n°108, Tilgher-Genova, Genova.

Ribière, Mireille (éd., 1990) : *Parcours Perec* (Colloque de Londres, mars, 1988). Presses Universitaires de Lyon, Lyon.

Coup d(e) H

par

Bernard Magné
Université de Toulouse le Mirail

> *Un jeu de mot signé G. P. est garanti sans gravité*
> (Lettre de Georges Perec à Jacques Lederer,
> 20 décembre 1957)

1

Tout épitexte[1] a ses topoï. L'épitexte perecquien n'échappe pas à la règle. Versant auctorial, c'est, par exemple, « l'écriture est un jeu qui se joue à deux », que Perec répète d'entretien en interview. Versant allographe, ce serait, par exemple, la citation récurrente de « rester caché, être découvert », à laquelle il est bien difficile d'échapper dès que l'on aborde un peu précisément les modalités de ce double jeu[2].

S'agissant de Perec et l'histoire, on me voit déjà venir : l'incontournable, c'est évidemment « l'Histoire avec sa grande hache[3] », joyau de ce que j'appellerai le « perecquien cuit », métaphore dont, malgré l'hommage implicite à Desnos, je reconnais, s'agissant de Perec et de ce qu'on sait de sa vie et de sa mort, l'extrême mauvais goût, que seule peut excuser sa pertinence théorique.

Il en est de ces lieux comme d'autres : on peut se borner à en faire une utilisation fonctionnelle, banale, minimale pour se diriger très vite, d'une démarche d'autant plus alerte que récemment allégée, vers des sites plus fréquentables et plus nobles ; mais on peut aussi, on le sait, en faire d'authentiques endroits de lecture, comme Perec lui-même le constate[4] et comme Bénoziglio en fait la superbe démonstration dans *Cabinet portrait*[5].

J'ai longtemps hésité entre ces deux attitudes – je crois même avoir envoyé un projet de communication où ma préférence allait nettement à la première ; et, bien entendu, c'est à la seconde que je me rallie aujourd'hui, en proposant ici quelques réflexions sur ces six mots : « L'Histoire avec sa grande hache ».

2

Je considérerai d'abord cette lexie au plan de la forme du contenu. C'est la position de tous les commentateurs. La citation leur sert à rappeler ce que l'Histoire a représenté pour Perec : non seulement le lieu mais l'instrument d'une *séparation* tragique. Lui-même glose aussitôt sa formule : « la guerre » (qui lui a enlevé son père), « les camps » (où sa mère a disparu).

C'est en se plaçant sur ce plan-là qu'Anne Roche peut rapprocher de la formule perecquienne un passage d'*Hamlet* : « et que là où est la faute, la *grande hache* tombe »[6]. Rapprochement d'autant plus justifié qu'un autre passage de la même pièce est explicitement mentionné par Perec dans *W* et très clairement associé à une *interruption* brutale : « (au dos de la photo de mon père, j'ai essayé d'écrire, à la craie, un soir que j'étais ivre, sans doute en 1955 ou 1956 : « Il y a quelque chose de pourri dans le royaume de Danemark. » Mais je n'ai même pas réussi à tracer la fin du quatrième mot) »[7]. Du coup, l'écriture a ici une valeur mimétique immédiatement perceptible, quelque chose comme une homologie, du type : à histoire brisée, écriture brisée. Équivalence que Perec lui-même validera un peu plus loin dans son autobiographie : « Désormais, les souvenirs existent, fugaces ou tenaces, futiles ou pesants, mais rien ne les rassemble. Ils sont comme cette écriture non liée, faite de lettres isolées incapables de se souder entre elles pour former un mot, qui fut la mienne jusqu'à l'âge de dix-sept ou dix-huit ans »[8].

Et bien entendu on ne manquera pas de voir, à juste titre, dans cette hache de l'histoire un spectaculaire ancrage autobiographique pour ce que j'ai appelé ailleurs l'autobiographème de la cassure[9].

3

On aura pourtant deviné que ce n'est pas l'aspect qui me retiendra et que je ferai au contraire porter toute mon attention sur la forme de l'expression et sur les opérations dont elle est le lieu.

Je rappelle au préalable que ce changement de plan est une commodité d'analyse et qu'en réalité tout l'intérêt de la formule perecquienne réside dans la double lecture qu'elle exige. Contrairement à ce qui se passe dans la phrase d'*Hamlet*, la métaphore de la hache n'a d'intérêt que parce qu'elle peut se développer à partir d'un travail sur le signifiant, dont elle est – si j'ose dire s'agissant d'un instrument tranchant – inséparable.

Je note d'abord qu'aucun commentateur, à ma connaissance, ne s'intéresse à cet aspect. Le calembour – j'utilise volontairement ici cette notion vague et molle que je préciserai dans un instant – ne retient guère les exégètes : au mieux, ils le considèrent comme une évidence n'appelant aucune explication, comme un moyen ingénieux d'attirer l'attention sur la dimension tragique, irréversible d'une histoire qui va marquer le destin personnel de Perec. On pourrait, ironiquement, leur appliquer ce que Perec dit de sa propre attitude devant son histoire à lui : « L'on n'avait pas à [les] interroger sur cette question. Elle n'était pas inscrite à [leur] programme »[10].

Pourtant cette lexie est le lieu de ce que j'ai désigné il y a un instant comme calembour, qui repose sur un triple mécanisme :

- une **homonymie** : entre hache et H, puisque à deux signifiants identiques [aH] correspondent deux signifiés différents : Sé1 – l'instrument tranchant – et Sé2 – la huitième lettre de l'alphabet –, Sé2 n'existant qu'*in absentia*, au plan de la connotation et devant être reconstruit par le lecteur grâce à

- une **autonymie** : la perception du Sé2 connoté suppose que le mot histoire soit considéré non en usage mais en mention, c'est-à-dire qu'on se préoccupe non des propriétés de son signifié mais des particularités de son signifiant, notamment de sa graphie avec une capitale permettant la mise en parallèle : grande hache // H majuscule, parallèle qui suppose

- une **épellation**, sorte d'autonymie au second degré : l'homonymie n'est en effet possible que si la première lettre majuscule est elle-même considérée non point en usage – elle serait alors simplement traitée comme phonème en l'occurrence muet – mais en mention : c'est sur son nom, et pas sur sa prononciation, que peut s'établir le calembour. Et c'est très justement que Josette Rey-Debove considère les noms de lettres comme des autonymes[11].

Or ces trois mécanismes formels ont tous un rapport essentiel avec ce qui est ici en question au plan même de la signification globale : la *cassure* dont l'histoire est l'instrument.

L'épellation n'est rien d'autre qu'un *bris de mot* permettant d'en faire apparaître séparément chaque graphème.

La linguistique opère une *séparation* entre autonymes et mots ordinaires en montrant que le fonctionnement des premiers est différent de celui des seconds. [12]

Enfin l'homonymie suppose une *disjonction* au moins partielle du signifiant et du signifié puisqu'elle associe des signifiés différents à des signifiants phoniques identiques [13].

Ajoutons, pour complexifier un peu, (car il faut toujours complexifier) que ces opérations portent sur une lettre ambivalente qui, selon les cas, autorise la *liaison* (h muet) ou au contraire impose la *séparation* (h aspiré), chacune de ces réalisations correspondant justement à l'un des deux signifiés : h aspiré pour l'outil, h muet pour la lettre[14].

Ainsi, par le calembour hache/H, Perec réussit une véritable remotivation du signe ; il fait d'histoire un vocable cratyléen : grâce à son initiale, le mot exhibe ce que fait la chose. A l'instar du vers mallarméen, le calembour perecquien nie, d'un trait souverain, le hasard demeuré au terme[15].

Par ailleurs, les trois opérations constitutives du calembour sont caractéristiques de l'écriture perecquienne. A la motivation locale, qu'on vient d'analyser, s'ajoute donc une motivation globale puisque on peut montrer qu'avec son jeu de mot, la définition de l'Histoire s'inscrit dans le droit fil de pratiques récurrentes dans l'œuvre de Perec.

L'*épellation* appartient à ce qu'on pourrait appeler une poétique de la lettre, dont les poèmes hétérogrammatiques et en particulier *Alphabets* représentent le modèle le plus sophistiqué et les *beaux présents* une forme plus adoucie. Mais on en retrouverait aussi l'esprit dans des textes moins fréquentés, par exemple ces *35 Variations sur un thème de Marcel Proust* dont la première est significativement une « Réorganisation alphabétique : B CC D EEEEEEE G HH I J L MM NNN OOO P R SSS T UUU »[16]. Et naturellement, on aura garde d'oublier que, dans la structure interne de *W*, ce jeu sur la lettre préfigure le premier souvenir d'enfance et la scène fantasmatique où le jeune Perec désigne « une lettre hébraïque en l'identifiant »[17].

Le recours à l'*autonymie* est exceptionnellement fréquent dans les mots croisés où, comme l'a montré Jean-François Jeandillou « la possibilité qu'offrent les signes linguistiques de se signifier-eux-mêmes [...] est exploitée, grosso modo, une fois sur trois »[18].

C'est dans ces mêmes mots croisés que Perec multiplie également les « pirouette[s] homonymique[s] »[19]. Et c'est bien entendu par *homonymie*, ou de manière un peu plus laxiste par à-peu-près paronymiques, que sont élaborés tous les homopohonismes des *Vœux*.

Cette fois, ce n'est plus le seul vocable qui est remotivé, mais bien l'ensemble de la lexie qui condense en sa demi-douzaine de vocables trois des principaux processus formels repérables dans l'œuvre perecquienne.

Il pourrait bien s'en trouver un quatrième. Je vais, en toute mauvaise foi, sacrifier à mon tour à un topos épitextuel : la célébrissime double couverture, qui, une fois de plus, semble montrer ici tout son efficace.

Le calembour que je viens de décrire est évidemment cousu de fil blanc. Son intérêt, j'espère l'avoir montré, ne réside pas dans son ingéniosité mais dans sa vertu anti-stochastique et sa capacité structurante. Or on sait à quoi sert l'évidence chez Perec, surtout depuis *les Revenentes* : « le meyer recette de céler est de sembler lesser en éveedence »[20] ! Il se pourrait bien que le calembour ait le même statut que « l'absence d'histoire » dont il est précisément question dans le paragraphe précédant la formule perecquienne :

> Cette absence d'histoire m'a longtemps rassuré : sa sécheresse objective, son évidence apparente, son innocence, me protégeaient, mais de quoi me protégeaient-elles, sinon précisément de mon histoire, de mon histoire vécue, de mon histoire réelle, de mon histoire à moi qui, on peut le supposer, n'était ni sèche, ni objective, ni apparemment évidente, ni évidemment innocente ?

Aidé par la typographie – « une autre histoire, la Grande, l'Histoire... » – le lecteur n'a aucun mal à passer de la hache au H pour retrouver dans l'Histoire majuscule et bourreau le signe qui la motive. Ce faisant, c'est une autre quasi homonymie, une paronymie, qu'il risque de négliger : celle qui, bilinguisme oblige[21], permet de lire, sous hache ['aʃ], l'anglais *ash* [æH][22] et donc sa traduction française : cendre. Dès lors ce n'est plus simplement à l'évocation générale d'une histoire synonyme de bouleversement tragique qu'on accède, mais bien à la mise en écriture d'une mort indicible : celle de Cyrla Perec dans les crématoires d'Auschwitz. Je ne peux ici suivre les détails de ce réseau, au demeurant bien connu. Je signalerai simplement que dans *W*, il se développe selon deux axes principaux. Pour la fiction, ce sont les cinq occurrences de la « cendrée », c'est-à-dire du lieu des performances sportives, mais aussi du viol collectif des « femmes présumées fécondables » de l'île W[23]. Pour l'autobiographie, l'unique occurrence de cendre se trouve exhibée à la clausule d'un paragraphe qui mériterait à lui seul tout un commentaire :

> Je me rappelle aussi que ma tante faisait des nouilles en découpant au couteau dans la pâte [...] de longues et étroites lanières [...]. Une autre fois, elle alla jusqu'à fabriquer du savon, avec un mélange de soude et de graisse de bœuf (et peut-être même des cendres)[24].

Je me borne à pointer dans l'entour immédiat de ces cendres l'isotopie de la coupure et la présence de ce savon qui annonce celui sur quoi se clôt le récit de fiction et dont on devine la sinistre origine :

des tas de dents d'or, d'alliances, de lunettes, des milliers et des milliers de vêtements en tas, des fichiers poussiéreux, des stocks de savon de mauvaise qualité...[25]

Ainsi, dépouillé de sa double couverture, le calembour permet de passer, par une lecture méticuleuse, d'une évocation générale et métaphorique – l'Histoire avec sa grande hache – à une représentation précise et concrète de la réalité des camps ou plus exactement de certaines des traces qu'ils ont laissées dans la mémoire collective.

4

Je voudrais, au terme de ce parcours et en guise de conclusion, faire deux remarques : l'une sur les enjeux de ce calembour, l'autre sur les problèmes qu'il a posés aux traducteurs.

On l'a vu, ce que permet la formule perecquienne, c'est l'assimilation de l'histoire à une cassure : l'intervention de la Grande Histoire dans l'histoire individuelle du sujet Perec s'est traduite par une fracture irréversible. On a vu également que, par une manière de surdétermination, le calembour qui autorise cette assimilation fait lui-même appel à plusieurs procédés formels fondés sur la séparation. Mais, paradoxalement, comme ces procédés sont récurrents dans l'œuvre perecquienne, ce que favorise le calembour, c'est une véritable mise en réseau d'éléments disjoints, c'est-à-dire une dynamique très exactement inverse de celle de l'Histoire.

Par rapport à l'Histoire, le travail de l'écriture perecquienne correspond à ce que Raymond Queneau, dans *Chêne et chien*, appelait une « consolante inversion »[26]. Reprendre à l'Histoire sa hache pour en faire une lettre, utiliser la fracture comme élément de suture[27], faire de la mise en pièces la condition de la mise ensemble[28], s'appuyer sur les désastres de la Shoah pour en renverser la valeur et en faire le point de départ d'un texte, d'un tissage littéral. Bref, à la catastrophe d'une histoire qui réduit le passé à zéro, opposer l'anastrophe de l'écriture[29] et la potentialité de ses réseaux : voilà qui pour moi définirait assez bien le rapport de Perec à l'histoire.

De tout ce qui précède, il ressort que la formule perecquienne prend tout son sens si et seulement si sont présents à la lecture le Sé1 avec la hache, et le Sé2 avec la lettre H (même si ce dernier reste implicite et connoté). Or la condition de base de cette double présence est l'homonymie qui, sauf exception, est spécifique à la langue française. Faute de trouver un équivalent à cette homonymie, le traducteur est donc condamné à un choix. Soit il traduit littéralement le Sé1 – hache – et néglige le calembour et son Sé2. Soit il choisit d'expliciter ce Sé2 autonymique – H – au détriment du Sé1 qui dans ce cas se trouve purement et simplement éliminé, de même que le calembour, puisque le Sé2 désigne ce que le texte montre déjà, Perec ayant évidemment doté l'Histoire de son H majuscule[30]. Dans ces conditions, il s'agit d'une simple question de logique. En effet, dans tous les cas, le calembour disparaît et il ne reste plus qu'un des deux signifiés, dont l'un, on vient de le voir, est redondant, tandis que l'autre assure la présence d'une isotopie essentielle à la production du sens : celle de la cassure. Le premier choix paraît donc s'imposer, sauf si le souci du traducteur est moins de respecter la cohérence de l'univers perecquien et de ses valeurs que d'offrir de sa propre compétence une image flatteuse en montrant que le calembour ne lui évidemment pas échappé. Le tableau que je reproduis en annexe permettra une radicale séparation des modestes (traductions métaphoriques) et des ostentatoires (traductions métalinguistiques). Ce qui prouve que la traduction peut parfois, elle aussi, fonctionner... à la hache.

Annexe

LANGUES	traduction métaphorique	traduction métalinguistique
allemand (est)	+	−
tchèque[31]	+	+
allemand	+	−
norvégien	+	−
espagnol[32]	−	+
anglais	−	+
néerlandais	−	+
italien	−	+
finnois	−	+
hébreu	+	équivalent
catalan	−	+
japonais	+	(+)
suédois	−	+

Notes

1. Sur la notion d'épitexte, voir G. Genette, *Seuils*, Seuil, 1987, pp. 316 ss.
2. Bien entendu, j'ai moi-même arpenté ce versant en usant et abusant de ladite citation !
3. *W ou le souvenir d'enfance*, Denoël, 1975, p. 13. Le topos perecquien peut devenir topos général. Je retrouve par exemple la formule perecquienne citée entre guillemets mais sans attribution d'auteur dans un texte de Pascal Ory : « L'Histoire, cette dragonne, « avec sa grande hache » » (*Doisneau 40/44*, texte de Pascal Ory, Hoëbeck, 1994, p. 61).
4. « Les chiottes restent [...] un endroit privilégié de lecture. Entre la panse se soulageant et le texte, s'instaure une relation profonde, quelque chose comme une intense disponibilité, une réceptivité amplifiée, un bonheur de lecture » (« Lire : esquisse socio-physiologique », *Penser/Classer*, Hachette, coll. « Textes du XXe siècle », 1985, p. 4).
5. Jean-Luc Bénoziglio, *Cabinet portrait*, Seuil, coll. « Fiction & Cie », 1980.
6. Acte IV, sc. 5 (je souligne). Anne Roche cite aussi le texte anglais : « And where the offence is let the great axe fall » (Anne Roche, « Le Revenant », *Textuel*, n°21, *Cahiers Georges Perec*, n°2, Université de Paris 7, 1988, pp. 97-100).
7. *W*, p. 41.
8. *Ibid.*, p. 93.
9. Voir mon article « L'autobiotexte perecquien », *Le Cabinet d'amateur*, n°5, juin 1997, pp. 5-46.
10. *Ibid.*, p. 13.
11. Josette Rey-Debove, *Le métalangage*, Le Robert, coll. « L'ordre des mots », 1978, pp. 157-159.
12. « Les autonymes sont des unités de discours qui ont un comportement spécifique distinct de celui des mots ordinaires » (*ibid.*, p. 157).
13. Je rappelle un rapprochement que j'avais fait il y a déjà longtemps entre la fameuse comparaison saussurienne : « La langue est [...] comparable à une feuille de papier : [...] on ne peut découper le recto sans découper en même temps le verso » (*Cours de linguistique générale*, p. 157), et le restaurateur Guyomard, de *la Vie mode d'emploi*, qui « s'était rendu célèbre [...] en coupant en deux dans le sens de l'épaisseur, une feuille de papier sur laquelle Hans Bellmer avait dessiné recto verso » (p. 45).
14. Cette différence que marquerait la transcription phonétique entre [ˈaH] et [aH] est neutralisée quand on considère le lexème isolé, comme je le fais ici. On peut donc bien parler de deux signifiants identiques. Dans *Je me souviens*, un h insolite sert à matérialiser, graphiquement, l'absence de liaison phonique : « Je me souviens de : Doit-on dire « six et quatre font tonze » ou « six et quatre font honze » ? » (JMS 293).
15. Voir Mallarmé, *Crise de vers*, *Œuvres complètes*, La Pléiade, 1965, p. 368.

16. *Magazine littéraire*, n° 94, nov. 1974.
17. *W*, p. 22.
18. Jean-François Jeandillou, « Verbigérations cruciverbistes : pour un dialogisme énigmatique dans les mots croisés de Georges Perec », *Le Cabinet d'amateur*, n° 4, automne 95, p. 83. Jean-François Jeandillou consacre plus de la moitié de son article à ces mécanismes dans une partie intitulée « Autonymies (des mentions très spéciales) ».
19. *Ibid.*, p. 80.
20. *Les Revenentes*, Julliard, 1972, p. 7.
21. Sur l'autobiographème du bilinguisme, voir mon article « L'autobiotexte perecquien », *op. cit.*
22. Dans la présentation de la transcription phonétique internationale, tous les dictionnaires anglais-français soulignent la proximité des deux voyelles [a] et [æ].
23. « c'est le plus souvent en face des tribunes d'honneur, soit sur la cendrée, soit sur la pelouse, qu'elles sont violées » (p. 167).
24. *Ibid.*, p. 108. Qui voudrait poursuivre la lecture de ce réseau hors *W* pourrait regarder le chapitre XC de *la Vie mode d'emploi*, où autour de Lord Ashtray, présenté comme un adepte de la double couverture, de curieux rapprochements peuvent être faits, notamment à propos d'Israël. Les amateurs se reporteront à la dernière partie de mon article « Emprunts à Queneau (bis) », dans *Perecollages*, Toulouse, Presses universitaires du Mirail, pp. 133-152. J'y montre comment, via les impli-citations de Rabelais et de Queneau, Perec encrypte dans ce chapitre une allusion à la scène de son départ pour Villard à la Gare de Lyon.
25. *Ibid.*, p. 218.
26. « De tous les coups du sort, j'ai su faire une fable. / Le moins devient le plus : consolante inversion » (*Chêne et chien*, Poésie/Gallimard, p. 48).
27. Dans *W*, la suture entre les chapitres XXIX et XXX est précisément obtenue par la relation entre les deux lexies : « ma hantise des fractions (comment les réduire) » et « réduction de fractures ». Sur cette notion de suture, voir mon article « Les sutures dans *W ou le souvenir d'enfance* », *Textuel, op. cit.*, pp. 39-55.
28. Ce n'est évidemment pas par hasard si cette technique de fragmentation/réunion est à la base du texte où Perec évoque les manuels d'histoire de son enfance : « Je me souviens de Malet & Isaac », *Penser/Classer, op. cit.*, pp. 73-88.
29. « **Anastrophe** : renversement de l'ordre dans lequel se présentent habituellement les termes d'un groupe. L'anastrophe est une variété de l'inversion » (Bernard Dupriez, Gradus, 10/18, p. 46).
30. En fait le second choix revient à traduire un texte que Perec n'a pas écrit, mais qu'un autre aurait pu écrire. Par exemple, je lis ceci sous la plume de

Serge Doubrovsky : « L'Histoire, avec un grand H, domine et efface les petites histoires » (*Le livre brisé*, Grasset, 1989, p. 260). Il existe un troisième choix, consistant à actualiser non pas un seul mais les deux signifiés : on le trouve en hébreu et, de manière moins élégante par le biais d'une note, en japonais : la radicale étrangeté des signifiants pour ces deux langues explique en grande partie cette solution .

Je rajoute une note à cette note : au cours de la discussion qui a suivi cette communication, David Bellos m'a indiqué que dans le manuscrit de la partie autobiographique de *W*, dont il a récemment retrouvé la trace et dont il possède une copie, Perec avait écrit : « L'Histoire, avec un grand H,... ». Autrement dit, le second choix revient en réalité à traduire non, comme je m'en inquiétais, un texte que Perec n'a pas écrit, mais, pire, à rétablir le texte que Perec avait d'abord écrit avant de le modifier ; ne traduire que le signifié autonymique, c'est donc annuler la correction capitale que Perec apporte à la version définitive de son texte.

31. La solution retenue est originale : le traducteur a utilisé pour traduire hache le mot *hákem* qui signifie crochet, mais il l'a graphié *há/kem/*, isolant ainsi la première syllabe pour en faire l'équivalent du mot qui désigne la lettre H !

32. L'espagnol est la seule langue qui permet de conserver le calembour, même si l'homonymie du français est atténuée en paronymie : en effet, une hache se dit *una hacha*, et un H *una hache*. Le traducteur a superbement ignoré cette possibilité.

De l'arbre à l'herbier. L'histoire pulvérisée

par

Elizabeth Molkou et Régine Robin

McGill University et Université de Québec à Montréal

1. La grande Hache

> « Je n'ai pas de souvenirs d'enfance » : je posais cette affirmation avec assurance, avec presque une sorte de défi. L'on n'avait pas à m'interroger sur cette question. Elle n'était pas inscrite à mon programme. J'en étais dispensé : une autre histoire, la grande, l'Histoire avec sa *grande hache*, avait déjà répondu à ma place : la guerre, les camps. (Perec, 1975, p. 13)

La grande hache brise les liens qui relient l'enfant à la stabilité du monde, du sol, à ses parents, à ses mots :« Je ne sais où se sont brisés les fils qui me rattachent à mon enfance... » (ibid., p. 21).

Cette cassure va bien au-delà d'une blessure que la vie aurait infligé à l'enfant et dont adulte devenu écrivain, il tenterait de rendre compte. Elle s'origine dans une disparition, un effacement qui ne laisse pas de traces. Alors que son père meurt d'une balle perdue au moment de la débâcle en 1940, sa mère, prise dans la rafle du 23 janvier 1943, internée à Drancy, fait partie du convoi 47 qui quitte Paris pour Auschwitz le 11 février 1943. Puis, plus rien :

> Ma mère n'a pas de tombe. C'est seulement le 13 octobre 1958 qu'un décret la déclara officiellement décédée le 11 février 1943, à Drancy (France). Un décret ultérieur du 17 novembre précisa que « si elle avait été de nationalité française » elle aurait eu droit à la mention « mort pour la France ». (ibid., pp. 57-58)

Le père, lui, a une tombe. Le jour de sa visite au cimetière en 55 ou 56, Perec éprouve un drôle de sentiment. Au-delà de l'impression de jouer une scène, d'accomplir un devoir, de ne pas savoir quoi dire, quoi ressentir, au-delà de tous ces rôles sociaux... :

> En dessous, quelque chose comme une sérénité secrète liée à l'*ancrage* dans l'espace, à l'*encrage* sur la croix, de cette mort où, à l'école, quand à la rentrée d'octobre on remplissait les petites fiches pour les professeurs qui ne nous connaissaient pas : profession du père : décédé, comme si la découverte de ce minuscule espace de terre clôturait enfin cette mort que je n'avais jamais apprise, jamais éprouvée, jamais connue ni reconnue, mais qu'il m'avait fallu, pendant des années et des années déduire hypocritement des chuchotis apitoyés et des baisers soupirants des dames. (ibid., p. 54)

Différence incommensurable entre un espace minuscule où l'on sait que le corps est présent, auquel on peut symboliquement rapporter une vie, des souvenirs, une durée et par là rendre le travail du deuil possible, et cette absence de tombe, cette volatilisation dont la seule trace est un papier fictif. La mère n'est en effet pas morte le 11 février 1943 mais on ne sait pas quand. Dans ces wagons plombés partant pour Auschwitz ? A l'arrivée immédiatement ? Après ? Une comptabilité macabre établie par l'administration française veut que ces trains soient arrivés à Auschwitz entre trois et cinq jours après leur départ, soit en ce qui concerne Cyrla Schulewics, le 16 février 1943, mais le décret officiel la déclare morte le 11. C'est donc au-delà de l'absence de tombe, une fausse date et un faux lieu que le papier inscrit. Il faudra nous en souvenir.

Disparition, volatilisation, absence de traces. Ce qu'il y a de troublant, c'est que, lorsqu'on n'y fait pas attention, cette disparition ne se remarque pas, après-coup, sauf pour le proche entourage. Tout semble revenu à l'état initial, presque normal. Le roman *La Disparition* met en abîme ce « presque normal » puisque Georges Perec faisait malicieusement remarquer que nombre de critiques, rendant compte du livre, ne s'étaient pas aperçus que tout au long de ces 312 pages, la lettre « e » manquait. A plusieurs reprises, le roman met en mots le vide, le trou, le « sans laisser de traces » :

> Pourtant, tout avait l'air normal : il n'y avait pas d'indication qui signalât la disparition d'un in-folio (un carton, « a ghost » ainsi qu'on dit à la National Gallery) ; il paraissait n'y avoir aucun blanc, aucun trou vacant. Il y avait plus troublant : la disposition du total ignorait (ou pis masquait, dissimulait) l'omission : il fallait la parcourir jusqu'au bout pour savoir, la soustraction aidant (25 dos portant subscription du « un » au « vingt six » soit 26 moins 25 font un) qu'il manquait un in-folio ; il fallait un long calcul pour voir s'il s'agissait du « cinq ». (Perec, 1969, p. 27)

ou encore :

> Il y avait un manquant. Il y avait un oubli, un blanc, un trou qu'aucun n'avait vu, n'avait su, n'avait pu, n'avait voulu voir. On avait disparu, ça avait disparu (...) Tout a l'air normal, tout a l'air sain, tout a l'air significatif, mais, sous l'abri vacillant du mot, talisman naïf, gris-gris biscornu, vois, un chaos horrifiant transparaît, apparaît : tout à l'air normal, tout aura l'air normal, mais dans un jour, dans huit jours, dans un an, tout pourrira. Il y aura un trou qui s'agrandira, pas à pas, oubli colossal, puits sans fond, invasion du blanc. Un à un, nous nous tairons à jamais. (ibid., pp. 28 et 31-32)

Sur cette disparition qui se referme comme un piège, comme la mer sur un noyé, se greffe une triple fragilité que le texte mettra en scène, en mots de toutes les façons. Fragilité des repères, de l'espace, du temps : fragilité identitaire ; fragilité de la filiation.

1.1 *Fragilité des repères.*

> Ce qui caractérise cette époque [l'immédiat après-guerre] c'est avant tout l'absence de repères : les souvenirs sont des morceaux de vie arrachés au vide. Nulle amarre. Rien ne les ancre, rien ne les fixe. Presque rien ne les entérine. Nulle chronologie sinon celle que j'ai, arbitrairement, reconstituée : du temps passait. Il y avait des saisons. On faisait du ski ou les foins. Il n'y avait ni commencement ni fin. Il n'y avait plus de passé, et pendant très longtemps il n'y eut pas non plus d'avenir ; simplement ça durait. On était là. (Perec, 1975, pp. 93-94)

Fragilité, instabilité de l'espace. *La Vie mode d'emploi* renvoie l'écho de la disparition de la rue Vilin sous les buldozers de la modernisation de Paris. Il n'y a pas que la mère qui disparaît sans laisser de traces. Le quartier où il a vécu, petit enfant, disparaît aussi, jusqu'au tracé des rues qui finit par être totalement englouti :

> Alors, pourquoi ne pas imaginer que Paris, immeuble par immeuble pourrait être aussi englouti ! Qui, en face d'un immeuble parisien, n'a jamais pensé qu'il était indestructible ? une bombe, un incendie, un tremblement de terre peuvent certes l'abattre, mais sinon ? Au regard d'un individu, d'une famille, ou même d'une dynastie, une ville, une rue, une maison semblent inaltérables, inaccessibles au temps, aux accidents de la vie humaine, à tel point que l'on croit pouvoir confronter et opposer la fragilité de notre condition à l'invulnérabilité de la pierre. Mais la même fièvre qui vers 1850, aux Batignolles comme à Clichy, à Ménilmontant comme à la Butte aux Cailles, à Balard comme au Pré Saint-Gervais, a fait surgir de terre ces immeubles, s'acharnera désormais à les détruire. Les démolisseurs viendront (...). (Perec, 1978, p. 171)

Dans *Espèces d'espaces*, quelques années auparavant, à la fin du livre, Georges Perec avait manifesté cette angoisse devant le caractère friable de l'espace :

> Mes espaces sont fragiles : le temps va les user, va les détruire : rien ne ressemblera plus à ce qui était, mes souvenirs me trahiront, l'oubli s'infiltrera dans ma mémoire, je regarderai sans les reconnaître quelques photos jaunies aux bords tout cassés. Il n'y aura plus écrit en lettres de porcelaine blanche collées en arc de cercle sur la glace du petit café de la rue Coquillère « Ici on consulte le bottin » et « casse-croûte à toute heure ». L'espace fond comme le sable coule entre les doigts. Le temps l'emporte et ne m'en laisse que des lambeaux informes (...). (Perec, 1974, pp. 122-123)

1.2 Fragilité du temps.
Bien que la quête du souvenir soit condamnée d'avance à un « ressassement sans issue », signe d'un « anéantissement une fois pour toutes », Perec demeure confronté à la nécessité intérieure d'écrire, même de façon oblique, son autobiographie, ou quelque chose qui relève du biographique. Nous utilisons cette notion d'oblique, bien mise en évidence par Philippe Lejeune dans le livre qu'il a consacré à Georges Perec autobiographe, fondé principalement sur les papiers et manuscrits inédits de Perec (Lejeune, 1991).

Privé de la possibilité même de connaître les jalons manquants de sa généalogie, Georges Perec bute sur de l'incertain, des bribes, des traces ténues, des bouts qui, contrairement au puzzle qu'il affectionne tant, ne se relient pas entre eux. Souvenirs suspects, brouillés, improbables ou probables tour à tour, sans lien : mémoire impossible. D'où l'image du trou, du vide et du blanc. Mémoire potentielle jamais tout à fait réelle. C'est si vrai que l'identité elle-même vacille : « Le noir mystère de ce qui s'est passé en Europe est pour moi inséparable de ma propre identité. Précisément parce que je n'y étais pas » (Perec, 1975, p. 21).

Pas de souvenir réel qui tienne lieu de référent. Pages 58 et 59 de *W*, Perec reconnaît que les textes qu'il a écrit sur ses parents ont été rédigés quinze ans auparavant, soit en 1959. A ces textes, il a ajouté plus de neuf pages de notes sans parvenir à dissiper le flou. Un constat d'impuissance dont l'unique retentissement est l'écho de sa propre parole : « Je ne sais pas si je n'ai rien à dire, je sais que je ne dis rien ; je ne sais pas si ce que j'aurais à dire n'est pas dit parce qu'il est l'indicible » (Perec, 1975, p. 58).

Les quelques pièces qui composent le dossier Perec, les maigres et fragiles souvenirs de *W* n'ont rien de définitif. Ils se défont spontanément. Ils présentent tous ce caractère d'étrangeté : l'acte de disparition de sa mère, établi le 19 août 1947 stipulant que 5 ans après l'établissement de ce certificat, on pourrait établir un acte de décès. Puis l'attestation en 1959 disant que sa mère était décédée le 11 février 43 à Drancy et que si elle avait été française ces papiers préciseraient qu'elle était morte pour la France. On est en pleine fiction. Le 30 octobre 43, Georges « Pérec » – fils ce celui qu'il croyait s'appeler « André »et dont ils ne découvrira que plus tard les deux prénoms Icek et Judko – et de « Cécile » est baptisé à Villars-de-Lans. Et lui-même sera parrain au baptême de sa filleule Sylvie. Il se trouve pris dans des embrouillaminis identitaires, d'appartenance, de tremblé de l'identité.

Au lendemain de la Guerre, en vue de l'obtention de sommes d'argent aux titres de réparation, les autorités allemandes demandent à Perec une déclaration, celle d'être juif au sens où les nazis l'entendaient :

> Il signa une procuration à un cabinet juridique allemand et prêta serment devant témoins en utilisant la formule exacte requise par la loi allemande : « Ich bin Volljude im Sinn der Hitlergesetze. » (Bellos, 1994, p. 190)

Dans *W*, Perec évoque l'exposition sur les camps que sa tante Esther l'emmena visiter au lendemain de la guerre. Là encore, il la situe de manière vague « du côté de la Motte-Picquet-Grenelle ». Quel lien a-t-il pu effectuer entre son histoire personnelle et cette exposition qui marque sa rencontre avec l'inventaire photographique de l'« anéantissementune fois pour toutes », montrant « les murs des fours lacérés par les ongles des gazés et un jeu d'échecs fabriqué avec des boulettes de pain » ? (Perec, 1975, p. 213). L'épitexte de Perec est marqué par la quasi absence de toute réflexion ou commentaire portant sur la déportation ou les camps d'extermination. Absence révélatrice d'une impossibilité d'en parler autrement qu'à travers un écran, un masque, une médiation.

Il est significatif qu'entre tous les récits de rescapés des camps, Perec ait exprimé sa préférence pour *l'Espèce humaine* de Robert Antelme dans un article qu'il lui consacre dans la revue *Partisans*. Un document précieux pour le caractère exceptionnel de la confidence, lui d'ordinaire circonspect sur un sujet qui lui tient à cœur, mais aussi, pour l'analyse poussée, d'une étonnante profondeur, des rapports entre littérature et camps qui y est proposée. Perec se livre ici à la critique d'une littérature concentrationnaire qui se nourrit exclusivement du témoignage. Tout doit et peut être objet de littérature. Un principe largement appliqué par l'écrivain lui-même qui fait de l'écriture une activité toujours exhaustive (voir la *Tentative d'inventaire de tous les aliments liquides et solides que j'ai ingurgités au cours d'une année*, Perec, 1985) et dans certains cas poussée jusqu'au délire :

> Mais la littérature n'est pas une activité séparée de la vie. Nous vivons dans un monde de parole, de langage, de récits (...) toute expérience ouvre à la littérature et toute littérature à l'expérience. (Perec, 1963, p. 128)

Entre tous les témoignages des camps, Perec choisit un texte qui refuse le pathétique au profit d'une distance par rapport à l'univers concentrationnaire mais qui surtout opère un brouillage entre les camps de concentration et les camps d'extermination. Un texte qui se garde de traiter de la Shoah d'un strict point de vue juif, qui tend même à occulter une spécificité de la persécution juive au profit d'un universalisme de la guerre. Jamais chez Perec l'événement d'Auschwitz n'est perçu comme un tournant et une rupture de l'Histoire. En témoigne cet extrait de la critique qu'il fera du film *Orange mécanique* parue dans *Cause commune* :

> La violence est la seule vérité du capital, son unique instrument, son unique recours (il n'est pas superflu de redire cette vérité élémentaire : tout ce que nous savons sur le monde des camps semble n'avoir pas suffi à la faire apparaître, tant il est vrai qu'il faut encore et toujours répéter que les camps ne sont pas, n'ont jamais été une exception, une maladie, une tare, une honte, une monstruosité, mais la seule vérité, la seule réponse cohérente du capitalisme. (Perec, 1972, p. 2)

Le texte d'Antelme, qui évoque de manière indirecte la disparition de la mère, participe de cette stratégie de l'oblique. Un des nombreux chemins détournés qu'emprunte Perec pour affronter l'indicible.

1.3 Fragilité identitaire.

À partir de ce donné biographique où l'Histoire a opéré son œuvre de destruction va s'esquisser une thématique récurrente du faux, du nom, de l'à-peu-près, du pseudo, de la latéralisation, de l'érudition approximative, de la citation de seconde main :

> Faux noyé retrouvé, faux disparu recherché comme espion par des services spéciaux qui passent le plus clair de leur temps à tenter de prouver la réalité de sa seule identité (...), faux journaliste ayant écrit sous pseudonyme des articles attribués plus tard à son patronyme, Kleber Chrome, en dépit de la sonorité métallo-militaire un peu trop rassurante de son nom, semble avoir de bonnes raisons de s'interroger, de mettre en épreuve la vérité de son existence : entreprise fascinante, mais souvent décevante : l'effaceur de traces, l'équarrisseur de souvenirs, le laveur de mémoires (ce sont quelques uns des surnoms dont le personnage s'affuble) a beau tendre tous les pièges, essayer toutes les approches, multiplier les feintes et les crochets, il ne parvient la plupart du temps qu'à un résultat si mince qu'il en devient parfois grotesque, non par manque de lucidité, ou d'intelligence, mais parce que le

terrain sur lequel il se meut n'offre aucune prise : il semble bien que les issues sont fausses, que les clés n'ouvrent aucune porte (...). (cité par Lejeune, 1991, pp. 32-33)

La critique que fait Perec ici d'un roman d'Alain Guérin *Kléber Chrome* publiée dans la *Quinzaine littéraire* semble annoncer *W ou le souvenir d'enfance* et la *Disparition*, et lui-même d'une certaine façon. Dans *W*, il écrit :

> Longtemps j'ai cru, que c'était le 7 mars 1936 qu'Hitler était entré en Pologne, je me trompais de date ou de pays, mais au fond ça n'avait pas grande importance. Hitler était déjà au pouvoir et les camps fonctionnaient très bien. Ce n'était pas dans Varsovie qu'Hitler entrait, mais ça aurait très bien pu l'être, ou bien dans le couloir de Dantzig, ou bien en Autriche, en Sarre, ou en Tchécoslovaquie. Ce qui est sûr, c'est qu'avait commencé une histoire qui, pour moi et les miens allait bientôt devenir vitale, c'est-à-dire, le plus souvent, mortelle. (Perec, 1975, pp. 31-32)

Et Magoudi de préciser que cette confusion entre le début de la guerre et la date de naissance de Perec n'est pas innocente (Magoudi, 1996). Elle l'installe comme la source du « mal suprême », le point nodal de la catastrophe. Comme si lui, le « mauvais fils », « Dos Kind », était le responsable de la disparition de sa mère.

Les inexactitudes, les approximations, les illusions foisonnent dans *W*. Les papiers sont parfois fictifs, parfois incertains avec tous les changements de noms. On comprend l'obsession de Perec pour le faux et les faussaires de génie. Il y a là un lien à faire avec une thématique exacerbée chez Gary/Ajar, plus particulièrement dans *La Vie devant soi*, celle d'un désir d'échapper à la nomination :

> De toute façon, ça n'avait pas d'importance, le certificat qui prouvait que j'étais né et que j'étais en règle était faux. Comme je vous ai dit, Madame Rosa en avait plusieurs à la maison et elle pouvait même prouver qu'elle n'a jamais été juive depuis plusieurs générations (...). (Ajar, 1990, p. 257)

La nomination en tant qu'elle est source d'angoisse, en tant qu'elle incarne le pouvoir d'assignation de l'autre. La nomination en tant qu'elle est synonyme de mort :

> (...) une certitude inquiète, derrière laquelle se profile une autre certitude, abstraite, lourde, insupportable : celle d'avoir été désigné comme juif, et parce que juif victime (...). (Perec, 1980, p. 58)

Dans l'univers perecquien, l'état civil dans toute sa rigidité est sans cesse fragilisé, déséquilibré. L'identité y est toujours en fuite, se dérobe. Dans la

Vie mode d'emploi, quand les individus ne sont pas des faussaires, ils appartiennent au monde des magiciens, des charlatans, des saltimbanques, des montreurs de marionnettes ou des voyantes, à un monde de manipulateurs de destins.

2. De l'Histoire avec une grande Hache à mon histoire, nos histoires, des histoires

2.1. Mon histoire : la psychanalyse.

> De ce lieu souterrain, je n'ai rien à en dire. Je sais qu'il eut lieu et que, désormais, la trace en est inscrite en moi et dans les textes que j'écris. Il dura *le temps que mon histoire se rassemble* : elle me fût donnée, un jour, avec surprise, avec émerveillement, avec violence, comme un souvenir restitué dans son espace, comme un geste, une chaleur retrouvée. Ce jour-là, l'analyste entendit ce que j'avais à lui dire, ce que pendant quatre ans, il avait écouté sans l'entendre, pour cette simple raison que je ne lui disais pas, que je ne me disais pas. (Perec, 1985, p. 72)

La reconquête de son histoire passe par une obsession de la perte et des traces :

> Je me mis à avoir peur d'oublier, comme si, à moins de tout noter, je n'allais pouvoir retenir de la vie qui s'enfuyait (...) je me mis à tenir une espèce de journal (...) tout le contraire d'un journal intime : je n'y consignais que ce qui m'était arrivé d'« objectif » : l'heure de mon réveil, l'emploi de mon temps (...) le détail du repas que j'avais fait le soir (...) mes lectures (...) cette panique de perdre mes traces s'accompagna d'une fureur de tout conserver et de classer. Je gardais tout : les lettres avec leurs enveloppes, les contremarques de cinéma, les billets d'avion (...) les feutres secs, les briquets vides. (Perec, 1985, pp. 69-70)

Le travail analytique va lui faire récupérer son histoire à l'opposé de l'hallucination, du donné à voir fasciné, du remplissage compulsif de ses chambres. Georges Perec a perdu sa mère alors qu'il avait sept ans. Elle a été arrêtée le 17 janvier 1943, à Paris ; le train qui l'emportait de Drancy à Auschwitz est parti le 11 février 1943. Il ne l'a jamais revue. A travers son écriture, ses délires de précision, ses listes, ses inventaires, c'est elle qu'il recherche. Il cherche, selon les dires de Pontalis, un substitut et non une métaphore :

> La voir comme je vous vois. Paul s'entend dire cela et me le dire à moi qu'il ne voit pas et qui l'écoute (...) Pendant des mois, des années peut-être, il a cherché des indices de sa mère effacée. Effacée dans le réel, sans mémorial, sans la moindre trace et en lui effacée car aucune image ne vient à son

De l'arbre a l'herbier. L'histoire pulvérisée

> secours. Alors il cherche de quoi la susciter : il arpente des villes, des rues, des chambres, autant de lieux vides désaffectés, il scrute une photographie, mais c'est une photographie de Bertillon. (Burgelin, 1996, pp. 131-132)

Par cette phrase, Perec fait basculer l'image trompe-l'œil, une image prothèse et il accepte enfin la perte. J.-B. Pontalis poursuit :

> La voir – et ne pas l'avoir – « comme je vous vois » dans votre présence absente. Ce jour là, je sus que Paul avait enfin trouvé sa mère invisible (...) il allait pouvoir enfin rêver sa mère invisible (...) ; il allait pouvoir enfin rêver sa mère et sa mémoire, lui qui s'était toujours présenté comme sans mémoire et sans mère (...) il allait pouvoir imaginer la « main maternelle » qui relie les choses aux représentations linéaires, celle qui fait « rêver les lignes ». Je sus qu'il allait cesser de courir hâtivement en une course incessante, donc malheureuse, d'une représentation de mot à une autre, sans couleur, déposée sur une surface, qu'il allait non retrouver mais laisser parler la « chose ». (cité par Burgelin, 1996, op. cit.)

2.2 Mon histoire : L'Arbre. Les réappropriations de la judéité et de la vraie généalogie.

L'esquisse de roman généalogique *L'Arbre* présente un paradoxe dans l'œuvre de Perec. A l'horizon de son écriture au moins depuis 1959-1960, le projet prend forme en 1967 lorsque durant de nombreux mois, Perec interroge sa tante Esther sur sa famille, ses ascendants, la vie en Pologne etc., en prenant des notes sur des carnets ou des feuilles volantes, puis en procédant (toujours dans l'année 67) à une première mise au net sur un grand cahier cartonné de format commercial comme il les affectionnait tant. Puis en apparence, plus rien. En réalité, autour du projet, une immense activité. Notons d'abord les traces de ce projet, de son élaboration, de son importance. A plusieurs reprises, Perec en fait état. La première mention de ce projet figure dans la lettre à Maurice Nadeau du 7 juillet 1969 :

> Mon second projet avait pour titre *L'Arbre. Histoire d'Esther et de sa famille*. C'est la description, la plus précise possible, de l'arbre généalogique de mes familles paternelle, maternelle et adoptive (s). Comme son nom l'indique, c'est un livre en arbre, à développement non linéaire, un peu conçu comme les manuels d'enseignement programmé, difficile à lire à la suite, mais au travers duquel il sera possible de retrouver (en s'aidant d'un index qui sera non un supplément, mais une véritable et même essentielle partie du livre) plusieurs histoires se recoupant sans cesse. J'ai déjà beaucoup travaillé sur ce projet ; pendant plus de six mois, en particulier, j'ai interviewé ma tante (personnage central du livre) une fois par semaine ; j'ai fait quelques esquisses de rédaction, mais il me faudra pas mal d'enquêtes et de mises au point *avant de m'y mettre* pour de bon. C'est un projet auquel je tiens beau-

coup, mais je pense avoir un peu *peur de m'y lancer vraiment* (...) Quant à *L'Arbre,* je n'ai pas encore rassemblé non plus tous les documents nécessaires et, comme je vous l'ai dit, j'hésite à m'y lancer à fond (...) *W* est vraiment un roman ; *L'Arbre* une saga, un roman-arbre (comme on dit roman-fleuve). (Perec, 1990, pp. 53-54 et 60-66)

Retenons l'enthousiasme de l'entreprise, son caractère formel complexe, très élaboré : livre à contraintes avec un index et d'un même mouvement le retrait, l'hésitation (« j'ai un peu peur »), la procrastination.

De nombreux brouillons portent la trace de l'interview de sa tante, trois carnets de notes qui rendent compte des entretiens s'échelonnant sur quelques mois en 67. En plus de ces carnets, des feuilles volantes associées à ces entretiens, quelques dossiers portant sur des lectures, sur la culture juive et les papiers « administratifs » relatifs à la mort de sa mère. En 1967, Georges Perec établit une mise au net sur un grand registre cartonné, marbré à tranches et coins rouges mesurant 22,5 cm de large et 35,5 cm de long. Le grand cahier se présente en quatre parties en fonction des branches de la famille. Les Wallerstein (la branche de la grand-mère paternelle), les Peretz (la branche paternelle), les Bienenfeld (la branche du mari d'Esther la sœur d'Isie, son père, donc la famille de l'oncle paternel). Puis une quatrième partie est dévolue à Rose et David, c'est-à-dire l'histoire des grands-parents paternels.

Il y a bien chez lui un *projet* qui traverse au moins quinze ans de sa vie, qui l'accompagne comme une ombre et dont se voient encore les traces (je n'ai pas eu accès à la correspondance) dans l'obsession qui a été la sienne de traquer tous les Peretz du monde.

Le cahier 69 renferme ainsi des éléments épars mais qui rassemblés font sens. En voici quelques-uns :

>Entretien avec Perc. Peretz
>Antiquaire à Sarrebruck
>Le vendredi 5 septembre 69 vers 15h
>
>Max Peretz 5 enfants dont un en Nouvelle-Zélande
>Jersey. Colonel. Le deuxième à Londres
>
>Sam Peretz fille Paulette mariée à Londres
>
>Sœur
>Pauline + Varsovie (guerre)
>
>Grand-Père   Jehudah Peretz
>   Mort à Londres
>   Il aurait un frère parti aux USA à Baltimore
>   Un des ses fils est l'écrivain Judale Peretz
>
>Max recherches

De l'arbre a l'herbier. L'histoire pulvérisée

>> Angeber (prétendeur)
>> Descendant direct des rois d'Israël
> A Baltimore   Peretz juge
> Max à Londres a des documents sur la famille
>> réunis en 23 à Brolerlock
>> par grande tante sœur du grand-père
> Max discute avec gouvernement espagnol
> Peretz petite ville près de Barcelone

> David Perce à Paris
> Rue du Caire
> Fabricant de tricot
> Fils de Joseph
> Autre fils déporté
> Belle-fille Anna à Paris
> Enfants s'appellent Perc (rue du Caire)

> Docteur Peretz – aucun rapport

> Peretz dont la fille a épousé le commandant du port de Sidney

> Shimon Peretz ancien ministre israélien
> aucun rapport

> Père passeport en 17
> L'a donné à son frère qui a disparu à Buenos Aires
> redemande un papier orthographié Perc

Et enfin cet échange de lettre avant son séjour en Pologne en avril 81 :

Université de Varsovie
Centre de civilisation française
Le directeur
> Cher Monsieur,
> [voyage du 1er au 10 avril 1981] Les dates vous conviennent-elles ? j'ai par ailleurs pris bonne note de votre désir de vous rendre à Lubartow et Pulawy..
> Michel Koszul

Lubartow et Pulawy, petits shtetls de Pologne, berceau de la famille Peretz. Jusqu'à la fin, G. Perec dessine des croquis, des généalogies, note les naissances, les nouveaux arrivés, veut savoir ce qu'il en est de ceux d'Amérique, d'Argentine, d'Australie et du Canada. Il y a donc bien un désir de traquer, de retracer, de se construire une mémoire ayant trait à la filiation, à l'ascendance, aux origines. Ce projet ne l'a jamais quitté même s'il n'est jamais devenu un texte de Georges Perec.

Le cahier se présente de la façon suivante. Les pages de gauche sont écrites avec une large marge portant des renvois parfois d'une autre écriture et à une date, trace de retravail, de relecture. Les pages de droite laissées en blanc, soit porteuses de généalogies avec des reprises et des commentaires qui sont presque toujours une place que G. Perec se trouve, sa place exacte dans la filiation. Par exemple, la première partie, *Les Wallerstein*, s'étend sur vingt-cinq pages dont dix pages de texte. A droite, neuf généalogies. Perec y souligne toujours sa place. Sur l'ensemble du texte, encadrant les généalogies, on trouve les litanies, ritournelles suivantes :

Bienenfeld.	Je suis le neveu par alliance du petit-cousin de Jacques. L'arrière-grand-père du mari de la sœur de *mon père* n'est autre que le grand-père de Jacques Bienenfeld.
Bienenfeld	Le grand-père du mari de la sœur de la mère de Robert est l'arrière-grand-père du mari de la sœur de *mon père*.
Bienenfeld	Le grand-père du mari de la sœur de *mon père* est l'arrière-grand-père de Robert Ban.
Bienenfeld	La mère du mari de la sœur de *mon père* est la sœur de la grand-mère de Demner. *Mon père* est le beau-frère du frère du père de Dany.

Le père de Dany est le beau-frère de la sœur de *mon père*.
Ma tante est la femme de l'oncle de Dany.
La mère de Simone est la sœur du mari de la sœur de *mon père*.
La grand-mère de Miss Amérique est la sœur du mari de la sœur du mari de la sœur de *mon père*.
Le grand-père de Judith est le grand-père d'Henri.
Le grand-père d'Henri est le grand-père de Bianca.
Le grand-père de Bianca est *mon grand-père*.
Le frère de la mère d'Henri est le mari de la sœur de *mon père*.
Robert est le mari de la sœur du mari de la sœur de *mon père*.

Toutes ces ritournelles généalogiques sont des réappropriations de sa vraie place qui est toujours marquée. Mais que trouve-t-on dans les pages de gauche, distribuées en quatre parties ? D'abord, nous l'avons vu, la recherche que Perec effectue de sa place dans la filiation paternelle. Le fils de, le petit-fils de, le petit-cousin de, l'arrière-cousin de. Savoir qui il est, quels sont ses ascendants. Une autre réappropriation a lieu, dans les brouillons d'abord, l'avant-texte de ce qui sans doute aurait constitué lui-même un avant-texte : celle de lieux qu'il ne connaît pas, dans la Pologne autrefois russe, Lubartow, Pulawy, et la Pologne autrefois sous la domination des Habsbourg, la Galicie (Progniatow). Lieux pouvant être replacés sur une carte, maison des ancêtres redessinée autour de la place du marché. Réappropriation de mœurs, d'éléments de sociabilité liés à la vie culturelle juive, aux mouvements politiques et sociaux.

Dans ces quelques soixante-dix pages, on voit bien, même dans une écriture qui n'a pas trouvé de « forme », que des glissements, des décentrements, des dérapages opèrent. Cette réappropriation minimale se réemploie à l'évidence dans le passage au mythe, dans l'exploitation du roman familial, sans toutefois aller très loin. Assez peut-être – de ce point de vue de l'analyse avec M. de M'Uzan en 1956 a sans doute été décisive – pour rédiger une note autobiographique en 1959, reprise telle quelle, en caractères gras dans W.

2.3 *Mon histoire* : *Mémoires potentielles* : Ellis Island *et mémoires générationnelles :* Je me souviens.

L'identité fragile impose, on l'a vu, une mémoire de l'incertain, du probable, du potentiel, une mémoire expérimentale comme l'art de Perec ou, plus exactement, impose le *déplacement* de la mémoire réelle vers une mémoire potentielle. Dans *Ellis Island*, Perec quitte le champ piégé de l'autobiographie pour ce qu'il désigne – lors d'un entretien avec F. Venaille en février 79 – comme une mémoire qui, sans être la sienne, le concerne, une mémoire possible, probable. Pourquoi son père et sa mère ont-ils choisi (séparément) de venir à Paris plutôt que de partir en Amérique comme beaucoup d'autres Juifs ? ou comme Léon, frère d'Isie, en Israël ? Dans *Ellis Island*, Perec s'en fait l'écho :

> J'aurais pu naître, comme des cousins proches ou lointains, à Haïfa, à Baltimore, à Vancouver. J'aurais pu être argentin, australien, anglais ou suédois, mais dans l'éventail à peu près illimité de ces possibles, une seule chose m'était précisément interdite : celle de naître dans le pays de mes ancêtres, à Lubartow ou à Varsovie (...). (Perec, 1980, p. 44)

Perec envisageait plusieurs projets autobiographiques. Celui de se construire une mémoire filiale avec *L'Arbre,* qu'il a fini par abandonner. Mais aussi *Lieux où j'ai dormi,* fondé sur un programme pré-établi à contrainte très forte :

> *Lieux où j'ai dormi* va être une sorte de catalogue de chambres, dont l'évocation minutieuse (et de celle des souvenirs s'y rapportant) esquissera une sorte d'autobiographie vespérale. (Perec, 1990, p. 61)

Son travail consiste alors à énumérer à partir d'innombrables fiches sans pour autant viser un achèvement, une boucle de type autobiographique qui viendrait sanctionner le tout. Tous ces projets autobiographiques ont pour moteur d'écriture un principe d'accumulation (accumulation de faits uniquement) contraire à la forme totalisante du récit ; énumérations, listes, fiches, inventaires cloisonnés qui servent de remparts, de systèmes de défense à l'écrivain se heurtant à l'éternel « Il faudrait dire « je », il voudrait dire « je » ».

La plupart de ces projets n'ont hélas pas été réalisés et sont pour la plupart demeurés en suspens. Seul *Je me souviens* a vu le jour. Un texte caractéristique du refus (mais aussi de l'impossibilité) de l'écrivain d'emprunter les sentiers battus du genre, pour faire l'expérience d'un texte dont le caractère fragmentaire fait obstacle à la notion canonique de récit. *Je me souviens* interpelle dans la mesure où il est tout le contraire de *W*. Tant par sa forme – la numérotation des énoncés (plus de 480) semble indiquer une abondance de souvenirs – que par son inspiration qui puise à même la mémoire collective.

L'énumération systématique de ces souvenirs générationnels est elle aussi fragilisée par des approximations et des erreurs relevées dans certains cas... Le recours presque exclusif à la mémoire collective à des fins autobiographiques est symptomatique de l'impossible énonciation au « je » et participe de cette même stratégie de l'autobiographie déplacée ou détournée.

3. La contre-Histoire

Dans le réseau des sentiers tortueux de l'autobiographie perecquienne, une constante, dont on retrouve la trace dès la correspondance échangée avec Lederer, celle de fantasmes de maîtrise et d'auto-engendrement : « Cette joie de pouvoir me définir comme un homme, plus comme un fils » (Perec, 1997, p. 42) ou encore, parlant de son roman *La Nuit* : « Qu'est-ce que *La Nuit* ? le livre de la défilialité ». J'ai tant souffert d'être « le fils » que ma première œuvre ne peut être que la destruction totale de tout ce qui m'engendra (le bourreau, thème connu, automaïeutique) » (Perec, ibid. p. 277).

Comme si d'un bout à l'autre de son œuvre, Perec n'avait pu échapper à ce fantasme qui habite tout écrivain : être à l'origine de sa lignée par l'écriture comme on est fils et père de ses œuvres :

> « Je suis un mauvais fils » répétait-il toujours.
> « Dans le caveau des miens, plongeant mes pas nocturnes
> J'ai compté mes aïeux suivant leur vieille loi
> J'ouvris leurs parchemins, je fouillai dans leurs urnes
> Empreintes sur le flanc des sceaux de chaque Roi
> A peine une étincelle a relui dans leur cendre
> C'est en vain que d'eux tout le sang m'a fait descendre ;
> Si j'écris leur histoire, ils descendront de moi ». (Exergue de *L'Arbre*)

Travail incessant de défiliation qui passe tout d'abord, on l'a vu, par la recherche d'une identité que rien ne vient contraindre, qui échappe à la triste condition du nom. Contre l'état civil, contre l'Histoire, Perec ne cesse de brouiller les pistes. Tout comme Philip Roth dans *La Contrevie* qui mène jusqu'au bout la déconstruction des pactes autobiographiques et fictionnels en faisant l'expérience d'une vie dans la fiction, s'inventant perpétuellement, s'auto-créant sans limite et sans finitude.

Chez Perec, ce goût de la manipulation et de la ruse trouvera son apogée dans *La Vie mode d'emploi*. Plaisir palpable que celui qu'il prend à détourner les savoirs, à se jouer de l'Histoire qu'il fantasme à son gré :

> Du gigantesque travail accompli par Marcelin Echard dans les quinze dernières années de sa vie, seul ce fascicule fut publié. (...) Après avoir ainsi prouvé qu'il n'était pas prouvé qu'Adolph Hitler (et Eva Braun) fussent morts dans leur bunker le trente avril 1945, l'auteur entreprit une seconde bibliographie, tout aussi exhaustive que la première, consacrée aux documents tendant à démontrer la survie d'Hitler. (Perec, 1978, p. 555)

Ce qui apparaît fondamental dans cet univers, c'est le passage de la généalogie réelle, énigmatique, toujours décevante, aux généalogies romanesques, à la filiation imaginaire plus vraie que l'état civil et choisie par Perec lui-même. La vraie histoire doit faire place aux histoires dont il sera le père en même temps que le fils. A deux reprises dans *L'Arbre*, Perec s'emploie à mettre en pièces le statut de la filiation généalogique :

> Il y avait à Pulawy sur la Vistule, des cousins lointains, plus proches, disait-on, que l'écrivain Peretz, que la branche de Joseph. Mais Joseph est l'oncle de l'écrivain, le frère de mon père. David est son cousin germain. Aussi peut-on croire que s'ils étaient plus proches, ce n'était pas généalogiquement, de toutes façons les proximités généalogiques sont rarement fructueuses, mais amicalement. Relation familière et non familiale et il est vrai qu'Esther ne vit jamais [Judale] Peretz l'écrivain, qu'elle savait seulement qu'il existait. (5836 V°)

Liens familiers plutôt que familiaux ? Qu'est-ce à dire ? Sinon qu'en même temps qu'il se fait généalogiste pour trouver sa place réelle, Perec du même geste se met à distance de la famille. Autre passage caractéristique :

> Je dois au moins à Henri la découverte de Michel Leiris, ce qui est beaucoup. Par contre, Henri n'aime presque que le cinéma d'idées. Par ailleurs, Henri est mon seul « cousin », de même qu'Ela est ma seule « sœur ». Bianca n'est pas ma sœur ; Paul, Denise, Simone ne sont pas mes cousins ou cousines. Même Uriel n'est pas mon cousin.

Bien entendu, Bianca, Paul, Denise, Simone sont ses cousins au même titre qu'Ela et Henri, mais il les place par proximité affective, par affinité élective. Le travail de filiation généalogique se trouve comme anéanti.

On trouve dans *Images* (Neefs et Hartje, 1993), un dessin fait de la main de Georges Perec qui est celui d'une « généalogie ». En haut, autour de Duvignaud, une petite constellation : Lefebvre, Nadeau, puis, autre constellation, autour de Roger avec tous ceux de Cause commune : Crubs, Claude, Régis, Mangolte, Pierre, Jacques, Ouis, une autre avec Marcel ; comme si filiations d'écrivains (Kafka) et généalogies amicales devaient prendre la place de la vraie qui fait si mal :

> (...) et cent autres épisodes [à propos des *Trois Mousquetaires* et de *Vingt ans après* d'Alexandre Dumas], pans entiers de l'histoire ou simples tournures de phrase dont il me semble, non seulement que je les ai toujours connus, mais plus encore, à la limite, qu'ils m'ont presque servi d'histoire : source d'une mémoire inépuisable, d'un ressassement, d'une certitude : les mots étaient à leur place, les livres racontaient des histoires, on pouvait suivre ; on pouvait relire, et, relisant, retrouver, magnifiée par la certitude qu'on avait de les retrouver, l'impression qu'on avait d'abord éprouvée : ce plaisir ne s'est jamais tari : je lis peu, mais je relis sans cesse, Flaubert et Jules Verne, Roussel et Kafka, Leiris et Queneau ; je relis les livres que j'aime et j'aime les livres que je relis, et chaque fois avec la même jouissance, que je relise vingt pages, trois chapitres ou le livre entier ; celle d'une complicité, d'une connivence ou plus encore, au-delà, celle d'*une parenté enfin retrouvée*. (Perec, 1975, p. 193)

Beaucoup plus qu'un plagiat par anticipation, le *Voyage d'Hiver* s'emploie lui aussi à défaire l'ordre de la temporalité. A refaire l'histoire. Comme le dit Bernard Magné à propos de ce texte et de sa réécriture par Roubaud, le livre devient la cause de l'existence même de la famille. On est passé des liens amicaux aux liens familiaux et réciproquement. On a remonté le temps, refait les filiations, dénoué les généalogies réelles et littéraires. Encore une fois, les fils deviennent les pères de leurs œuvres, leurs propres ancêtres.

La pratique de l'hypertextualité, de la parodie, du pastiche, du réemploi d'un matériel déjà littéraire met en question l'idée d'origine. La maîtrise de l'écrivain est telle que même les dysfonctionnements sont volontaires. Même ce qui est défaillant est voulu. En adoptant la langue, la littérature, Perec adopte une mère qui ne fera pas défaut. Ainsi la disparition de la lettre « e » ne doit pas être réduite à la seule mise en texte de la disparition de la mère, ni au brillant de l'application des recettes de l'Oulipo, mais doit plutôt être comprise comme la maîtrise du symbolique, de ce qui fait le lien humain, l'ordre du langage. La place de Dieu, donc de ce qui ordonne la destinée. La revanche sur le devenir-orphelin.

Conclusion : De L'Arbre à l'herbier. Liens et fragments

Pour Georges Perec, les mots et les structures narratives sont d'emblée déchirés, triturés, rompus, lacérés, troués ; l'œuvre est tout entière traversée par ce paradigme du cassé, déchiré, troué, par l'engloutissement, le vide, le blanc. La *Vie mode d'emploi* n'est faite que de déchirures, de découpes, ne serait-ce qu'à cause du thème du puzzle qu'il a d'abord fallu découper. Mais que de couteaux, ciseaux, scies, déchirures diverses ! Du découpage à la page. Ces ensembles sont tous faits d'éléments cassés, brisés. Un monde fragmenté dont Perec semble nous suggérer que la reconstitution reste illusoire. Il n'empêche que l'on retrouve la trace d'une certaine nostalgie pour ce qui fait lien. Une impossibilité de se défaire du lien qui remonte sans doute à ses lectures de jeunesse, notamment à celles de Lukacs. On se souvient de ses attaques contre Robbe-Grillet et les Nouveaux Romanciers qu'il accusait de confondre le laboratoire et l'écriture. En même temps, ses choix formels convergent vers un éclatement de plus en plus marqué. Il s'agit pour lui de faire lien mais autrement grâce à une hyper maîtrise de l'écriture.

Au moment de sa mort, Perec travaillait à *L'Herbier des villes*, un des projets de Choses communes : un immense chantier composé de projets en cours et abandonnés, mais aussi d'archives personnelles, de plans de travail, d'agendas etc. Si *L'Arbre* n'a pas pu s'écrire, *L'Herbier* lui offre une matière réelle, mais séchée, conservée, déformée. Comme l'Histoire déformée. Une page par plante. Un principe de fragmentation, mais dans un même ensemble de classement. La définition du dictionnaire nous dit « Collection de plantes desséchées et conservées entre des feuilles de papier » La collection est un thème cher à Perec. La feuille de papier, un autre thème fort. La conservation, idem et le desséché, ne serait-ce pas la transformation, le déplacement, le décalage, le « trifouillage » ?

Un autre de ses projets de travail dont nous parle Marcel Bénabou fut *L'Histoire Universelle* qui devait :

> Etre une vaste fresque, faisant intervenir alternativement quatre récitants, dont chacun avait sa matière propre d'envisager les événements du passé. Le but était bien sûr de brouiller le temps historique, de ruser avec le prétendu sens de l'histoire, en la soumettant, cette histoire, à un ordre autre que chronologique. Deux idées donc au départ : le recours à l'ordre alphabétique et le recours à l'ordre numérique (...). (Bénabou, 1990, p. 45)

Alphabet et numérologie, une sorte de cabbale imaginaire, et pourquoi pas une Histoire imaginaire ?

Ouvrages cités

Ajar, E. (1990) : *La Vie devant soi*. Mercure de France, Paris.

Bellos, D. (1994) : *Georges Perec. Une vie dans les mots*. Editions du Seuil, Paris.

Benabou, M. (1990) : Vraie et fausse érudition chez Perec, in : M. Ribière (éd.) : *Parcours Perec*, Presses de l'Université de Lyon, Lyon.

Burgelin, Cl. (1996) : *Les parties de dominos chez Monsieur Lefebvre. Perec avec Freud. Perec sans Freud*. Eds. Circé, Lyon.

Hartje, H., et J. Neefs (1993) : *Georges Perec Images*. Editions du Seuil, Paris.

Lejeune, Ph. (1991) : *La Mémoire et l'oblique. Georges Perec, autobiographe*. POL, Paris.

Le Sidaner, J.-M. (1990) : Entretien avec Jean-Marie le Sidaner. *L'Arc*, n° 76, réédition.

Magoudi, A. (1996) : *La Lettre fantôme*. Editions de Minuit, Paris.

Perec, G. (1963) : Robert Antelme ou la vérité de la littérature. *Partisans* n° 8, janvier 1963.

Perec, G. (1969) : *La Disparition*. Denoël, collection Les Lettres Nouvelles, Paris.

Perec, G. (1972) : L'orange est proche. *Cause Commune*, n° 3, octobre 1972.

Perec, G. (1974) : *Espèces d'espaces*. Galilée, collection L'espace critique, Paris.

Perec, G. (1975) : *W ou le souvenir d'enfance*. Denoël, collection Les Lettres Nouvelles, Paris.

Perec, G. (1978) : *La Vie mode d'emploi. Romans*. Hachette, collection POL, Paris.

Perec, G. (1980) : *Récits d'Ellis island, Histoires d'errance et d'espoir*. Editions du Sorbier/INA, Paris.

Perec, G. (1985) : Les lieux d'une ruse, in : G. Perec : *Penser/Classer*, Hachette, collection Textes du XXe siècle, Paris.

Perec, G. (1989) : *L'infra-ordinaire*. Editions du Seuil, collection Librairie du XXe siècle, Paris.

Perec, G. (1990) : *Je suis né*. Editions du Seuil, coll. Librairie du XXe siècle, Paris.

Perec, G. (1997) : « *Cher, très cher, admirable et charmant ami...* ». Correspondance Georges Perec – Jacques Lederer, Flammarion, Paris.

Georges Perec : Copier/Créer
– d'un cabinet d'amateur à l'autre

par

Manet van Montfrans
Université d'Amsterdam

> Les tableaux effacent les murs.
> Mais les murs tuent les tableaux.
> (Georges Perec, *Espèces d'espaces*)

La clé de voûte de l'opération de falsification qui constitue l'essentiel de l'intrigue d'*Un Cabinet d'amateur*[1] est, on le sait, la réalisation d'un tableau peint dans le genre des cabinets d'amateurs et reproduisant une centaine de tableaux de la collection d'un riche brasseur américain d'origine allemande, Hermann Raffke.

Dans un entretien radiophonique avec Gérard-Julien Salvy diffusé le 12 janvier 1980, Perec commente la genèse d'*Un Cabinet d'amateur* et évoque les deux points de départ de ce texte. Le premier est le désir de retravailler une dernière fois les thèmes de *La Vie mode d'emploi*, le second concerne le genre pictural dont Perec s'est inspiré pour la forme et l'intrigue de son roman :

> J'avais envie de ne pas dire complètement adieu à *La Vie mode d'emploi*. C'était un livre que j'ai travaillé pendant si longtemps, que j'ai gardé pendant si longtemps, que je n'arrivais pas à m'en défaire complètement. Pour m'en défaire, j'ai pensé que le plus simple était d'écrire un récit court qui n'aurait aucune relation directe avec *VME* mais qui pour moi fonctionnerait comme une sorte d'encryptage. *VME* y serait codée, ça me permettrait une dernière fois de travailler sur des thèmes analogues. [...] L'autre point de départ, c'est que depuis toujours je suis fasciné par ces tableaux qu'on appelle « cabinets d'amateur ». J'en connaissais assez peu avant de commen-

cer le livre. J'en connaissais surtout deux qui sont au Musée de Bruxelles, que j'avais très soigneusement remarqués. Ensuite, quand je me suis documenté sur le livre, j'en ai découvert beaucoup plus, peut-être deux cents ou trois cents. L'idée d'un tableau qui est en lui-même un musée, qui est l'image, la représentation d'une série de tableaux, et parfois dans ces tableaux il y avait encore une fois un tableau qui est un tableau qui représente une série de tableaux et cetera, ces mises en abyme successives, c'est quelque chose qui me plaisait beaucoup.[2]

Les contraintes apparemment simples auxquelles a été soumis *Un Cabinet d'amateur* semblent avoir été conçues en fonction du désir de Perec de ne pas prendre congé définitivement de *La Vie mode d'emploi*. L'étude du dossier génétique d'*Un Cabinet d'amateur* a confirmé ce qu'une comparaison précise des deux textes avait déjà révélé[3]. *Un Cabinet d'amateur* érige l'inter- et l'autotextualité en principes fondateurs, le texte est une reproduction en miroir de *La Vie mode d'emploi* : un certain nombre des tableaux énumérés dans *Un Cabinet d'amateur* renvoient aux 99 chapitres de l'œuvre majeure.

L'examen des listes préparatoires que comportent les avant-textes d'*Un Cabinet d'amateur* a amené les généticiens littéraires à spéculer sur la manière dont Perec avait procédé. Il aurait relu attentivement *La Vie mode d'emploi*, notant au passage le ou les motifs susceptibles de se trouver représentés dans les tableaux, réels ou inventés, d'*Un Cabinet d'amateur*. La liste de ces motifs suit l'ordre du récit-source. Puis, à partir de cette première liste « primitive », il aurait forgé des titres de tableaux, en les attribuant parfois à un peintre mais, le plus souvent, à une école, une époque et un genre. Ces titres hypothétiques figurent sur une liste secondaire[4].

Dans son étude du dossier génétique[5], Hans Hartje pose deux questions. En premier lieu, pourquoi tel ou tel élément de *La Vie mode d'emploi* a-t-il été sélectionné ? « Rien », écrit-il, « dans les manuscrits préparatoires ne permet de déterminer les critères de ce choix si ce n'est la mention Américaine (Amer ou Am) dans la marge gauche de la première liste. Les détails ainsi marqués engendrent les tableaux de la collection de Raffke qui appartiennent à la peinture américaine ». En second lieu, Hartje se demande si le passage de la liste secondaire au texte a été effectué librement de toute contrainte autre que rédactionnelle.

Intriguée par ces questions, j'ai délaissé provisoirement les pistes intertextuelles indiquées par Perec et explorées jusqu'ici pour m'engager dans une autre direction. L'univers complexe et trompeur d'*Un Cabinet d'amateur*, où l'évocation de tableaux réels voisine avec celle de faux, où les

Georges Perec : Copier/Créer 107

mises en abyme s'enchaînent à l'infini, et où les renvois à *La Vie mode d'emploi* se multiplient, ne manque pas de susciter chez le lecteur une confusion fascinée. Mais, dans les tentatives d'interprétation de ce récit énigmatique[6], l'hypothèse qu'un véritable cabinet d'amateur ait pu servir de modèle à la toile centrale, fictionnelle dans le récit de Perec – le *Cabinet d'amateur* de Raffke – n'a jamais, autant que je sache, été avancée. L'examen du dossier génétique d'*Un Cabinet d'amateur* m'a permis de découvrir d'autres textes-sources que *La Vie mode d'emploi* ou ceux médiatisés par *La Vie mode d'emploi*, découverte qui m'a amenée à avancer l'hypothèse que, pour passer des chapitres de *La Vie mode d'emploi* à la liste des tableaux figurant dans *Un Cabinet d'amateur*, Perec s'est inspiré d'un troisième texte et d'une troisième liste de peintres et de titres picturaux qui renvoient à des tableaux réels, de même que *La Vie mode d'emploi* renvoie à des tableaux existants. L'étude de cette troisième liste et de ses origines permet d'esquisser une réponse partielle aux deux questions de Hans Hartje.

1. Sources picturales et textuelles : une nouvelle piste d'interprétation
Le dossier préparatoire d'*Un Cabinet d'amateur* comporte la copie d'un fragment de texte sans référence, décrivant en détail un tableau du peintre anversois Guillaume Van Haecht, *Le Cabinet d'amateur de Corneille van der Geest lors de la Visite des Archiducs*. L'étude de la bibliographie concernant le genre pictural des cabinets d'amateurs a révélé que ces quelques pages copiées proviennent d'un ouvrage d'histoire de l'art de 1957, intitulé *Les Peintres flamands de cabinets d'amateurs au XVIIe siècle*[7].

C'est dans cet ouvrage abondamment illustré qui évoque quelque « deux cents cabinets d'amateurs », que Perec semble avoir puisé l'essentiel de ses renseignements. L'auteur, S. Speth-Holterhoff, décrit les origines et l'évolution de ce genre pictural. Un cabinet d'amateur désigne au départ la pièce où est conservée une collection d'objets divers – œuvres d'art, instruments scientifiques et curiosités rapportées de régions lointaines[8]. La représentation d'une telle pièce, le cabinet d'amateur (en flamand « Constkamer »), devient au début du XVIIe siècle l'un des thèmes favoris de la peinture de genre en Flandres. Presque tous les cabinets d'amateurs représentent les collectionneurs eux-mêmes montrant leur collection.

Speth-Holterhoff mentionne comme maître incontesté du genre Guillaume van Haecht (1593-1637), jugement partagé par d'autres historiens d'art comme Julius Held, Frans Baudouin et Gary Schwartz[9]. Dans les treize pages qu'elle lui consacre (pp. 98-111), Speth-Holterhoff analyse en détail cinq cabinets d'amateurs de Van Haecht, parmi lesquels le plus connu est celui de Corneille van der Geest. Les quelques pages copiées par Perec et conservées dans les avant-textes semblent indiquer déjà qu'il partage cette prédilection pour Van Haecht. Mais il y a d'autres données, extratextuelles et textuelles, qui confirment que Perec s'est intéressé particulièrement à l'œuvre de ce peintre.

En premier lieu, au critique littéraire, Jean-Louis Ezine, venu l'interviewer en octobre 1978 à l'occasion de la publication de *La Vie mode d'emploi*, Perec avait montré le puzzle Ravensburger qu'il était en train de reconstituer. C'était, écrit Ezine, « un puzzle de 3000 pièces, 120,7 x 79,9, recomposant la célèbre toile de W. van Haecht, Galeriebesuch (Visite à la galerie) ». Qu'on n'ait pas relevé jusqu'ici l'intérêt de ce renseignement a de quoi surprendre. La piste a-t-elle été brouillée par l'emploi du terme allemand « Kunstkammer », que Perec met dans la bouche d'un de ses porte-parole dans le texte, l'historien d'art fictif, Lester K. Nowak (*UCA*, p. 31), par Ezine qui reprend le titre allemand du tableau, *Galeriebesuch*, ou par David Bellos qui, dans son résumé de l'article d'Ezine, parle d'« une collection de tableaux appartenant à ce genre d'objets que les Allemands appellent Kunstkabinett »[10] ? Le fait que Perec, dont on connaît la passion pour l'art du puzzle, ait reconstitué ce puzzle Ravensburger, fabriqué, relevons-le, en Allemagne, en étudiant de près, et un à un, les différents tableaux représentés par Van Haecht dans son *Cabinet d'amateur* ouvre des perspectives intéressantes. Tout comme l'histoire de *La Vie mode d'emploi* a pris l'une de ses origines dans la reconstitution d'un puzzle, celui du port de La Rochelle, la genèse d'*Un Cabinet d'amateur* est liée à la reconstitution d'un puzzle réel.

En second lieu, parmi les différents cabinets d'amateurs historiques énumérés dans le récit de Perec, celui de Corneille van der Geest est le seul à faire l'objet d'une description tant soit peu détaillée (*UCA*, pp. 31-33). Cette description que Perec attribue à Nowak, évoque outre les visiteurs de Van der Geest et un tableau de Van Eyck, *Bain de femme*, le peintre lui-même, Guillaume van Haecht, « jeune homme à la figure mélancolique en train de gravir les quelques marches conduisant à la galerie du mécène » (*UCA*, p. 32). Le peintre s'est donc représenté lui-même dans son tableau. Perec a emprunté ce renseignement à Speth-Holterhoff (p. 101) qui avance que « le personnage à cheveux demi-longs qui monte l'escalier conduisant de la cour vers le salon pourrait être Guillaume van Haecht lui-même ».

Quand on poursuit la piste ainsi ouverte, on s'aperçoit que Perec a emprunté quelques longs passages et de nombreux détails au texte de Speth-Holterhoff. Les recherches effectuées à partir du *Cahier des charges* de *La Vie mode d'emploi*[11] nous avaient déjà appris que si Perec connaissait bien les peintures célèbres du Louvre, de la National Gallery et de l'Accademia de Venise, il avait également scruté les dix tableaux générateurs de *La Vie mode d'emploi* à travers le prisme d'autres textes, comme les monographies parues dans les collections de Flammarion et Hachette, le *Larousse de la peinture* (1969) et certains essais de Butor[12]. Désormais, nous pouvons ajouter à ces textes-sources l'ouvrage plus ancien et quelque peu excentrique de S. Speth-Holterhoff.

Cette découverte permet de résoudre bon nombre de questions qui jusqu'ici étaient restées sans réponse. On s'est demandé, par exemple, ce qui avait déterminé le choix particulier des cabinets d'amateurs énumérés par Perec[13]. La réponse est simple : Perec suit dans cette énumération (*UCA*, p. 31) l'ouvrage de Speth-Holterhoff. Celle-ci présente Abel Grimmer (ch. II) comme celui qui marque les débuts du genre avec une scène d'intérieur intitulée *Christ chez Marthe et Marie* ; ensuite, elle aborde l'œuvre de Breughel de Velours et celle de la dynastie des Francken (ch. III) ; le quatrième chapitre de son livre est consacré à Guillaume van Haecht et à son *Cabinet de Corneille van der Geest* ; enfin, le cinquième à David Téniers le Jeune[14]. Les libertés que Perec se permet par rapport à son texte-source, sont minimes : un ajout ici, une inversion d'ordre là.

Je me propose de montrer par deux exemples précis que Perec, en dressant la liste des titres de tableaux et de peintres susceptibles de figurer dans *Un Cabinet d'amateur*, a passé certains des chapitres de *La Vie mode d'emploi* au crible de la description du tableau de Van Haecht et que, dans le passage de ces listes au texte définitif, il a eu amplement recours au texte de Speth-Holterhoff. La connaissance d'au moins un des critères de sélection des détails empruntés à *La Vie mode d'emploi* et à ce texte source, permettra ensuite d'éclairer la manière dont le texte bref et énumératif de 1979 renvoie au grand « romans » de 1978 d'une part, et d'autre part, de mettre en relief les thèmes que Perec a dit vouloir ainsi retravailler.

Avant d'aborder ces exemples, j'évoquerai en premier lieu le tableau qui fait fonction de clef référentielle, *Le Cabinet d'amateur de Corneille van der Geest* et sa description par Speth-Holterhoff. Ensuite, j'examinerai la structure formelle et certains contenus narratifs du texte de Perec.

2. *Le Cabinet d'amateur de Corneille van der Geest* lors de la Visite des Archiducs

Le Cabinet d'amateur de Corneille van der Geest par Guillaume van Haecht (conservé au Rubenshuis à Anvers) occupe une place primordiale parmi les tableaux appartenant au même genre, tant pour son intérêt documentaire que pour sa valeur artistique[15]. L'intérêt documentaire est triple. Premièrement, le tableau, achevé en 1628, commémore deux événements historiques : la visite dont les archiducs Isabelle, fille de Philippe II et son époux Albert d'Autriche, gouverneurs des Pays-Bas méridionaux, honorèrent, le 23 août 1615, Corneille van der Geest dans sa maison au bord de l'Escaut ; et la venue à Anvers, en 1624, d'un autre personnage princier, Ladislas, roi de Pologne de 1632 à 1648. Ensuite, le tableau réunit un grand nombre d'autres personnages qui ont joué un rôle de premier ordre dans l'histoire de l'art d'Anvers, tels le bourgmestre de la ville, Nicolas Rockocx, ou les peintres Pieter Paul Rubens, Antoon van Dyck, Jan Wildens et Frans Snyders. Ces noms sont tous relevés par le porte-parole du narrateur d'*Un Cabinet d'amateur*, Nowak, dans sa description du tableau de Van Haecht (*UCA*, p. 32).

Le principal attrait du tableau, pour les historiens d'art, est cependant qu'il représente une des collections de tableaux les plus importantes d'Anvers et constitue par là une source capitale de renseignements relatifs à la situation de la peinture flamande au début du XVIIe siècle, après les troubles iconoclastes.

Trente personnages historiques.
Le mécène Corneille van der Geest – grand négociant, humaniste, protecteur de Rubens dès ses débuts – est représenté en sa qualité d'amateur et de collectionneur d'art. Van der Geest a généreusement contribué à la restauration d'églises, de sculptures et de peintures saccagées par les iconoclastes. Sur le linteau de la porte qui donne sur la cour on voit gravée sa devise, « Vive l'Esprit ». Au-dessus de cette devise, le triomphe de *Pictura*, le noble art libre, est symbolisé par la sculpture d'un pigeon, symbole du Saint Esprit, surmontant un crâne.

Albert et Isabelle sont représentés à gauche au premier plan, assis dans des fauteuils. Corneille van der Geest leur montre un tableau de Quentin Metsys soutenu par deux enfants. Isabelle est accompagnée de sa dame d'honneur, Geneviève d'Urfé, marquise de Croy ; Rubens est penché aux côtés d'Albert et lui parle. A côté de Ladislas, Van Dyck, vu de profil, s'entretient avec le directeur général de la Monnaie, Jan de Montfort.

Plus loin, au centre de la pièce, se trouvent les amateurs d'art de la ville. Selon Baudouin, le seul personnage de ce groupe qui ait pu être identifié avec certitude est le collectionneur Stevens, tenant à la main un portrait miniature d'une femme. Dans le coin des artistes, un homme s'agenouille devant un tableau placé à même le sol, *Les Chasseurs et les chiens* de Jan Wildens ; debout sous une réplique d'Hercule Farnèse, Frans Snyders parle au peintre Hendrik van Balen, un ami de Rubens.

Certains visiteurs ont été copiés d'après les portraits de Van Dyck : Corneille van der Geest[16], Geneviève d'Urfé, Jan de Montfort, Frans Snyders et Peter Stevens. Van Dyck lui-même, Albert, Isabelle et Ladislas, par contre, ont été peints d'après leurs portraits par Rubens. Malgré les apparences, et au même titre que les tableaux accrochés au mur, tous les personnages, sauf le peintre, sont donc des représentations au second degré, tout comme les personnages de *La Vie mode d'emploi*, où la focalisation sur Valène fait apparaître les habitants de l'immeuble comme les figures d'un tableau. La nature même de ce tableau, composé de copies ou de copies de copies, s'apparente ainsi de façon formelle au principe de la citation, qui, on le sait, est l'une des formes que revêt l'invention chez Perec.

Van Haecht, qui s'est peint sous les traits d'un jeune homme à la figure « mélancolique » dans l'ouverture de la porte, un peu à l'écart sous la devise de Corneille van der Geest, a été employé par le mécène de 1626 à 1637 comme conservateur de sa collection. Le *Cabinet d'amateur de Corneille van der Geest* est signé « G. van Haecht », bien que le peintre soit généralement plus connu sous le nom de W. van Haecht. Van Haecht est l'un des premiers artistes à s'être consacré exclusivement à la restauration et à la reproduction du travail d'autrui. On comprend qu'une pareille figure de copiste ait pu susciter l'intérêt de Perec. Le *Cabinet d'amateur de Corneille van der Geest* est le premier cabinet d'amateur que Van Haecht ait peint et le seul qu'il ait signé : il en réalisera quatre autres avant de mourir à l'âge de 42 ans, le 12 juillet 1637.

Quarante-trois tableaux.
Le *Cabinet d'amateur de Corneille van der Geest* comporte quarante-trois tableaux, détail qui, on s'en doute, n'a pas échappé à l'attention de Perec : son porte-parole Nowak parle « d'une quarantaine de tableaux » (*UCA*, p. 32)[17]. On a réussi à en identifier vingt-six dont la majorité est d'origine flamande, quelques autres étant d'origine allemande ou italienne.

Le Flamand Metsys occupe une place de choix avec trois toiles : *L'Homme aux lunettes*, accroché au mur de droite ; un *Portrait de Paracelse*[18] au fond, près de la fenêtre ; et à gauche, au premier plan, une *Vierge à l'Enfant*, qualifiée par Speth-Holterhoff de « perle » de la collection. Un *Paysage avec chariot* de Breughel l'Ancien se trouve à gauche, entre les deux fenêtres. Accroché à l'angle du mur de droite on aperçoit le *Bain de femme* de Van Eyck, tableau dont il ne nous reste que la copie réalisée par Van Haecht[19].

C'est autour de la *Vierge à l'Enfant* de Metsys que se rassemblent les invités d'honneur de Corneille van der Geest. Ce tableau fait l'objet d'une anecdote racontée en détail par Speth-Holterhoff, d'après un récit flamand contemporain :

> Corneille van der Geest fit si bien les honneurs de ce tableau, il en détailla si complaisamment les beautés que « les souverains, regardant encore mieux l'image de Marie, allèrent jusqu'à une offre d'achat semi-officielle, mais elle fut repoussée par un zèle silencieux du propriétaire, lequel laissa échapper ainsi de grandes faveurs par son amour-propre. Corneille van der Geest n'agit-il pas ici en collectionneur véritable, plus passionné d'œuvres d'art que de bénéfices matériels » ?[20]

Le tableau de Metsys est mis en vedette par sa position au premier plan et par les personnages princiers qui l'entourent. Speth-Holterhoff y voit un hommage à Metsys. S'appuyant sur l'anecdote que je viens de citer, Gary Schwartz a poussé l'analyse plus loin : selon lui, c'est dans la scène représentée par le peintre au premier plan – le collectionneur montrant à ses visiteurs le tableau de Metsys – que réside le thème central du tableau. Si l'on accepte l'interprétation d'un prince et d'un patricien rivalisant dans leur amour pour l'art sacré, on peut se demander ce qui suscite le désir des archiducs. Est-ce leur zèle religieux, la beauté du tableau, la scène que celui-ci représente – l'intimité entre la mère et l'enfant qui s'embrassent sur la bouche – ou bien sont-ils provoqués par l'orgueil et la joie du collectionneur qui tient tellement à ce tableau qu'il refuse de le leur vendre, dût-il perdre par là leur faveur[21] ?

Dans *Le Cabinet d'amateur de Van der Geest* nous retrouvons trois des dix peintres dont les tableaux figurent dans *La Vie mode d'emploi*, Jan van Eyck, Pieter Breughel l'Ancien et Quentin Metsys. Le *Bain de femme* de Van Eyck ou *Femme à sa toilette*, intitulé figurant dans le *Larousse de la peinture* et repris par Perec, est lié au *Mariage des Arnolfini* (1434). Sur le *Cabinet d'amateur* de Raffke figure, comme nous le verrons plus loin, une copie d'une « célèbre copie d'époque » du *Banquier et sa femme* (1514) de Metsys par Martinus van Reymerswaele.

3. Un Cabinet d'amateur : *chronologie narrative et structure du livre*
Bien que le fil de l'intrigue soit très mince, on aurait tort de prendre *Un Cabinet d'amateur* de Perec pour une longue énumération de tableaux et de négliger forme et contenus narratifs. Perec a tiré le genre pictural du cabinet d'amateur de son contexte historique pour le pervertir et l'utiliser comme pivot d'une énorme opération d'escroquerie. Le personnage-peintre d'*Un Cabinet d'amateur*, Humbert Raffke alias Heinrich Kürz, est un copiste comme Guillaume van Haecht, mais c'est aussi un faussaire,

encouragé dans ses activités frauduleuses par son commanditaire, Hermann Raffke.

Né en 1830, en Allemagne, près de Lübeck, Raffke s'embarque à l'âge de seize ans sur un baleinier danois qui fait naufrage. Comme d'innombrables autres immigrants européens, il s'établit ensuite aux États-Unis, où il fait un parcours typique de self-made-man. Raffke veut consacrer une partie de sa fortune à l'achat de tableaux. Aimant la peinture mais ne s'y connaissant guère, il se laisse tromper dans ses premiers achats par des marchands d'art. Il décide de se venger et monte un complot avec quelques complices. Raffke confie à son neveu et fils adoptif Humbert Raffke le soin de fabriquer des faux de maîtres célèbres. Dans le *Cabinet d'amateur* peint par ce dernier sous le nom d'un peintre non existant, Heinrich Kürz, les tableaux de la collection, « affichés comme copies, comme pastiches, comme répliques, auraient tout naturellement l'air d'être les copies, les pastiches, les répliques de tableaux réels » (*UCA*, p. 120).

L'exposition à Pittsburgh en 1913 de ce *Cabinet d'amateur* suscite la convoitise du public américain naïvement passionné par les œuvres anciennes d'origine européenne. Raffke est trouvé mort le jeudi 2 avril 1914 et inhumé avec son tableau dans un caveau qui est une réplique exacte du *Cabinet d'amateur*. Aux deux ventes organisées en 1914 et 1924 par les héritiers du brasseur, les faux originaux de la collection sont vendus à des prix fabuleux. Ce n'est que quelques années plus tard que Humbert Raffke avoue la mystification dans une lettre aux acheteurs dupés.

Perec est dans ce texte très avare en éléments paratextuels, mais la structure du récit, divisé en alinéas et paragraphes non numérotés, apparaît lorsqu'on fait le compte des alinéas : il y en a cent quarante-trois au total. L'histoire, racontée par un narrateur hétérodiégétique non-représenté, se laisse décomposer en deux parties principales, séparées par la césure de la Première Guerre mondiale.

Sous un désordre apparent, se dissimule donc une structure bi-partite bien nette. Nous connaissons l'importance de cette structure bi-partite et de la césure dans les textes de Perec qui, d'une manière ou d'une autre, renvoient invariablement à l'histoire de son enfance. Ici, la césure principale coïncide avec la suspension des activités des héritiers Raffke pendant la Première Guerre mondiale et se situe entre les alinéas 41 et 42, nombres métonymiques de la séparation du jeune Perec de sa mère[22]. Il suffit de lire ces nombres en palindrome pour voir apparaître les deux dates cruciales de l'histoire d'*Un Cabinet d'amateur*, 1914 et 1924, années des deux ventes de la collection Raffke.

Détails des contenus narratifs : lieu, temps et personnages
Le cabinet d'amateur de Humbert Raffke, alias Heinrich Kürz, est exposé à Pittsburgh en octobre 1913, dans le cadre d'une série de manifestations organisées par la communauté allemande pour marquer le vingt-cinquième anniversaire de l'accession au trône de l'empereur allemand Guillaume II. Ce qui frappe le lecteur dès les premières lignes, c'est évidemment la présence de ce contexte allemand, et on se demande ce qui a pu amener Perec à situer l'action d'*Un Cabinet d'amateur* aux États-Unis, en Pennsylvanie.

Rappelons ce que Perec disait au sujet de *W ou le souvenir d'enfance* dans un entretien avec Eugen Helmlé : « Je voulais dans le récit, que l'Allemagne soit présente et, dès le début, le fait de pouvoir utiliser des mots allemands, des mots de journaux allemands, des noms de villes allemandes, simplement le mot 'allemand' me semblait comme une sorte de signe précurseur »[23]. Or, c'est exactement ce qu'il fait dans l'ouverture d'*Un Cabinet d'amateur* avec une longue énumération de noms de journaux (*das Vaterland*), d'organisations (l'Amerikanische Kunst Gesellschaft), de villes et de régions (Munich, Bavaria), de genres picturaux (Kunstkammer) et de personnages aux patronymes allemands, dont le richissime Barry O. Fugger et le docteur Ulrich Schultze[24], « premier sous-secrétaire de la Chancellerie Impériale », qui visite l'exposition à la tête d'une délégation allemande de *quarante-trois* membres (*UCA*, p. 13).

Le choix des États-Unis peut s'expliquer par le fait que Perec a travaillé simultanément sur *Un Cabinet d'amateur* et *Ellis Island*. Il s'est rendu deux fois aux États-Unis en 1978/1979 pour la réalisation du film avec Robert Bober sur les immigrants européens qui étaient passés par le centre d'accueil d'Ellis Island de 1892 à 1924. Un examen comparatif rapide des deux textes révèle que Perec a inséré un certain nombre de renseignements recueillis pour le film dans le texte d'*Un Cabinet d'amateur*[25].

Par ailleurs, la Pennsylvanie est, on le sait, la seconde patrie de milliers d'Allemands qui s'y sont établis au XVIIIe siècle, à la recherche de liberté religieuse et politique. Leurs descendants parlent toujours un dialecte allemand, ce qui a permis à Perec de situer l'action de son récit aux États-Unis, sans pour autant quitter la référence à l'Allemagne. Reste à savoir pourquoi il tient tellement à ce cadre allemand. Qu'il en eût besoin dans *W ou le souvenir d'enfance* est compréhensible, mais pourquoi le reprend-il dans le récit d'*Un Cabinet d'amateur* ? Pourquoi attribue-t-il à sa bande de faussaires des origines allemandes ?

Je peux avancer deux réponses spéculatives. Première possibilité : Perec fait allusion à la confiscation par les nazis des collections d'art nationales et privées, et la récupération difficile de ces biens après la guerre. Si de nombreuses œuvres d'art ont été retrouvées sans trop de difficultés dans les collections de Hitler, de Göring et des musées allemands, des milliers de tableaux ont disparu sans laisser de trace, de même que leurs propriétaires, favorisant ainsi l'activité des faussaires après la guerre. Perec a-t-il tout simplement situé à une autre époque et dans un autre lieu les transactions frauduleuses pendant et après la Seconde Guerre mondiale ? Et devons-nous lire, à nouveau, les dates des deux ventes Raffke en palindrome, 14 devenant alors 41 et 24 donnant 42 ? Il est certain que dans *Un Cabinet d'amateur* le travail cabalistique sur les nombres prend la forme de jeux complexes sur le *14* et le *24*, lesquels rivalisent avec le *11* et le *43* en termes de fréquence. Rappelons par exemple la date du décès de Raffke, le 2/4/1914.

Une deuxième explication serait que Perec franchit dans *Un Cabinet d'amateur* une nouvelle étape dans l'évocation du passé perdu de sa famille et qu'il y a inséré des renseignements recueillis pour le projet de *L'Arbre*[26]. Il est indéniable que l'histoire du riche brasseur Raffke présente certaines ressemblances avec la carrière d'un des membres de la famille adoptive de Perec, Jacques Bienenfeld.

Né en 1875 en Galicie orientale, province de l'Empire d'Autriche, Bienenfeld prend à pied la route de l'Ouest à l'âge de 14 ans. Arrivé en France, il s'installe dans le négoce en gros de la perle fine. En tant qu'étranger, il est emprisonné momentanément pendant la Première Guerre mondiale, mais cette guerre l'enrichit aussi : il aurait acheté, entre autres choses, des trésors aux Habsbourg ruinés, ces mêmes Habsbourg dont les lointains ancêtres figurent dans *Le Cabinet d'amateur* de Van Haecht. Dans les années vingt, il invite des membres de sa famille, parmi lesquels son cousin David Bienenfeld, à le rejoindre en France où il les emploie dans son commerce. Selon la légende familiale, ce Jacques Bienenfeld ressemblait à Orson Welles et vivait, comme Citizen Kane, dans un château, à Suresnes, où il faisait venir des peintres et artisans italiens pour refaire la décoration. Bienenfeld fonde une filiale de sa maison à New York en 1929, fait faillite avec des milliers de ses contemporains et meurt en 1933. Ce qui put être sauvé de sa fortune, partiellement amassée durant la Première Guerre mondiale, permit aux membres de la famille Bienenfeld de survivre à la Seconde Guerre mondiale et de se charger de l'éducation de Perec, dont les parents moins fortunés avaient perdu la vie[27].

La question est maintenant de savoir comment on peut articuler ces réponses spéculatives à l'évocation des tableaux dans ce texte.

4. De la *Visitation* à la *Mise au tombeau*

Un Cabinet d'amateur a été rédigé à partir de listes et comporte des listes. On y trouve la liste de la « Notice anonyme » et des extraits du catalogue de la première vente Raffke (pp. 17-24 et 39-49), les listes incluses dans l'article et la thèse de Nowak consacrés à l'œuvre du double fictif de Humbert Raffke, Heinrich Kürz (pp. 30-36 et 78-100), celle des « 15 joyaux » de la collection Raffke (pp. 70-78), et des extraits du catalogue de la deuxième vente de 1924 (pp. 100-118). L'évocation de la toile centrale d'*Un Cabinet d'amateur* où sont reproduits une centaine de tableaux, a été, conformément à l'esthétique perecquienne du fragmentaire et au principe directeur du puzzle, non seulement soumise à un morcellement impitoyable, mais mêlée de façon presque inextricable à la description de la collection beaucoup plus vaste de Raffke, et à celle de tableaux qui n'en font pas partie mais sont évoqués pour d'autres raisons.

Perec a cependant mis en relief certains tableaux par le nombre d'occurrences de leur mention, leur place sur les différentes listes et le prix auquel ils sont vendus. Dans l'inventaire des toiles du cabinet d'amateur de Kürz seuls *quatre* tableaux sont évoqués à *trois* reprises : un *Portrait de jeune femme* attribué à Carel Fabritius de Delft ; deux tableaux d'origine italienne, le *Portrait d'un chevalier* et une *Annonciation* ; et un *Petit port de plaisance* de Heinrich Kürz. Une seule toile apparaît *quatre* fois : il s'agit d'une *Visitation*, également d'origine italienne.

Si la fréquence de la mention des tableaux constitue l'un des indices d'une mise en relief intentionnelle, un autre indice est leur position-clé sur les différentes listes. Ainsi, bien qu'il ne soit mentionné qu'une seule fois, *Le Changeur et sa femme*, « une copie d'époque du tableau de Metsys », occupe une place de choix parce qu'il inaugure les extraits de catalogue des *troisième* et *quatrième* jours de la deuxième vente Raffke. L'analyse de ces différents tableaux permet non seulement de soutenir l'hypothèse que la description du tableau de Van Haecht a servi de relais entre *La Vie mode d'emploi* et *Un Cabinet d'amateur* mais encore de montrer que ces tableaux, lus en séquence, juxtaposés, renvoient à l'histoire familiale de Perec. C'est à l'examen de deux d'entre eux, la *Visitation* et *Le Changeur et sa femme*, que je me limiterai ici.

Visitation

Seule toile à apparaître quatre fois, la *Visitation* est aussi la première toile qui fasse l'objet d'une description détaillée. On comprend pourquoi à la lecture des listes préparatoires d'*Un Cabinet d'amateur*[28]. La *Visitation* renvoie au Chapitre I de *La Vie mode d'emploi* et inaugure donc le réseau intertextuel reliant les deux livres.

La première mention du tableau dans *Un Cabinet d'amateur* prend la forme d'une description précise qui se développe sur deux pages (pp. 20, 21). La seconde apparaît dans la liste des quinze joyaux de la collection Raffke, à la douzième place, et tranche la question de l'attribution qui, dans la description, faisait encore l'objet d'hypothèses variées (p. 77). Cette attribution est ensuite confirmée par Nowak, qui reconstitue la liste des propriétaires successifs du tableau (pp. 86-89). La quatrième mention figure parmi les extraits de la deuxième vente Raffke et nomme l'acheteur et le prix auquel le tableau a été vendu, 62 500 $ (p. 115). Ainsi, le 6 et le 5 génèrent une occurrence du 11 et la présence du 2 complète l'allusion au 11 février 1943, date de la déportation de la mère de Perec.

- *Description et attribution spéculative.*

Avant d'entamer sa description du tableau, le commentateur anonyme suggère trois auteurs possibles, Pâris Bordone, Lorenzo Lotto ou Sebastiano del Piombo, peintres du XVIe siècle ayant tous travaillé à Venise (p. 20). Comme son titre l'indique, le tableau représente l'entrevue de Marie avec Elisabeth (Luc 1 : 39-55). Marie rend visite à sa cousine, épouse longtemps stérile du prêtre Zacharie et, malgré son âge avancé, miraculeusement enceinte de Jean Baptiste. Je cite la description du tableau :

> Au centre d'une petite place bordée de hautes colonnes entre lesquelles sont tendues des draperies richement brodées, la Vierge, vêtue d'une robe vert sombre que recouvre amplement un long voile rouge, s'agenouille devant sainte Elisabeth qui est venue au devant d'elle, vieille et à demi chancelante, soutenue par deux servantes. Au premier plan, à droite, se tiennent trois vieillards entièrement vêtus de noir ; deux sont debout, se faisant presque face ; le premier présente devant lui une feuille de parchemin à moitié déroulée sur laquelle est dessiné d'un mince trait bleu le pan d'une ville fortifiée que le second désigne d'un doigt décharné ; le troisième est assis sur un tabouret en bois doré, à pieds croisés, recouvert d'un coussin vert ; il tourne presque complètement le dos à ses compagnons et semble regarder le fond de la scène : une vaste esplanade où attend l'escorte de Marie : une litière fermée par des rideaux de cuir, portée par deux chevaux blancs que deux pages, vêtus de livrées rouges et grises, tiennent par la bride, et un chevalier en armure dont la lance s'orne d'une longue banderole d'or. A l'horizon se découvre un paysage de collines et de bosquets avec, dans le lointain, les tours brumeuses d'une ville. (*UCA*, pp. 20, 21)

Cette description neutre, pauvre en interprétation, rappelle certains détails saillants d'une *Visitation* (1521) de Sebastiano del Piombo, conservée au

Louvre. Elisabeth y est représentée comme une femme au visage émacié, marqué par l'âge ; la vierge Marie est accompagnée de deux femmes. A droite, derrière Elisabeth, se trouve un escalier en bas duquel on voit un homme, Zacharie, qui désigne la scène au premier plan et semble expliquer à deux compagnons au-dessus de lui ce qui se passe. A gauche, dans le lointain, on aperçoit les contours d'une ville.

Si ce tableau réel a pu constituer l'un des points de départ de la *Visitation* décrite par le commentateur anonyme, on se doit de constater qu'il a subi un certain nombre de changements. Certains détails – la couleur des vêtements, la position et l'attitude des personnages – ne semblent avoir été que légèrement modifiés. Sur le tableau de Piombo, Marie n'est pas agenouillée ; elle porte une robe rouge et un voile vert ; les deux servantes ne soutiennent pas Elisabeth mais encadrent Marie ; les trois vieillards se trouvent bien à droite, mais à l'arrière-plan. Le fond de la scène, par contre, semble avoir été emprunté ailleurs.

• *Attribution définitive.*

Lorsque le tableau est évoqué une deuxième fois – à la douzième place (p. 77) – dans l'énumération des quinze joyaux achetés par Raffke, nous apprenons que c'est l'un des rares tableaux européens achetés par Raffke aux États-Unis à la vente de la collection Sherwood en février 1900, mentionnée dans le chapitre XXII de *La Vie mode d'emploi*. A l'occasion de cette vente, le tableau est expertisé par l'historien d'art, Thomas Greenback, qui remarque que, les livrées des deux pages étant aux armes du cardinal d'Amboise, le peintre ne pouvait être qu'Andrea Solario (1470/1475-1524).

Cette attribution est confirmée par Nowak qui établit la liste de tous les propriétaires de cette *Visitation*, depuis le cardinal d'Amboise, l'un des commanditaires historiques de Solario, jusqu'à James Sherwood, personnage de *La Vie mode d'emploi* (*UCA*, pp. 86-88). C'est sur cette liste qu'apparaissent les noms des nobles visiteurs représentés par Van Haecht dans son *Cabinet d'amateur de Corneille van der Geest lors de la Visite des Archiducs* :

> offerte par le cardinal à Maximilien lors de la constitution de la Ligue de Cambrai, la *Visitation* du Gobbo (bien que ce fût son frère Christoforo, qui fut bossu, Andrea était tout de même surnommé Del Gobbo) resta près d'un siècle dans les collections de Charles Quint puis de Philippe II qui la donna à Albert le Pieux lorsque celui-ci devint son gendre. Le tableau se retrouve ensuite, sans doute par l'intermédiaire de la dame d'honneur d'Isabelle, Geneviève d'Urfé, marquise de Croy, dans la collection de

Charles de Croy, duc d'Arschot, et figure à ce titre dans l'inventaire établi par le peintre Salomon Noveliers après la mort du duc. (*UCA*, pp. 86, 87)

Dans son évocation du *Cabinet* de Van Haecht (*UCA*, p. 32), Nowak a ajouté les noms d'Albert et Isabelle à l'intitulé du tableau tel qu'il figure dans l'ouvrage de Speth-Holterhoff. Rappelons qu'il a mentionné comme autres visiteurs le roi de Pologne, le bourgmestre d'Anvers et quelques peintres, mais qu'il a passé sous silence le nom de Geneviève d'Urfé. Or, nous ne pouvons replacer ce nom que si nous connaissons d'autres descriptions du *Cabinet* de Van Haecht.

Nowak authentifie l'attribution de cette *Visitation* à Solario par un fragment rédigé en vieux français emprunté à l'annonce de la vente de la collection du duc Van Arschot dans l'inventaire dressé par Salomon Noveliers. Ce fragment provient intégralement de l'ouvrage de Speth-Holterhoff. Seule modification, un ajout : dans l'énumération des peintres dont Van Arschot, époux de Geneviève d'Urfé, possédait des tableaux, Perec/Nowak a inséré le nom d'André de Gobbe, où l'on reconnaît une version francisée du prénom de Solario et le surnom du frère d'Andrea Solario, le sculpteur Christoforo *del Gobbo* :

> L'on faict savoir à chascun, qu'entre les meubles de feu Seigneur duc d'Arschot, se comptent environ deux mille pièces de painctures de toutes sortes de couleurs, de divers maistres excellents, comme d'Albert Dürer, Lucas de Leyde, Jean de Maubeuge, Jerosme Bosch, Floris Dayck, Longue Pierre, Titian Urban, *André de Gobbe*, Paul Verones et aultres. (*UCA*, p. 87)[29]

Fidèle à sa source, Nowak raconte encore que la vente de cette collection n'eut pas lieu à Bruxelles, mais à Anvers[30] ; il s'écarte de Speth-Holterhoff lorsqu'il fait acheter le tableau par le collectionneur Jean Wildens, en qui l'on retrouve cependant un autre peintre dont Van Haecht a copié une toile (*Les Chasseurs et les chiens*).

Perec transforme ainsi les visiteurs admiratifs représentés dans *Le Cabinet d'amateur de Corneille van der Geest lors de la Visite des Archiducs* en propriétaires successifs d'une *Visitation* attribuée au peintre milanais Andrea Solario. Rappelons encore que les archiducs avaient voulu acheter à Corneille van der Geest la *Vierge à l'Enfant* de Metsys et que Van der Geest avait décliné leur offre. Perec les dédommage, pour ainsi dire, de cette mésaventure en leur attribuant la propriété d'une *Visitation*.

- *Renvoi à La Vie mode d'emploi.*

Cette *Visitation* renvoie, selon les listes préparatoires reproduites par Hans Hartje, au premier chapitre de *La Vie mode d'emploi*. Les détails prélevés dans ce premier chapitre et figurant sur la première liste concernent trois personnages et un élément de décor. On y trouve également l'esquisse d'une composition : au premier plan, deux hommes et, au deuxième, un troisième homme qui semble les regarder. Sur la seconde liste figurent le titre du tableau et son attribution : « Visite (ation) + 3 h(ommes) en noir, Ecole Italienne ». Pourquoi Perec a-t-il sélectionné ces détails et comment en est-il venu à forger le titre du tableau, la *Visitation* ?

Selon Chauvin et Hartje (1996, p. 137), le titre provient très probablement d'un épisode de *La Vie mode d'emploi* où une femme va *visiter* les *trois* petites chambres dans lesquelles pendant presque *quarante* ans a vécu et travaillé Gaspard Winckler (*VME*, p. 20). Elle apparaît dans le récit alors qu'elle est en train de monter l'escalier entre le *troisième* et le *quatrième* étage, en route vers le sixième où l'appartement de Winckler est vacant depuis sa mort il y a deux ans[31]. Il ne reste plus rien des meubles, objets et instruments parmi lesquels Winckler a vécu. Même le tableau « mélancolique » accroché dans sa chambre en face de son lit et qu'il aimait beaucoup – une « photographie intitulée *Illusions perdues*, collée sur une toile, arrangée, coloriée et encadrée par sa femme Marguerite »[32] – a disparu. Ainsi, *La Vie mode d'emploi* qui s'achève sur la vision d'un tableau vierge, vide – la représentation de l'immeuble que Valène n'a pas peint –, s'ouvre sur la description d'un tableau disparu.

Sur ce tableau disparu : « trois hommes, deux debout en redingote, pâles et gras, le troisième [...] assis près de la porte dans l'attitude d'un monsieur qui attend quelque chose » (*VME*, p. 22). Tout lecteur de Perec reconnaît le renvoi au dernier chapitre du *Procès* de Kafka et sait, contrairement au protagoniste K. qui « ne s'attendait pas à cette *visite* », ce qui attend celui-ci : il sera poignardé par les deux « acteurs de seconde zone » et mourra sur un terrain vague « comme un chien ».

Le titre du premier tableau décrit dans *Un Cabinet d'amateur* renvoie ainsi aux deux visites évoquées dans le premier chapitre de *La Vie mode d'emploi*, à savoir la visite de la femme à l'appartement vide de Winckler et celle représentée sur le tableau « mélancolique » de Winckler. Il renvoie également à l'événement historique représenté par Van Haecht – la visite des archiducs à Corneille van der Geest. Par ailleurs, l'intitulé du tableau générateur encrypté dans ce chapitre, le *Saint Jérôme dans son cabinet de travail*, fait réapparaître le terme de *cabinet*.

On peut se demander si c'est l'intervention d'éléments picturaux réels qui a transformé ces visites profanes en sujet religieux, ou si cette transformation se laisse expliquer d'une autre manière encore. Nous pouvons remarquer que dans la *Visitation* de Piombo figurent également trois hommes, et que le coussin vert évoqué dans la description du commentateur anonyme semble emprunté au tableau le plus connu de Solario au Louvre, intitulé précisément *Vierge au coussin vert* et peint vers 1507 pour le cardinal d'Amboise. Solario y a représenté la mère allaitant son enfant, couché sur un coussin vert, le dos tourné au spectateur, à la façon du troisième homme figurant dans la description de Raffke qui, « assis sur un tabouret couvert d'un coussin vert, tourne presque complètement le dos à ses compagnons et semble regarder le fond de la scène ».

Mais si l'on se rappelle également que *La Vie mode d'emploi* se termine le 15 août 1975, fête de l'Assomption, désignée par Perec comme 'les fêtes du quinze août', on peut avancer l'hypothèse que c'est peut-être par un désir de symétrie et de resserrement de la thématique, que Perec a transformé rétrospectivement la visite du chapitre I de *La Vie mode d'emploi* en une *Visitation*. Relu à travers le prisme d'*Un Cabinet d'amateur*, le roman se trouverait ainsi encadré par deux moments cruciaux dans la vie de la Vierge, faisant partie des sept moments dits moments « de la joie ». Le parcours menant de la Visite/Visitation à l'Assomption est cependant aussi celui qui mène d'une toile disparue à une toile vierge, d'une visite lugubre (d'une rafle ?) à une disparition céleste[33].

Par le jeu sur le titre, sur la description et sur l'attribution du tableau, Perec nous incite à examiner différentes sources picturales appartenant au monde réel. La contemplation de ces tableaux réels est indispensable pour saisir la signification du texte : la comparaison de la description textuelle avec ces tableaux permet d'observer les phénomènes d'altération, de distorsion, mais surtout de condensation qui caractérisent le passage des images réelles à leur traduction en mots. Le sujet d'une *Visitation* est liée, dans l'iconographie, à la représentation de deux femmes enceintes ; Perec rattache sa *Visitation*, par un élément pictural emprunté à la *Vierge au coussin vert*, à la représentation d'une femme allaitant son enfant. Cependant, le lien avec le tableau de Winckler – préfigurant une mort imminente et fabriqué par sa femme Marguerite, morte en novembre 1943 en donnant naissance à un enfant mort-né – projette déjà l'ombre de la mort sur ces scènes dites « de la joie ». Ce n'est que lorsque les détails picturaux concrets fusionnent, par le biais des renvois à *La Vie mode d'emploi*, avec des éléments picturaux fictionnels, qu'ils prennent sens et qu'une interprétation devient possible.

Le Changeur et sa femme.
Si, dans son évocation du *Cabinet d'amateur* de Van Haecht, Nowak mentionne explicitement le peintre, quelques visiteurs et l'une des deux pièces remarquables de la collection, le *Bain de femme* de Van Eyck, il

passe sous silence l'autre « perle » de la collection, la *Vierge à l'Enfant* de Metsys, entouré par les visiteurs princiers, au premier plan, à gauche.

Le silence relatif au coin inférieur gauche du tableau de Van Haecht rappelle la non-mention de la cave à gauche dans *La Vie mode d'emploi*, absence correspondant au 66e déplacement du cavalier, et évoque, une fois de plus, un carré ouvert à son angle gauche inférieur[34]. Etant donné l'intérêt de Perec pour Metsys, et l'insistance de Speth-Holterhoff sur la place primordiale de cette *Vierge à l'Enfant* que son propriétaire avait refusé de vendre aux archiducs, le silence total de la part de Perec/Nowak est saillant.

Mais si sa *Vierge à l'Enfant* manque à l'appel, Metsys n'est pas absent du cabinet d'amateur de Raffke/Kürz. On le retrouve dans une « copie d'époque » du *Changeur et sa femme* (1514), autre tableau générateur de *La Vie mode d'emploi*. Cette copie est selon le catalogue « parfois attribuée à Marinus van Reymerswaele » (*UCA*, p. 106). Van Reymerswaele (1495-1567) a exécuté, en effet, de nombreuses versions du thème de ce tableau, le traitant d'une manière exacerbée et caricaturale, pour stigmatiser l'âpreté des usuriers.

• *Renvoi* à La Vie mode d'emploi.
La copie réalisée par Van Reymerswaele renvoie au chapitre XVIII de *La Vie mode d'emploi*, dont les éléments sélectionnés (« Assiette décorée, monnaies antiques ») engendrent, comme titre sur la liste secondaire, *Le Changeur et sa femme*. Ce chapitre est consacré au producteur de télévision Rémy Rorschash qui veut reconstituer en une émission gigantesque les différentes étapes de l'entreprise énigmatique et confidentielle de Bartlebooth, la production et la destruction de ses cinq cents marines, symboles transparents de refuges maternels jamais atteints. Bartlebooth s'oppose violemment au projet de Rorschash. Le projet échoue mais sera repris sous une autre forme par le critique d'art Beyssandre qui va jusqu'au crime pour sauver les aquarelles de Bartlebooth de leur destruction programmée.

Lorsque l'équipe de reportage, chargée par Bartlebooth de la destruction rituelle de ses aquarelles aux endroits où il les a peintes, se rend à Trébizonde en Turquie pour y enregistrer l'effacement de la 438e aquarelle, découpée en puzzle par Winckler et reconstituée par Bartlebooth, elle périt dans un inexplicable accident de voiture. L'accident a lieu précisément durant la semaine où, à Paris, Bartlebooth perd définitivement et symboliquement la vue. Quelques mois plus tard, il meurt sans avoir pu achever le 439e puzzle. Beyssandre, que l'on peut soupçonner d'avoir mis en scène l'accident de voiture, disparaît sans laisser de traces[35] ; le lecteur n'apprend pas ce qu'est devenue la dernière aquarelle, la 438ᵉ, une vue de Trébizonde, port de la mer Noire (*VME*, ch. LXXXVII, p. 530).

La liste « primitive » mentionne comme éléments sélectionnés dans ce chapitre LXXXVII, « Singes de Gillot/Trébizonde/Bartlebooth », la liste secondaire relève « Trébizonde princesse (St. J. et le D.) ». Cette sélection qui fait allusion à la légende de saint Georges, vainqueur d'un dragon dévorateur de princesses, n'a pas abouti à un titre définitif[36]. Ce qui ne surprend guère lorsque l'on se souvient de l'histoire de l'aquarelle disparue. Ainsi, la relecture des listes préparatoires d'*Un Cabinet d'amateur* à travers le prisme de *La Vie mode d'emploi* permet de relier *Le Changeur et sa femme* à un manque.

Mise au tombeau
Le tableau copié par Van Reymerswaele, *Le Changeur et sa femme* de Metsys, représente, on le sait, deux époux. L'homme pèse au trébuchet des pièces d'or, sa femme interrompt la lecture d'un livre d'Heures, ouvert sur une représentation d'une *Vierge à l'Enfant*, pour regarder ce que fait son mari[37]. Au premier plan, on voit des perles sur un coussin de soie noire et de la monnaie en or ; un petit miroir convexe exerce la même fonction d'espionnage que dans le *Mariage des Arnolfini*, et révèle, en retrait, un personnage minuscule coiffé de rouge lisant près de la fenêtre, et, à l'extérieur, le clocher d'une église. A l'arrière-plan, une porte entrouverte laisse voir une autre pièce avec deux autres personnages.

Sur le cadre en bois de ce tableau a été gravée une maxime latine – « Statura justa et aequa sint pondere » (Le Lévitique 19.36 : Vous aurez des balances justes, des poids justes) –, qui a été interprétée comme une allusion au jugement dernier, ou encore comme une allusion à l'antithèse, exprimée par cette scène, entre la piété, l'altruisme chrétien, et l'intérêt porté aux choses matérielles. Perec a repris cette maxime dans *La Vie mode d'emploi*, à la fin du chapitre XLII, au seuil du chapitre XLIII, et lui a conféré par là une position-clé dont on comprend le sens lorsque l'on se rappelle la valeur symbolique du nombre 43[38].

Selon la Notice n° 1 du catalogue de la seconde vente Raffke, l'intérêt principal de la copie de ce tableau provient des toutes petites modifications que le copieur, exploitant les effets de trompe-l'œil, y aurait introduites :

> ainsi personne ne se reflète dans le petit miroir de sorcière au premier plan ;
> le vieillard (ou la vieille femme) que l'on voit discuter au fond par la porte entrebâillée n'a pas le doigt levé et l'homme qui l'écoute n'a pas de chapeau ;

> la miniature du livre que regarde la femme du banquier ne représente pas une Vierge à l'Enfant mais une mise au tombeau etc. (*UCA*, p. 106)

On voit ce qu'est devenue la *Vierge à l'Enfant* entre les mains du changeur et sa femme. Encryptée en miniature dans le livre d'Heures de la femme du changeur, la représentation de la mère et de son fils a disparu pour faire place à une mise au tombeau. Lorsqu'on examine ces modifications à la lumière de l'anecdote racontée par Speth-Holterhoff concernant le refus de Van der Geest de vendre la *Vierge à l'Enfant* de Metsys à ses visiteurs princiers, on serait enclin à dire que cette fois la balance a basculé du mauvais côté.

Le rapport que Perec a établi entre sa famille adoptive et *Le Changeur et sa femme* est connu. Dans *Un Cabinet d'amateur* Perec va plus loin : par le choix de Van Reymerswaele et par les modifications que ce dernier aurait apportées au tableau de Metsys, la dimension négative et destructrice de ce rapport est clairement soulignée. La représentation de l'amour entre mère et enfant a fait place à une scène de deuil et de séparation. Est-il besoin de rappeler que, dans *W ou le souvenir d'enfance* (p. 127), le je-narrateur autobiographique raconte avoir reçu à l'occasion de son baptême en 1943 à Villard-de-Lans une « sorte d'image en relief de la Vierge à l'Enfant » ? Don qui, en rétrospective, a dû lui paraître empoisonné. Au moment de ce baptême, nécessaire pour mettre l'enfant à l'abri des rafles allemandes, sa mère était déjà morte. L'image de *La Vierge à l'Enfant* évoquait un bonheur familial dont il était définitivement privé.

L'examen détaillé de deux tableaux du *Cabinet d'amateur* de Raffke en relation avec le *Cabinet d'amateur* de Van Haecht d'une part, avec les chapitres correspondants dans *La Vie mode d'emploi* d'autre part, fait ainsi réapparaître les thèmes liés à l'histoire personnelle de Perec, celles de la disparition et de la mort. Interprétation qui se trouve corroborée par la structure formelle et les contenus narratifs d'*Un Cabinet d'amateur*. L'onomastique allemande du texte de même que les dates des deux ventes Raffke, lues en palindrome, peuvent être interprétées comme un renvoi à la destruction du lien entre la mère et son fils, destruction que le récit situe, de manière indirecte, en 1941/1942. Ainsi, cette excursion dans l'histoire de la peinture flamande nous ramène au drame vécu par un enfant juif en France, sous l'Occupation.

Notes

Cet article s'inspire d'un chapitre de ma thèse de doctorat, *Georges Perec. La Contrainte du réel*, Amsterdam/Atlanta, Rodopi, « Faux Titre », 1999.

1. *Un Cabinet d'amateur*, Paris, Balland, coll. « L'Instant romanesque », 1979. Réédité chez Balland en 1988 et 1991 (même pagination), en Livre de poche en 1989, et au Seuil en 1994, coll. « La librairie du XXe siècle ». Toutes mes références renvoient à l'édition Balland de 1988. Pour *La Vie mode d'emploi* je renvoie à la réédition en Livre de poche, Hachette « P.O.L. », 1985.
2. Entretien cité par Andrée Chauvin, Hans Hartje e.a., « « Le cahier des charges » d'*Un cabinet d'amateur* », *Cahiers Georges Perec*, n° 6, *L'Œil d'abord*, Seuil, 1996, p. 137.
3. La clé des correspondances entre les deux textes a été donnée, on le sait, par Perec lui-même qui a attribué à onze tableaux de la collection Raffke un numéro de catalogue correspondant au numéro du chapitre de *La Vie mode d'emploi* ayant généré le tableau en question. Andrée Chauvin a été l'une des premières à élucider les rapports entre *La Vie mode d'emploi* et *Un Cabinet d'amateur* dans *Ironie et intertextualité dans certains récits de Georges Perec*. Thèse de doctorat, Université de Franche-Comté, 1991.
4. Ces listes sont reproduites dans l'article précité d'Andrée Chauvin, Hans Hartje e.a., « « Le cahier des charges » d'*Un cabinet d'amateur* », *Cahiers Georges Perec*, n° 6, p. 130-135.
5. Hans Hartje, *Georges Perec écrivant*, Thèse de doctorat, Paris VIII, 1995, pp. 239-273.
6. Voir dans *Les Cahiers Georges Perec*, n° 6, outre l'article déjà mentionné de Chauvin et Hartje, Dominique Quélen et Jean Christophe Rebejkow, « Un cabinet d'amateur : *le lecteur ébloui* », pp. 173-184 ; Anita Miller, « Peinture et projet d'anamnèse », pp. 185-195.
7. S. Speth-Holterhoff, *Les Peintres flamands de cabinets d'amateurs au XVIIe siècle*, Bruxelles, Elsevier, 1957. Le chapitre IV (pp. 98-111) est consacré à Van Haecht. Les pages 101-103 ont été copiées par Perec. Fonds Perec Ms cotes 78,15+,1.
8. Rappelons que l'idée d'un cabinet d'amateur se trouve déjà dans *Les Choses* (Julliard, « Presses Pocket », 1990, p. 103). Rêvant aux moyens de s'enrichir sans effort, les protagonistes se voient cambrioler « un appartement d'un diplomate en mission [...], d'un amateur éclairé. Ils sauraient où trouver la petite Vierge du douzième, le panneau ovale de Sebastiano del Piombo, le lavis de Fragonard, [...], les monnaies, les boîtes à musique, les drageoirs, les pièces d'argenterie, les faïences de Delft ».
9. Julius S. Held, « Artis pictoriae amator : an Antwerp patron and his collection », *Rubens and his circle : studies*, Princeton University Press, 1982, pp. 35-64, remaniement d'une version parue en 1957 dans la *Gazette des Beaux Arts*, n° 50, 1957, pp. 53-84. Frans Baudouin, « De « Constkamer » van Cornelis van der Geest, geschilderd door Willem van Haecht », *Antwerpen*, vol. 15, n° 4, décembre 1969, pp. 2-17. Repris dans Frans Baudouin, *Pietro Paolo Rubens*, Anvers, Mercatorfonds, 1977, pp. 283-301. Gary Schwartz, « Love in

the Kunstkamer, Additions to the work of Guillam van Haecht (1593-1637) », *Tableau, Fine Arts Magazine*, Volume 18, 1996, pp. 43-52.
10. Jean-Louis Ezine, *Les écrivains sur la sellette*, Seuil, 1981, p. 239. David Bellos, *Georges Perec. Une vie dans les mots*, Seuil, 1994, p. 678.
11. Hans Hartje, Bernard Magné, Jacques Neefs, « *Cahier des charges* » *de La Vie mode d'emploi*, Zulma-CNRS, 1993.
12. Michel Butor, « Un tableau vu en détail, Les Ambassadeurs de Holbein », *Répertoire III*, Minuit, 1968, pp. 33-41. « La Chute d'Icare », et « Johannes van Eyck fuit hic », *Les mots dans la peinture*, Genève, Skira, coll. « Les sentiers de la création », 1969, pp. 19-22, pp. 93-97.
13. Par exemple, Catherine Ballestero, « *Un cabinet d'amateur* ou Le « testament artistique » de Georges Perec », *Cahiers Georges Perec*, n° 6, pp. 164-172.
14. Vers 1618, Jan Breughel de Velours peint, en collaboration avec Rubens, une série de tableaux consacrés aux Cinq Sens, pour les archiducs Isabelle et Albert. La tradition des Cabinets d'Amateurs s'achève à l'extrême fin du XVIIe siècle. Au XVIIIe siècle, le genre est encore pratiqué par Watteau en France, par Pannini en Italie, et par Zoffany en Angleterre. Au début du XXe siècle, l'époque à laquelle se déroule l'histoire d'*Un cabinet d'amateur*, le genre était depuis longtemps tombé en désuétude.
15. Selon Held, 1982, p. 38, ce « Constkamer » a réapparu aux États-Unis en 1907, et a appartenu à différentes collections privées, jusqu'à son achat, en 1969, à une vente aux enchères chez Sotheby par la Maison de Rubens. La dernière propriétaire, Mme Mary van Berg, habitait à New York.
16. L'original se trouve aujourd'hui à Londres (National Gallery). Sur le portrait du mécène gravé par Paul Pontius d'après Van Dyck figure le titre d'honneur qui lui a été attribué par son contemporain Franchoys Fickaert : « Artis pictoriae Amator Antverpiae ». Perec attribue cette épithète à un Antoine Cornelissen, collectionneur fictif dont le patronyme rappelle le prénom flamand de Van der Geest (*UCA*, p. 115).
17. C'est essentiellement Bernard Magné qui a mis en évidence l'importance primordiale des nombres 11 et 43 dans les textes de Perec, nombres qui font référence à la date de la déportation de la mère de Perec vers Auschwitz, le 11 février 1943. Voir notamment à ce sujet Bernard Magné, « L'autobiotexte perecquien », *Le Cabinet d'amateur*, n° 5, *L'Autobiographie (deux)*, Toulouse, Presses Universitaires du Mirail, 1997, pp. 5-42.
18. Mentionné par Perec avec treize autres personnages représentés en train de lire ou d'écrire dans « Considérations sur les lunettes », *Penser/Classer*, Hachette, coll. « Textes du XXe siècle », 1985, p. 139.
19. Les pages copiées par Perec se terminent sur l'évocation de cette œuvre perdue de Van Eyck considérée par les historiens d'art comme fondamentale pour la naissance et le développement d'une peinture profane en Europe. Julius Held (1982, p. 60) a montré que cette représentation a trait à un rituel de bain auquel la femme se soumet le jour de son mariage. La mariée pour-

rait être Giovanna Cenami, l'épouse de Giovanni Arnolfini, riche négociant italien originaire de Lucca, tous deux représentés sur le *Mariage des Arnolfini* (1434). La femme en coiffe blanche rappelle le portrait (1439) de la femme du peintre, Margareta (francisé Marguerite) van Eyck. Les associations que la présence de ce tableau dans un « Kunstkammer » a pu susciter chez Perec, sont beaucoup moins sereines. Voir sur ce point ma thèse, *Georges Perec. La Contrainte du réel*, pp. 341-348.

20. S. Speth-Holterhof, *op. cit.*, p. 101.
21. Après la mort de Van der Geest, le tableau entre dans la collection de Pieter Stevens. Celui-ci, inspiré par la tendresse et l'intimité entre la mère et l'enfant, avait fait inscrire sur le cadre la première phrase du Cantique des Cantiques, « Osculetur me osculo oris sui ». Voir Gary Schwartz, 1996, p. 45.
22. Dans *W ou le souvenir d'enfance* (p. 48), Perec situe cette séparation en 1942, mais, comme David Bellos l'a montré, le départ pour le Vercors a dû avoir lieu à l'automne de 1941. Alors que le jeune Perec est recueilli par sa tante et son oncle, Esther et David Bienenfeld, réfugiés à Villard-de-Lans, sa mère reste à Paris et sera prise dans une rafle le 23 janvier 1943.
23. Entretien avec Eugen Helmlé, « Conversation à Saarbrücken », émission radiophonique *Autoren im Dialog*, diffusée par la SR le décembre 1975.
24. Ces noms illustrent l'intertextualité de ce texte. Les Fugger étaient aux XVe et XVIe siècles de puissants armateurs, banquiers de Charles Quint à Augsbourg, ville natale de Hans Holbein le Jeune. Perec peut les avoir rencontrés dans le texte consacré par Michel Butor (1968, p. 35) aux *Ambassadeurs* d'Holbein. Le nom du délégué de sa majesté, Schultze, comporte des réminiscences verniennes et chaplinesques.
25. Ainsi, par exemple, l'un des navires à vapeur qui transportent ces émigrés vers la terre promise, s'appelle le Kaiser Wilhelm. Raffke fait onze fois la traversée de l'océan à bord du « Wilhelmdergrosse ». Pendant la Première Guerre mondiale, Ellis Island est transformé en camp de détention pour les individus soupçonnés d'activités anti-américaines ; parmi eux se trouvent évidemment de nombreux Allemands, fait qui est relevé dans *Un Cabinet d'amateur* (p. 51).
26. Entrepris en février 1967, *L'Arbre. Histoire d'Esther et de sa famille* devait devenir un vaste roman généalogique, mais est resté, on le sait, à l'état de projet.
27. Voir David Bellos, *Georges Perec. Une vie dans les mots*, Seuil, 1994, pp. 42-47, 86, 87.
28. Voir Chauvin, Hartje, e.a., 1996, p. 130.
29. Fragment d'un exemplaire de l'annonce de cette vente, conservé à La Bibliothèque nationale à Paris, cité par Speth-Holterhoff, p. 39.
30. S. Speth-Holterhoff, p. 39.

31. C'est moi qui souligne. Relevons l'apparition du 43 sous une forme indirecte, par la mention du 3, du 40 et du 4.
32. La description de ce tableau figure dans le chapitre LIII de *La Vie mode d'emploi*, p. 308.
33. Perec raconte dans *W ou le souvenir d'enfance* (Denoël, 1975, p. 2) qu'à son retour en 1945 à Paris, il rentre avec les Bienenfeld « chez nous, rue de l'Assomption ».
34. Le vide du coin inférieur gauche de l'immeuble est interprété par les exégètes perecquiens comme une confirmation de la lettre donnée dans *W ou le souvenir d'enfance* comme premier souvenir d'enfance. Décrite comme un « carré ouvert à son angle inférieur gauche », associée en première instance à une lettre hébraïque, elle correspond à une image en miroir d'un G retourné, l'initiale du prénom de Perec. Voir au sujet des « carrés incomplets » et l'omniprésence du palindrome dans l'œuvre de Perec, Bernard Magné, *art. cité*, pp. 21-32.
35. Cette disparition est annoncée dès le chapitre XVIII où figure une aquarelle pourvue de la signature significative, U N Owen (*VME*, p. 92), orthographiée comme U N Known dans *Le Cahier des charges* de *La Vie mode d'emploi*.
36. Rappelons ici qu'un des autres tableaux-clés de la collection Raffke, une *Annonciation*, est mis en rapport par Nowak avec une fresque de Pisanello, *Saint Georges et la princesse*, à l'église Sant'Anastasia à Vérone. Selon la légende racontée par Jacques de Voragine, la princesse sauvée par saint Georges était la fille du roi de Silène ; sur la base d'une tradition récente, la princesse représentée par Pisanello a été identifiée comme Maria Commène, fille du souverain de Trébizonde, Alexios IV. Le sélectionnement des éléments sur la liste secondaire semble indiquer que Perec était au courant de cette interprétation et fait apparaître tout un réseau de relations qui lie la disparition de la 438e aquarelle de Bartlebooth à la légende fondatrice de saint Georges.
37. On trouve un livre enluminé ouvert sur une miniature représentant une *Vierge à l'Enfant* en compagnie d'une balance de changeur d'or et de quelques monnaies sans effigie, dans un inventaire de la boutique de Mme Marcia (*VME*, ch. LXXIII, p. 432).
38. Valeur symbolique qui est soulignée par l'histoire racontée dans ce chapitre XLIII, celle de l'étudiant Paul Hébert qui est pris dans une rafle en octobre 1943 et envoyé à Buchenwald (*VME*, p. 241).

Histoires *per* excellence...
Une lecture d'*Un Homme qui dort*

par

John Pedersen
Université de Copenhague

Il est certain que Georges Perec constitue un cas particulier dans l'histoire récente de la littérature française. Pour bien des raisons. Parmi d'autres, sans doute plus valables, on retient le fait que son œuvre se distingue en ceci qu'elle n'a pas connu de traversée du désert. Bien au contraire : les années 1980 et 90 ont été celles de la consécration (études, expositions, commémorations, etc.). Cela s'explique sans doute par le caractère exceptionnel de l'œuvre : un certain hermétisme littéraire doublé d'une quête profondément personnelle, les deux aspects étant étroitement liés à des expériences sociales et historiques qui font partie de la mémoire collective.

Malgré l'intérêt permanent de la critique, la réception de l'œuvre montre cependant que certains textes ont tendance à dominer l'ensemble. Il est notoire, par exemple, qu'*Un Homme qui dort* est moins fréquenté par la critique que ces grands succès et prix littéraires que sont *Les Choses* et *La Vie mode d'emploi*.

Les remarques qui suivront auront justement pour but de suggérer une lecture, parmi bien d'autres possibles, d'*Un Homme qui dort*. Mais au préalable, la question des « lectures possibles » mérite au moins une remarque.

En effet : Comment lire/*faire* lire un texte sans, par le même coup, en *fermer* la lecture ? Par exemple, en trop insistant sur les aspects intertextuels dans sa production (aspects indispensables, évidemment), on court le risque de bloquer la lecture, de contribuer à créer un dirigisme pas très fructueux aux futurs lecteurs de Perec. On dirait, pour un peu, qu'il s'agit d'éviter que les jeux intertextuels ne tournent en dérapage intellectuel pour le lecteur. La question est de savoir *comment*, dans la lecture, on peut mettre à son profit les connaissances, les reconnaissances littéraires dont débordent les textes. Autrement dit, quels pourraient être les pas suivants, une fois accompli le repérage d'auteurs et de textes intégrés dans l'écriture de Perec ?

L'idéal serait sans doute de s'efforcer d'atteindre, dans sa lecture, une sorte d'équilibre entre *close-reading* et ce que l'on pourrait appeler « lecture perspectivée ». Même en isolant dans un premier temps le texte à étudier, il convient par la suite de le situer dans un des contextes imaginables, à savoir toute la série textuelle de Perec.

Donc : *Comment* regarder le texte ? Comme un puzzle dont les pièces seraient les très nombreuses références et citations ? Ou bien comme un projet qui ne sera réalisée que dans la lecture individuelle de chaque lecteur ? Les deux solutions risquent de déboucher sur des lectures soit *restrictives* (la première) soit *peu responsables* (la seconde) par rapport au texte.

La solution qu'on proposera ici sera une lecture qui se veut attentive au jeu intertextuel dans sa complexité, c'est-à-dire à la fois ses formes possibles et sa fonction particulière dans l'écriture de ce roman-ci.

Par *formes possibles* on pourrait penser aux catégories de prétextes, intertextes ou contextes.

Prétextes : En l'occurrence, il suffit sans doute de mentionner Melville, Kafka, Proust, et, à un niveau secondaire, toute la bibliothèque mondiale. Pour la lecture, ces références constituent une grille indispensable – jusqu'à un certain degré. Le tout est de savoir : jusqu'à quel degré ? Le texte de Perec est sans doute *lisible* même pour un lecteur modestement initié aux œuvres de Melville et compagnie. Mais cela ne serait sans doute plus le même texte. *Un Homme qui dort* serait-il un livre réservé aux *happy few* ? Comment définir les contraintes qu'impose au lecteur cette technique d'écriture ? Même sans disposer de réponses décisives, on a peut-être le droit de poser ce type de questions.

Intertexte : Cette catégorie nous transmet au *jeu référentiel* tel qu'il se déroule à l'intérieur du texte et, surtout, d'une œuvre à l'autre dans l'ensemble de la production de Perec. Pour ce qui est de la dernière perspective, il convient de souligner le caractère homogène d'une œuvre souvent considérée comme étant conçue sous le signe du caméléon. Perec a beau changer de genre narratif, de tonalité, de contraintes, ses textes restent

Histoires per *excellence*... 131

marqués par une thématique particulière, fortement appuyée par le jeu intertextuel.

Contexte : Inévitablement on pense à la guerre d'Algérie, à la société de consommation, bref à tout ce qui caractérise les années 50 et 60... Oui, mais... ! A ces événements, il faut ajouter une ambiance culturelle très ouverte (voir par exemple le post-scriptum de *La Disparition*) qui, dans le cas de Perec, s'accompagne d'un sentiment très net d'*isolement*, qui opère, de façon évidente, dans *Un Homme qui dort*.

Pour résumer : le but visé sera une lecture qui cherche à comprendre l'intertextualité comme une certaine façon de lire, d'interpréter... une façon de se positionner par rapport à d'autres mondes, d'autres histoires, par rapport aux histoires des autres.

Une deuxième remarque préalable concerne le contexte particulier suggéré par les organisateurs de ce colloque : La complexité sémantique du mot HISTOIRE

Il est évidemment possible d'établir des distinctions correspondant à des significations banales et bien connues du mot : D'abord, la célèbre Histoire « *avec sa grande hache* », terme qui recouvre les événements plutôt que leur narration ; ensuite l'*histoire autobiographique*, le récit d'une vie, défi et épouvantail permanents pour Perec ; enfin, *les histoires*, les histoires des autres, la Bibliothèque universelle.

Il suffit d'une telle distinction primaire pour montrer combien il est impossible, dans le cas de Perec, de procéder selon les catégories ordinaires. Car, comme chacun sait, c'est justement dans l'interpénétration des trois significations esquissées que prend forme l'œuvre de Perec : l'œuvre dans son ensemble, et chaque œuvre individuelle.

Depuis *Les Choses* jusqu'à *La Vie mode d'emploi*, le monde extérieur, les coups de hache de l'Histoire figurent dans ses textes sous formes de références plus ou moins explicites, ou bien, fréquemment, sous forme de l'impact sinistre, de l'atmosphère inquiétante, voire empoisonnée, créée par les événements. Or, il ne s'agit nullement d'une tentative pour refléter directement les monstruosités. Chaque lecteur de Perec sait dans quelle mesure il s'efforce à intégrer l'aspect historique, au sens banal du mot, dans sa narration, dans ses allusions autobiographiques comme dans ses renvois à d'autres œuvres littéraires.

Cela me paraît particulièrement vrai dans le cas d'*Un Homme qui dort*. Mais avant de chercher à aller plus loin dans ce sens, il convient sans doute de suggérer quelques commentaires à propos de la composition, ou mieux, la *construction* de ce récit.

La structure du livre

Le récit est structuré de façon assez complexe malgré sa simplicité apparente : Tout en insistant sur le manque évident de mouvement, à partir du moment où le personnage constitué par l'écriture cesse ses activités, le récit parvient quand même à configurer une transformation, une rupture fondamentale entre le début et la fin, rupture qui, semble-t-il, ne se laisse réaliser qu'à travers une série de références et travaux intertextuels.

La partie centrale du récit, la période d'*immobilité*, se construit principalement selon deux principes : *répétitions*, qui confèrent au récit son rythme particulier, et *énumérations* de gestes (on ose à peine parler d'actions, à tel point ces activités sont-elles dépourvues d'énergie, d'impact sur le monde extérieur).

Le texte s'ouvre sur une image décisive, celle de « l'aventure du sommeil ». Ainsi la narration prend d'emblée ses distances par rapport au petit train-train quotidien, à ce qu'il est convenu d'appeler une « vie active ». Au niveau du narré, s'inscrit comme seul phénomène notable le refus d'aller se présenter à un examen. C'est le signe extérieur de la « crise ». Autour de cet anti-événement, la partie initiale du texte nous offre son ouverture, déjà mentionnée, sur l'aventure du sommeil avec les figures qui se dessinent dans toute leur ambiguïté, et sa clôture, plus importante encore, sur les bribes de souvenirs, les énigmes laissées par un passé qu'il vaut mieux ne pas regarder de trop près : « Tu le savais aussi, ou bien tu aurais dû le prévoir : il ne faut jamais se retourner, en tout cas pas si brusquement, sinon tout se casse... » (p. 40).[1] Le passé porte malheur. Du reste, depuis Orphée, on sait à quoi s'expose celui qui regarde derrière soi. Le seul remède reste le chant, la littérature...

La partie majeure du texte est consacrée à l'organisation laborieuse d'une existence marginale, une vie détachée des liens ordinaires, des contacts qui caractérisent une vie banale. Le personnage-objet, le TU de la narration, finit par atteindre à une liberté qui, cependant, est réduite à être caractérisée comme celle « d'un rat » (p. 119).[2] L'*isolement* ne mérite guère le nom de liberté. Bien au contraire : la fascination et l'irritation qu'exercent sur le personnage les bruits que produit son voisin, ne font que souligner sa dépendance du monde et de ceux qui l'entourent.

Le grand tournant du récit, l'endroit où le degré zéro semble être atteint, est marqué par l'introduction dans le texte de la première référence à *Bartleby*, ce scribe créé par Melville et qui a tant impressionné Perec : « Jadis à New York, à quelques centaines de mètres des brisants où viennent battre les dernières vagues de l'Atlantique, un homme s'est laissé mourir » (p. 152). Avec Bartleby est introduit la perspective de l'abandon total, mais aussi, incontestablement, le recours à d'autres textes, à la Bibliothèque mondiale. C'est en jouant sur Melville, Kafka, Roussel et Joyce, en citant des protagonistes d'œuvres de Sartre, de Camus, de Thomas Mann et de tant d'autres, que le texte réalise définitivement la transformation de son personnage. Une transformation qui n'a évidemment rien d'*élevé*, ni dans le ton, ni, bien entendu, dans sa signification. Nulle possibilité d'y voir la figuration d'un homme *sauvé*, et cela dans aucun sens du terme. Mais la transformation reste indiscutable : « Tu n'es plus le Maître anonyme du monde (...) Tu as peur, tu attends. Tu attends, place Clichy, que la pluie cesse de tomber » (p. 163).

Par ces lignes simples, au premier regard insignifiantes, s'opère un retour au monde, s'accomplit la transformation fondamentale qui se réalise dans le texte. Un retournement a eu lieu, mais au sens concret : le personnage-objet s'est tourné de nouveau vers le monde, non pas dans un grand mouvement d'enthousiasme, c'est le moins qu'on puisse dire, mais sans doute dans une constatation résignée de la nécessité de regarder aussi derrière soi, de la nécessité de vivre avec la peur. Si confiance il y a, dans ces dernières pages, c'est la confiance dans le réconfort que nous offrent, dans nos démêlées avec un passé angoissant, les textes, les paroles des autres.

Cette fin du récit : *Tu attends, place Clichy...*, il convient de la lire en tenant compte aussi de la citation initiale de Kafka : *N'attends même pas...*[3] En enlevant au verbe *attendre* sa négation, le texte réalise sans doute la transformation centrale du récit, mais avec quelle résignation : il ne s'agit plus, illusoirement, du monde, qui « viendra s'offrir à toi », mais, très modestement, d'une attente de l'instant où « la pluie cesse de tomber ».

Toute histoire exige une transformation, sans laquelle l'histoire ne se constitue pas. Nous venons de la suivre dans le cas d'*Un Homme qui dort*. Seulement, cette transformation s'attache *aussi* à la formule suivante : *celui sur qui l'Histoire n'a plus de prise* (formule citée à plusieurs reprises : pp. 61, 108, 126, 162s.). Le narrateur/narrataire finit par découvrir l'illusion au-dessous de la bravade : Il est en réalité celui sur qui l'Histoire s'avérera avoir une prise constante, insupportable, incontournable, impossible à *décrire*, indispensable à *écrire*...

L'écriture de ce récit est sans doute moins spectaculaire que celle de *La Disparition* par exemple, ou celle du *Petit vélo...* Mais elle n'est certainement pas moins *dirigée* par ses propres règles que dans les deux cas cités, et le lecteur est bien obligé de se conformer à son rythme lent et monotone, à ses nombreux parallélismes, à ses répétitions et à ses constructions parataxiques, sans quoi il n'y a aucun accès à l'univers particulier de ce texte-ci.

La syntaxe est caractérisée par des phrases courtes, au présent, souvent introduites par *Tu*, parfois coupées par l'emploi de l'infinitif : « Tu dors les yeux grands ouverts, comme les idiots. Tu dénombres, tu organises les fissures du plafond » (p. 80), ou bien : « Longer les quais, raser les murs. Perdre ton temps. Sortir de tout projet, de toute impatience. Etre sans désir, sans dépit, sans révolte » (p. 59). L'énonciation progresse patiemment sans que pour autant l'énoncé semble refléter des mouvements.

Les premières pages du récit sont d'ailleurs marquées par une distanciation métatextuelle (des ajouts du type : « bien que ce mot ne veuille plus rien dire ») qui ne font que renforcer l'impression d'une énonciation hésitante, qui cherche son chemin. « Je ne pense pas, je cherche mes mots » comme l'a dit, dans un tout autre contexte, Perec.

La monotonie du texte est bien entendue rompue par des changements notables à la fin, à partir de l'intervention de la référence *Bartleby* mais, même avant cette déviation du texte, on constate que la narration prend des formes plus longues, plus élaborées, sans pourtant que sa structure fondamentale soit modifiée.

Le caractère dépouillé du texte, plusieurs fois mentionnée, prend du relief par l'existence d'*ilôts textuels* qui se situent à l'extrême opposé de la monotonie et des répétitions accumulées. Il s'agit bien entendu des sections du texte où l'instance narrative évoque l'attente du sommeil ou bien raconte carrément des rêves. Dans ces passages s'établissent des couches plus profondes du texte, plus proches sans doute des mécanismes déclencheurs de l'écriture.

Le premier grand rêve du récit s'introduit par des images, des souvenirs, qui « s'esquissent, s'esquivent, reviennent, disparaissent » (p. 36). Dans ce va et vient, l'*eau* est l'élément qui se présente avec une certaine insistance, ce en quoi ce rêve ressemble au second grand rêve du texte (pp. 89-95). L'impression qui domine est cependant le sentiment d'*impossibilité* à accomplir les tâches qui semblent s'imposer, et, à la fin, le retour du thème des *souvenirs* (« Tu cherches derrière toi... » p. 39), thème tout aussi inaccessible, car, bien entendu, tout finit par disparaître.

Le scénario du second rêve comporte « un océan, une mer noire » et un paquebot qui se dédouble pour se faire voir aussi d'en haut : « Longtemps, les deux navires, la partie et le tout, ton nez étrave et ton corps paquebot, naviguent de conserve sans que rien te permette de les dissocier : tu es tout à la fois l'étrave et le navire et toi sur le navire » (p. 91). Ici encore, les projections que fait l'homme qui dort, l'homme qui rêve, de son propre corps sur les visions oniriques l'entraînent vers la constatation du caractère *vécu* de cette image et de « l'impossiblité et de l'irréductibilité d'un tel souvenir » (p. 93).

Ces espaces textuels que constituent les sections consacrées aux rêves sont autant de défis au lecteur quoi qu'ils ne comportent qu'une seule énigme explicite, à savoir la suivante : »le cavalier n'est jamais maître à cœur à moins que le fausset n'ait été défaussé » (p. 36).[4] Toujours est-il que ces passages du texte sont la preuve qu'un homme qui dort, c'est un homme qui rêve, un homme apparemment inactif qui s'avère, à sa façon, *productif*.

Un problème singulier est posé par les implications de la narration très particulière du récit : l'emploi systématique du pronom *tu* comme le sujet grammatical des phrases semble faire du protagoniste à la fois le narrateur et le narrataire du texte. On pense, bien entendu, à *La Modification* de Butor, et de toute évidence, Perec y a pensé aussi. Mais pourquoi avoir repris, dans *Un Homme qui dort*, une telle narration piégée ?

Question peut-être plus importante : comment aborder les problèmes posés par cette forme particulière que prend ici la narration ? Y a-t-il simplement *monologue intérieur*, c'est-à-dire, plus précisément, dialogue entre un je narrateur et un je/tu narré ? Dans ce cas-là, nous aurions un personnage-narrateur qui se prend comme narrataire privilégié.

Ou bien s'agit-il d'une voix implicite, *extra-diégétique*, qui s'adresse constamment au personnage central l'apostrophant par le pronom personnel de la seconde personne au singulier ? Pour simplifier, je parlerais, dans le cas du monologue intérieur, d'un *narrateur-narrataire*, et, pour la voix extra-diégétique, d'un *narrateur implicite*. L'important, à mon avis, c'est que le texte de Perec ne nous permet guère de trancher de façon définitive entre les deux possibilités, et c'est tant mieux ! Car il en suit, pour la lecture, une certaine incertitude, un doute, qui, avec les très nombreuses répétitions du pronom en question, contribue au rythme insistant et à la tonalité toute particulière du livre.

Puisqu'aussi bien on ne saurait totalement exclure une troisième possibilité, l'idée d'un personnage-narrateur traditionnel s'adressant à un narrataire très vague, très *ouvert* comme espace textuel, disons simplement que le lecteur qui opte dans ce sens-là aura, à travers sa lecture, de nombreuses invitations à *se situer* par rapport aux situations narrées. Non pas, bien sûr, carrément à s'identifier, mais en tout cas à se sentir concerné d'une façon tant soit peu tangible.

Quelle que soit la lecture qu'on choisit, il me semble commode de caractériser l'instance narrative par le terme *narrateur objectivé*, qui traduit, au moins en partie, le sentiment d'aliénation autour duquel se construit le texte.

Le récit fournit ainsi une belle démonstration de l'ambiance étrange qui s'attache à un récit qui situe son narrateur à la fois en dehors et en dedans... Il y en a à perdre son Genette à ce propos !

On passera par la suite aux nombreux aspects couvert par le vocable HISTOIRE...

Avec les particularités que nous venons d'esquisser, il pourrait paraître presque curieux d'examiner ce récit dans la perspective suggérée, celle de l'*Histoire*.

D'une part, il s'agit d'une anti-histoire : les événements n'auront pas lieu. D'autre part, le récit est bourré d'histoires condensées, sous forme de renvois intertextuels.

En outre, l'Histoire, avec une majuscule, est là, partout présente dans le texte, quoique guère mentionnée ; et pourtant : Il suffit de la simple mention de *Charonne* (p. 133) pour qu'avec toute sa brutalité, elle s'introduise dans le texte.[5]

Une analyse complète de ce problème ne pourrait éviter d'étudier l'apparent manque de rapport entre le narrateur objectivé du récit et « l'Histoire », c'est-à-dire le monde qui l'entoure. Cela impliquerait nécessairement un coup d'œil sur *Les Choses* et *La Vie mode d'emploi*, rien que pour mesurer les différences à cet égard entre ces deux romans et *Un Homme qui dort*.

L'Histoire est à la fois tout à fait proche et très lointaine dans *Les Choses* ; les innombrables objets, dont la fonction escapiste est évidente, marquent *aussi* la sursaturation qui explosera à la fin des années soixante, et qui constitue un des motifs centraux d'*Un Homme qui dort*. En ce qui concerne *La Vie mode d'emploi*, le monde extérieur semble y avoir pris le dessus... Les choses, justement, les innombrables objets, les collections de toutes sortes ont tendance à diriger les existences des habitants de l'immeuble. Autant de traces de l'Histoire. (L'escalier de l'immeuble en constitue un exemple privilégié.) Dans *La Vie mode d'emploi*, l'Histoire et les histoires individuelles s'interpénètrent d'une façon bien particulière.

Un Homme qui dort, on le sait, constitue un troisième cas de figure : celui d'un récit « blanc » ! C'est-à-dire un récit dont les rares objets (robinet, chaussettes, bassin rose) ont pour fonction de souligner le *manque* généralisé d'objets dans l'univers textuel.

Le narrateur objectivé ne choisit pas de se battre héroïquement avec l'Histoire ; il se réfugie, bien au contraire, cherchant des positions à l'abri de cette Histoire.

« Paris est un désert que nul n'a jamais traversé », lit-on à la page 58. Le narrateur ne fait pourtant que traverser des quartiers entiers de cette ville-désert. Mais sans contact avec d'autres, sans possibilité d'avoir *prise* sur le monde qui l'entoure. En marge de l'Histoire.

A la fin du récit, le narrateur semble s'ouvrir de nouveau au monde, mais c'est par le biais de textes, d'histoires de fiction, dans lesquelles il se reconnaît. Un tel changement de terrain, où les *textes* prennent le dessus, se voit déjà dans le fait que le Monde finit par être pour lui le journal du même nom. En revanche, il abandonne les *Leçons sur la société industrielle*. La tentative intellectuelle pour avoir prise sur l'Histoire est rejetée et remplacée par un travail intertextuel visant la construction d'une *image* du monde...

Il y a des histoires qu'il n'est pas possible de narrer, des histoires, pour ainsi dire, inexistantes : « L'histoire de ma vie n'existe pas », dit paradoxalement Marguerite Duras, au début de *L'Amant*, récit auto-fictif s'il en fut. Et, de toute évidence, la Duras est loin d'être seule à voir « l'histoire de ma vie » comme un défi à la fois impossible et incontournable. Car, si, en effet, cette histoire n'existe pas, il reste peut-être possible, sans doute même nécessaire de la créer ? Il faudrait ici accorder une réflexion à l'évolution du genre fiction autobiographique depuis le modèle piégé de Sartre, par l'influence de Barthes à certains textes de par exemple Sarraute et Robbe-Grillet.[6]

En tout cas, le très long acheminement qu'a entrepris Perec vers la rédaction laborieuse de l'inévitable *W* semble trouver, dans *Un Homme qui dort*, un point de départ.[7]

Les histoires susceptibles de circonscrire les traumatismes viennent, on dirait : forcément, d'*ailleurs*, d'un endroit autre. Les matériaux bruts sont livrés, en partie, par Proust et Sartre, mais avant tout, comme cela a souvent été dit, par Melville et Kafka, avec les modalités qu'impose la *modification* butoresque de la narration : « Tu restes sous la pluie... »

Essayons de caractériser le projet tel qu'il se dessine dans *Un Homme qui dort*. Il s'agit de construire un modèle en partant de textes faisant partie de sa bibliothèque mentale. L'inanité d'un projet autobiographique traditionnel se transforme alors en *travail textuel* qui vise la construction d'un *mythe personnel* rendu possible par la distanciation qu'offrent les textes engagés dans l'entreprise.

Une histoire basée sur des histoires, donc, mais surtout l'investigation d'une expérience douloureuse, la mise en question d'un *moi* converti en *toi*. *Un homme qui dort* raconte les hésitations entre différents univers, des « univers fictifs autant que l'autre ».

Il s'agit d'une procédure qui vise à organiser les données psychiques pour que se réalise un *modèle* de cette illusion tant rêvée qu'on pourrait appeler « l'histoire de ma vie ».

Ainsi, Perec se forge une histoire à mettre à la place de celle qui n'existera jamais : sa propre histoire, au sens de « passé circonscrit et restitué ». Il le fait en travaillant des textes qu'il lui est possible de considérer comme des *modélisations* de sa situation. Des textes dont la thématique se résume par des termes comme *isolement, angoisse,* et l'idée du *grand projet* comme un refuge...

Pour terminer ces réflexions sur le thème hyper-complexe d'HISTOIRE, il convient de jeter un regard sur *l'appareil intertextuel* du récit. D'abord une constatation bien banale : le texte est plein de livres ouverts qui ne seront jamais lus, et, en même temps, le texte s'élabore, s'établit en partant de livres fermés, lus et relus, appris, sans doute, par cœur...

Il est évidemment assez simple d'étudier les formes que prennent ici l'intertextualité. Les allusions, les citations des noms de protagonistes littéraires fourmillent et sont facilement repérables. De nombreux exemples de *prétextes* réservent au lecteur de brèves rencontres avec Camus, Sartre, Apollinaire, Saint-Exupéry et sans doute bien d'autres encore, sans mentionner ici les quatre grandes figures : Butor et Proust, Kafka et Melville.

Cependant, la question vraiment intéressante est celle-ci : Quelle est la *fonction* du jeu intertextuel, justement dans ce roman-ci ? On ne surprendra personne en alléguant une fonction thématique, mais il y a lieu de parler aussi, et peut-être avant tout, d'une fonction carrément directrice pour l'écriture.

Un Homme qui dort naît dans un univers textuel, son titre l'indique déjà, avec ses réminiscences proustiennes. Mais malgré le titre (et une citation masquée comme « Longtemps tu as construit et détruit les refuges » (p. 160)), l'univers de Proust est vite dépassé. Il n'y a pas de lamentations face à l'existence, plutôt un sentiment de non-existence, d'être *hors-jeu* pour ainsi dire.

On pourrait même se demander dans quelle mesure le titre constitue une citation consciente et voulue de la part de Perec. D'après Marie Miguet,[8] le doute n'est guère permis. Il importe cependant d'ajouter qu'il existe des différences notables entre les deux projets, qui pourraient être au moins aussi importantes que les similitudes.

Regardons d'abord le texte de Proust : *Un homme qui dort tient en cercle autour de lui le fil des heures, l'ordre des années et des mondes... (...) – (...) j'étais plus dénué que l'homme des cavernes ; mais alors les souvenirs (...)*

venait à moi comme un secours d'en haut pour me tirer du néant d'où je n'aurais pu sortir tout seul...[9]

Chez Perec, on le sait, cela ne fonctionne pas ainsi. Les souvenirs ne viennent pas se constituer en secours rassurant, l'ordre ne veut pas se rétablir, « l'ordre des années et des mondes » est définitivement disparu, le Temps semble suspendu. Et, « il ne faut jamais se retourner ».

Cependant, la différence fondamentale réside dans la fonction attribuée aux souvenirs. Chez Proust, c'est la bouée de sauvetage ; chez Perec, c'est un creux, un blanc, du vide, du refoulé... Cela serait plutôt la haute mer, sans bouée de sauvetage.

Son modèle est strictement opposé à celui de Proust. Ce n'est pas en laissant un personnage-*alter ego* construire de la fiction (plus ou moins) autobiographique que Perec cherche à figurer un nouveau départ personnel ; c'est en introduisant dans son propre texte la fiction des autres.

Parmi ces autres, il y a donc Butor et *La Modification*. Pourquoi ce choix, et comment Perec s'y prend-il ? La procédure du *Tu*, du narrateur objectivé, signifie un dédoublement en quelque sorte, mais surtout une distanciation. Le sentiment de perdre d'identité, de disparaître (plutôt que de s'enfuir), de lâcher prise, voilà qui pourrait suggérer une explication de cette technique narrative du personnage-sujet/objet. Il s'agit d'une introspection sous une forme particulière : un regard qui semble dissoudre le *moi* ; une distanciation par rapport au noyau psychique du personnage littéraire traditionnel. Mais ce dédoublement par la voie du monologue/dialogue intérieur constitue aussi un appel, qui ne manque pas d'entraîner le lecteur dans une expérience qui n'est réalisable que par le truchement du narrateur objectivé.

Kafka reste, pour Perec, un pilier dans son univers textuel. Déjà dans la citation mise en exergue d'*Un Homme qui dort* (voir note 3), l'importance de Kafka pour notre texte est soulignée. La première ligne, « Il n'est pas nécessaire que tu sortes de ta maison... », semble déjà le montrer, mais l'essentiel se trouve cependant quelques lignes plus loin : « Le monde viendra s'offrir à toi... », car, comme nous l'avons déjà vu, le monde ne s'offrira pas. Il n'y a pas simple réutilisation, mais modification totale dans le jeu intertextuel de Perec. Cela vaut aussi pour la célèbre histoire sur Grégoire Samsa, *La Métamorphose*, qui pourtant a fourni, de toute évidence, un solide coup d'envoi à l'histoire de Perec. Reste, bien entendu, *Le Procès*, auquel le texte nous offre plusieurs renvois, mais qui, curieusement, ne présente tout son intérêt qu'en le confrontant à *Bartleby* de Melville.

En ce qui concerne Melville, justement, il est évidemment facile de voir ce qui a pu attirer Perec dans son petit récit sur *Bartleby the Scrivener* (1853). D'ailleurs il s'en explique lui-même dans une lettre : « *Le procès* (le livre, pas le film) est un petit univers tranquille au sein duquel surgit soudain (...) l'impossible, l'indicible. Absolument aucune terreur. Vraiment l'impossible, l'arrêt, l'inaccessible./*Bartleby* est une sorte de *Procès* à l'envers, ce qui est beaucoup plus fort. »[10]

C'est que, dans l'univers bien réglé du récit de Melville intervient « un individu à contre-courant ». Ce qui frappe en outre Perec, c'est que Bartleby « résiste à tout ». C'est justement cette résistance passive que Perec exprime à travers son personnage, qui, à l'encontre de Bartleby, se promène, regarde autour de lui, est en mouvement, tout en exprimant le même refus d'agir : « I prefer not to ». En somme, il semble que Perec trouve, dans le court récit de Melville, une note fondamentale qui domine sa propre œuvre et qu'il exprime ainsi dans sa lettre à Denise Getzler : « ... ce n'est pas la mort, c'est pire/ce n'est pas le désespoir, c'est pire/c'est le temps, l'oubli, la mémoire/la précarité ».[11] Dans ces lignes, on est proche du noyau thématique d'*Un Homme qui dort*.

Le jeu intertextuel, dans son ensemble, a sans doute une fonction particulière dans l'œuvre de Perec. En effet, Perec ne se contente pas de dresser l'inventaire de l'héritage littéraire, il y cherche aussi une *contrainte* qui permettra le déclenchement de l'écriture. Un certain public (auquel nous appartenons tous) s'y plaît ; mais la procédure n'a nullement pour conséquence que d'autres lecteurs, peut-être moins bien équipés à cet égard, sont obligés de se considérer comme des exclus. C'est que le jeu intertextuel confère aussi au discours une certaine tonalité et une thématique précise. Tout lecteur pourra y trouver un mélange tout à fait particulier de littérarité et d'intimité, aussi bien qu'une pudeur remarquable sous la forme de l'ironie la plus gentille qu'on puisse imaginer. Voilà ce qui me semble caractériser, à cet égard, non seulement le livre dont on s'occupe ici, mais l'œuvre dans son ensemble. Ce trait n'est sans doute pas étranger à la fascination que continue à exercer l'œuvre de Perec.

Un Homme qui dort est l'histoire d'un refus. Voire de plusieurs. Car c'est *aussi* le refus d'adhérer au discours de la classe dominante, un discours qui, précisément, vous permet de maîtriser la situation, qui fait de vous celui « sur qui l'Histoire n'a plus de prise ».

Il y a évidemment une distance considérable entre le discours dépouillé d'*Un Homme qui dort* et le discours carnavalesque de *Quel petit vélo...* Mais en dernière instance, ces deux discours reflètent le même refus de reprendre à son compte le discours oppresseur du pouvoir. Un refus qui se prolonge par exemple dans *La Vie mode d'emploi*, qui, comme chacun sait, réintègre *Un Homme qui dort* dans son univers en lui restituant ses origines kafkaïennes à travers la déformation du nom Grégoire Samsa.

La Vie mode d'emploi, justement, fournit de nombreux exemples de la diversité des discours dominants : prose didactique, encyclopédique, journalistique, romanesque au sens le plus banal, etc. L'écriture de la *La Vie mode d'emploi* est aussi à considérer comme une série de tentatives face aux possibilités de détourner ces discours de leurs fonctions originelles et de s'en servir comme point de départ pour un texte qui ne se situe dans aucun des discours traditionnels. Et ce projet est déjà à l'œuvre dans *Un Homme qui dort*. C'est justement en se forgeant un *ailleurs textuel* que Perec est parvenu à maintenir son refus des discours du *Système*, qu'il soit politique ou littéraire.

L'œuvre de Perec, nous le savons tous, ne se laisse pas captiver par des formules faciles. Il y a toujours un surplus, un potentiel de significations mettant en échec toute tentative abusive d'inscrire ses textes dans une perspective délimitée.

La lecture ici esquissée d'un texte qu'il aurait sans doute fallu mettre en rapport avec son adaptation filmée, (réalisée par Bernard Queysanne), cette lecture a cherché avant tout à ouvrir des voies possibles en se fondant sur le travail intertextuel révélé par le texte. Tout comme son narrateur objectivé, le texte oscille entre *conditionnement* et *prise de conscience*. Partant d'une lecture intense de certains auteurs décisifs, et élaborant une écriture à la fois très personnelle et riche en réminiscences, Perec est parvenu à créer un roman bien ancré dans son univers très particulier, tout en laissant aux lecteurs suffisamment de *jeu* pour combiner autrement les pièces du puzzle.

Donc, conditionnement *versus* prise de conscience, travail scripturel partant d'une lecture intense : la vie, même celle d'une œuvre isolée, n'est pas un jeu solitaire. On le savait ; mais on l'a rarement mieux compris qu'en étudiant les textes de Perec.

Oui, cela pourrait se terminer ainsi...

Notes

1. On cite d'après l'édition Denoël, 1967.
2. On pense à Grégoire Samsa, à propos de qui l'on dit qu'il est « crevé comme un rat » (Kafka, *La Métamorphose*, Gallimard/Folio p. 88).
3. « Il n'est pas nécessaire que tu sortes de ta maison. Reste à ta table et écoute. N'écoute même pas, attends seulement. N'attends même pas, sois absolu-

ment silencieux et seul. Le monde viendra s'offrir à toi pour que tu le démasques... » (Kafka : *Méditations sur le péché, la souffrance, l'espoir et le vrai chemin*).
4. Le lecteur se demande en effet quel peut bien être ce *fausset* (fosse/fossé ?) qu'il s'agit de *défausser* ?
5. Est-il besoin, aujourd'hui, de rappeler la répression de manifestants à Paris en février 1962, en pleine guerre d'Algérie ? Bilan : 9 morts.
6. Voir à ce propos J. Pedersen : « L'Histoire de ma vie n'existe pas », in : *Actes du Congrès des Romanistes Scandinaves à Lund 1987* (Lund, Suède, 1990), pp. 354-60.
7. « Comme si, sous ton histoire tranquille et rassurante d'enfant sage, (...) avait depuis toujours couru un autre fil, toujours présent, toujours tenu lointain, qui tisse maintenant la toile familière de ta vie retrouvée, (...) images en filigrane de cette véritée dévoilée... » (pp. 31s.).
8. Marie Miguet : « Sentiments filiaux d'un prétendu parricide : Perec », *Poétique 54* (1983), pp. 135-47.
9. Proust : *A la Recherche...* Éd. de la Pléiade, tome I (1954), p. 5.
10. Lettre à Denise Getzler, publiée pour la première fois dans *Littératures* n° 7 (Toulouse-Le Mirail 1983) d'où la citation est tirée (pp. 66s).
11. Lettre déjà citée, *Littératures* n° 7, p. 64.

La Disparition / A Void :
deux temps, deux histoires

par

Mireille Ribière
Manchester

La Disparition de Georges Perec (Denoël, 1969) est, je le rappelle, un roman lipogrammatique. C'est le roman d'une disparition, qui est la disparition du signe graphique le plus usité en français – la lettre « e » –, et « tout à la fois le roman de ce qu'il raconte et le récit de la contrainte qui crée ce qui se raconte »[1]. Ce récit de plus de trois cents pages a été, à ce jour, traduit en quatre langues[2] :

– en allemand par Eugen Helmlé : *Anton Voyl Fortgang* (Frankfurt am Main, ed. Zweitausendeins, 1986) ;
– en anglais par Gilbert Adair : *A Void* (London, Harvill, 1994) ;
– en espagnol par un collectif composé de Marisol Arbués, Mercè Burrell, Marc Parayre, Hermes Salceda et Regina Varga : *El Secuestro* (Barcelona, Anagrama, 1997) ;
– en italien par Piero Falchetta : La Scomparsa (Napoli, Guida editori, 1995).

Seuls les traducteurs espagnols eurent l'audace de transposer la contrainte dans la langue cible : *El Secuestro* est un lipogramme en « a »[3]. Les autres traducteurs conservent la contrainte initiale, même lorsque l'omission du « e » s'avère moins contraignante que dans l'original, comme c'est le cas en italien.

Seuls, à ma connaissance, les traducteurs anglais se sont bousculés au portillon : il existe, en effet, outre la version de Gilbert Adair, deux traductions inédites – l'une de John Lee (*Vanish'd !*), l'autre d'Ian Monk (*A Vanishing*)[4].

Nul doute qu'une comparaison un peu précise des choix esthétiques dont procèdent les diverses traductions serait intéressante. Sans doute faudra-t-il un jour l'entreprendre, mais pas ici. Mon intervention portera uniquement sur *A Void* de Gilbert Adair, dont l'un des aspects les plus frappants, me semble-t-il, est de faire apparaître, pour ainsi dire « a contrario », à quel point *La Disparition* est une œuvre datée, d'un point de vue tant historique qu'esthétique.

« **Mai fut brûlant** »
La « Table » qui clôt la première édition de *La Disparition* parue en 1969, s'achève sur l'indication suivante :

Au Moulin d'Andé
1968

– date tout simplement omise dans la traduction de Gilbert Adair, où la table des matières est remplacée, comme l'exigent les conventions anglo-saxonnes, par un *Summary* en début de volume.

La Disparition n'étant pas un roman d'anticipation, le texte ne comporte aucune référence historique ou culturelle à des événements ultérieurs à sa date d'achèvement – 1968. Sans pratiquer systématiquement l'anachronisme par rapport au texte original, le traducteur anglais trouve, en revanche, ses références dans un passé plus proche de nous. Je n'en donnerai que deux exemples, peu spectaculaires mais assez représentatifs de l'ensemble. Dans le premier, tiré de l'actualité littéraire internationale, le décalage temporel est minime : il s'agit d'une référence à la mort de Mishima décédé en 1970. Le second, plus conséquent, est une allusion à Monthy Python, qui eut son heure de gloire au Royaume-Uni au début des années 1970 avant de connaître une renommée internationale[5].

Autre exemple d'affaiblissement de la référence historique : la traduction de l'avant-propos de *La Disparition* (« Où l'on saura plus tard qu'ici s'inaugurait la Damnation »), où s'ébauchent divers réseaux. Cet avant-propos appelle une double lecture :

– métatextuelle[6] puisque dès les premiers mots le narrateur, comme bientôt les personnages, souffre d'une « malédiction » aux conséquences fatales ;
– référentielle : tout débute à Paris, au printemps, par une violente crise sociale et politique qui n'est pas sans évoquer, entre autres[7], mai 1968. La référence aux événements de 1968 se fait sous forme d'allusions aux grou-

La Disparition / A Void : *deux temps, deux histoires* 145

puscules politiques de l'époque (« vingt Mao, vingt-huit Marx »), aux hommes alors au pouvoir (« un Pompidou » et « un Charlot [Corday] ») et à un mois de mai singulièrement chaud auquel la majuscule donne une dimension historique : « Par surcroît, Mai fut brûlant : un autobus flamba tout à coup ; l'insolation frappa trois passants sur cinq » (LD, p. 13). L'allusion est renforcée, au chapitre suivant (LD, p. 18), par les grands titres des informations nationales et internationales entendus par Voyl à la radio (« à Zurich, Norodom Sihanouk [...] ; à Matignon, Pompidou [...] ; au Biafra [...] ») et, cinq chapitres plus loin, par une description spécifique des « conflits sociaux » d'« un trois mai », retrouvée parmi des documents ayant appartenu à Anton Voyl. En voici un extrait :

> Ça arriva un trois mai. « Agitation au Boul'Mich », titra un journal du soir. [...] Un million d'individus parcourut Paris, brandissant qui son chiffon noir, qui son chiffon cramoisi, hurlant vingt slogans antidictatoriaux : « Dix ans ça suffit », « Charlot nos Sous », « Pouvoir au Populo ». (LD, p. 64)

Y figurent, outre « Charlot », maints vocables déjà utilisés dans l'avant-propos.

Evacuée du paratexte de la version anglaise, la référence à mai 1968 se trouve affaiblie dans l'avant-propos devenu « *Introduction* », où un « *Hitchcockian psycopath* » (AV, p. x) fait office de « Charlot [Corday] » et où, aussi insistante fût-elle, l'évocation de la chaleur, qui connote bien en anglais l'inflammation et l'excitation, ne désigne pas habituellement l'agitation politique et sociale :

> *To cap it all, this particular May is proving a scorchingly hot and sunny month : in Passy an omnibus combusts without warning and practically 60% of our population go down with sunburn.* (AV, p. ix)

La référence à 1968 est néanmoins présente, au chapitre suivant, dans les grands titres de l'actualité entendus à la radio, et se confirme sans équivoque possible dans la description qu'en donne Anton Voyl, au sixième chapitre :

> *Social conflicts*
> *3 May 1968.* « *Agitation on Boul'Mich* », *so would claim a Figaro photo-caption.* [...] *A crowd a million strong took Paris by storm, brandishing black flags and crimson flags and shouting out anti-dictatorial slogans :* « *Down with Gaullism !* », « *Charly is not our Darling !* » *and* « *CRS – SS !* ». (AV, pp. 49-50)

Ici, contrairement à ce qui se passe dans l'original – où, hormis les têtes de chapitre, les chiffres, écrits en toutes lettres, sont soumis à la contrainte – l'année est spécifiée et les revendications précisées (« *Down with Gaullism !* »). Il s'agit là cependant d'une référence intradiégétique ponctuelle, distante de l' « *Introduction* », en raison non seulement des cinq chapitres qui l'en séparent mais des choix lexicaux et des changements de régime et de temps narratif (en anglais, la narration simultanée à la première personne du tout début fait place à une narration rétrospective à la troisième personne). Le réseau a donc sauté et, avec lui, la possibilité de lire l'introduction, *In which [...] Damnation has its origin*, sur le mode référentiel, en envisageant des correspondances entre les revendications sociales et politiques de l'époque et une certaine contestation de l'idéologie dominante dans le domaine littéraire.

Ce qui a disparu aussi, c'est la présence d'allusions aux événements de 1968 à chacun des niveaux d'énonciation que Perec prend soin de distinguer et de mettre en relation dans l'explicit du roman (LD, p. 304), à savoir le discours du « scrivain » (à qui l'on doit la date d'achèvement), celui de son « loyal proconsul » (le narrateur de l'avant-propos, qui finit par dire « moi » dans l'explicit) et celui des « protagons » (notamment, le personnage d'Anton Voyl).

Il ne s'agit pas ici de lamenter la perte de connotations qui s'affaiblissent nécessairement au fil des années et, eussent-elles été conservées, n'auraient eu guère de résonances pour le lecteur anglo-saxon. Il s'agit plutôt de souligner la logique de l'entreprise de Gilbert Adair, où la traduction est non seulement récriture – il ne saurait guère en être autrement – et adaptation à la culture anglo-saxonne – avec parfois passage d'un connoté à un dénoté – mais transposition historique, esthétique, idéologique. En effet, si la traduction de Gilbert Adair a été, contrairement aux autres, publiée, c'est parce qu'elle présentait, me semble-t-il, la face *acceptable* du roman de Perec. Acceptable par rapport aux attentes du lecteur anglo-saxon, certes, mais aussi, à l'heure du libéralisme triomphant, par rapport à « l'air du temps ». Les anachronismes et l'affaiblissement du réseau soixante-huitard ne sont, me semble-t-il, que le symptôme de transformations plus fondamentales.

Mort et résurrection de l'auteur

Le post-scriptum de *La Disparition* intitulé « Sur l'ambition qui, tout au long du fatigant roman qu'on a, souhaitons-nous, lu dans trop d'omissions, sur l'ambition, donc qui guida la main du scrivain » est à mi-chemin du *Comment j'ai écrit certains de mes livres* de Raymond Roussel, dont l'œuvre est largement citée dans le roman, et du manifeste littéraire. Tout, dans cette postface, concourt à dater *La Disparition* :

– les références aux œuvres précédentes de Perec (notamment *Les Choses* et *Un homme qui dort*) :

> Alors qu'il avait surtout, jusqu'alors discouru sur sa situation, son moi, son autour social, son adaptation ou inadaptation, son goût pour la consommation allant, avait-on dit, jusqu'à la chosification, il voulut, s'inspirant d'un support doctrinal au goût du jour qui affirmait l'absolu primat du signifiant, approfondir l'outil qu'il avait à sa disposition [...]. (LD, p. 309)

– l'allusion aux théories critiques prévalentes dans la seconde moitié des années soixante (les *Écrits* de Lacan ont paru en 1966 et *De la grammatologie* de Derrida en 1967 et on sait que Perec a longtemps assisté au séminaire de Barthes[8]) : « Il voulut, s'inspirant d'un support doctrinal au goût du jour qui affirmait l'absolu primat du signifiant, approfondir l'outil qu'il avait à sa disposition » (LD, p. 309).

– les allusions à des institutions littéraires vénérables, comme la Société des gens de lettres (Hôtel de Massa) et l'Académie française (installée quai Conti) qui comptait Troyat et Mauriac parmi ses membres, ainsi qu'à certains romanciers, journalistes et/ou critiques littéraires soutenus ou s'exprimant dans les colonnes d'un des organes les plus influents de la presse bourgeoise de l'époque :

> Il (...) collaborait, à la formation d'un puissant courant abrasif qui critiquant ab ovo l'improductif substratum bon pour un Troyat, un Mauriac, un Blondin ou un Cau, disons pour un Godillot du Quai Conti, du Figaro ou du Pavillon Massa, pourrait, dans un prochain futur rouvrir au roman l'inspirant savoir, l'innovant pouvoir d'un attirail narratif qu'on croyait aboli ! (LD, p. 312)

Ce dernier passage est d'autant plus daté que Jean Cau et Antoine Blondin, généralement plus connus comme journalistes que comme romanciers, sont largement tombés dans l'oubli[9]. Dans ces conditions, on s'étonnera que Gilbert Adair, soucieux d'adapter et de réactualiser les références culturelles ait conservé telles quelles des allusions pour le moins obscures, à l'exception du « Pavillon Massa » devenu « Prix Goncourt » :

> ... *collaborating, in a common policy, to adopt a radical, wilfully conflictual position vis-à-vis fiction, a position that, implicitly critical of a Troyat, a Mauriac, a Blondin or a Cau, of any Qaui Conti, Figaro or Prix Goncourt hack, might chart a path along which fiction could again find an inspiration, a charm, a stimulus, in narrational virtuosity of a sort thought lost for good.* (AV, p. 283)

Si le phénomène est curieux, il n'est pas tout à fait inexplicable. Le post-scriptum est, en effet, le lieu où le texte source atteint son point de résistance maximale. Poursuivant sa logique de travail jusqu'au bout – à mi-chemin de la traduction et de la récriture, avec tout ce qu'elle implique d'actualisation – Gilbert Adair aurait pu adapter, voire supprimer, le post-scriptum. S'il ne l'a pas fait, c'est sans doute pour ne pas priver *A Void* de sa raison d'être première. Mais rendre compte de la stratégie scripturale fortement datée de Perec tout en ménageant le destinataire anglo-saxon des années 90, ne se fait pas sans encombre. En témoigne l'apparition d'une espèce de dédoublement de l'instance d'énonciation avec deux discours imbriqués, parfois contradictoires : l'instance auctoriale, essentiellement allusive, on l'a vu ; l'instance « traductoriale » qui tend vers l'exégèse. Le manifeste littéraire de la fin des années soixante se double d'un second métadiscours visant à expliciter l'intention auctoriale :

> *It was my wish, by drawing inspiration from a (modish) linguistic dogma claiming primacy for what Saussurian structuralists call a signifiant – it was my wish, I say, to polish up this tool that I had at my disposal.* (AV, p. 281)
>
> [Je cite, pour rappel, l'original : « Il voulut, s'inspirant d'un support doctrinal au goût du jour qui affirmait l'absolu primat du signifiant, approfondir l'outil qu'il avait à sa disposition. » (LD, p. 139)]

ou bien :

> *So, as I think, in this work, for all that its origin was chaotic, I finally did satisfy most of my goals and obligations. Not only did I spin out a fairly straightforward story but I had a lot of fun with it (wasn't it Raymond Q. Knowall who said that it was hardly worth writing if it was simply as a soporific ?), fun, principally (by locating and disclosing that contradiction in which all syntactical, structural or symbolic signification is bound up)...* (AV, p. 283)
>
> [Pour rappel : Ainsi son travail pour confus qu'il soit dans son abord initial, lui parut-il pourvoir à moult obligations : d'abord c'était un vrai roman, mais aussi il s'amusait (Ramun Quayno, dont il s'affirmait l'obscur famulus n'avait-il pas dit jadis : « L'on n'inscrit pas pour assombrir la population ... (LD, p. 312)]

D'une certaine manière, le recours à la première personne dans les passages en anglais cités ci-dessus et, au tout début du post-scriptum, le passage de « L'ambition du Scriptor » à « My ambition as Author »[10] rendent bien compte de l'existence incontournable pour le traducteur, à cette étape de son travail, de celui qui acheva *La Disparition* au Moulin d'Andé en 1968. Mais ils constituent non moins, à un autre niveau et à contre-courant de l'explicitation, un véritable détournement d'intention. Car si le post-scriptum rend bien compte d'une intention auctoriale, celle-ci consiste essentiellement à proclamer, par la voix du scripteur, la disparition de l'auteur.

En effet, le lipogramme, tel « l'œuvre pure » de Mallarmé – et maintes œuvres oulipiennes[11] – « implique la disparition élocutoire du poète, qui cède l'initiative aux mots »[12] ; il s'inscrit dans une esthétique de la modernité que Barthes, dans un article justement intitulé « La Mort de l'auteur », commente en ces termes :

> En France, Mallarmé, sans doute le premier, a vu et prévu dans toute son ampleur la nécessité de substituer le langage lui-même à celui qui jusque-là était censé en être le propriétaire. Succédant, à l'Auteur, le scripteur n'a plus en lui passions, humeurs, sentiments, impressions, mais cet immense dictionnaire où il puise une écriture qui ne peut connaître aucun arrêt[13].

Le « I, as author » d'Adair tend à récuser la modernité du procédé lipogrammatique telle que peuvent la concevoir Perec et ses contemporains. En ce sens, A Void est la revanche de l'Auteur – un autre auteur – sur le scripteur, et marque le retour d'un moi triomphant.

Et le lecteur ?
S'il va à l'encontre de l'original, le retour en force de l'auteur dans la postface de A Void, n'est nullement en contradiction avec la stratégie de traduction/récriture de Gilbert Adair[14]. Il a, en effet, pour pendant un affaiblissement significatif de la fonction lectorale : la résurrection de l'auteur se paye, pour ainsi dire, de la mort du lecteur. C'est le mouvement inverse de celui qui s'était esquissé dans les années soixante et que Gilbert Adair évoque sur le mode satirique dans son roman de 1992, intitulé justement The Death of the Author : « It was, you will recall, the very heyday of the death of the Author and the correlative rise of the reader as the text's interpreter »[15].

L'affaiblissement de la fonction lectorale dans la version anglaise du lipogramme est liée à l'effacement partiel de la dimension métatextuelle du roman, ce que Perec appelle le second degré, d'autres l'autoreprésentation. Le phénomène est d'importance car la désignation du procédé qui a engendré la fiction est constitutive du projet, ainsi que le suggère le post-scriptum :

> Il donna à sa narration un tour symbolisant qui, suivant, pas à pas d'abord la filiation du roman puis pour finir la constituant. divulgait, sans jamais la trahir tout à fait, la Loi qui l'inspirait. (LD, p. 311)

> *I thought I might start giving my plotting a symbolic turn, so that, by following my book's story hand in hand until totally coinciding with it, it would point up, without blatantly divulging, that Law that was its inspiration.* (AV, p. 282).

J'ignore si la traduction de « narration » (plan du récit) par « plotting » (plan de l'intrigue) a une valeur véritablement programmatique, mais le choix de ce terme ne me paraît pas tout à fait innocent. Adair tend, en effet, à alléger l'autoreprésentation, qui subsiste surtout au niveau macro-textuel et de l'intrigue – nombre de personnages et de chapitres, noms propres, péripéties.

Pour ne pas compliquer outre mesure la discussion et ne pas trop allonger mon propos, je n'en donnerai qu'un seul exemple, choisi à dessein parmi les documents présentés au sein de la fiction comme autant d'indices, d'énigmes dont la solution devrait contribuer à éclaircir le mystère de la disparition d'Anton Voyl. Pour des raisons qui seront bientôt évidentes, j'ai reproduit en fac-similé les textes de Perec et d'Adair.

Texte 1 :
« A bas l'obscur ». On sait que les chiffres cinq, six et vingt-cinq, vingt-six jouent un rôle crucial dans la désignation de la contrainte lipogrammatique puisque se priver du E, cinquième lettre de l'alphabet, c'est ne plus disposer que de cinq voyelles sur six, et donc de vingt-cinq lettres sur vingt-six. Ce passage de *La Disparition* est doublement important de ce point de vue : d'une part parce que deux des chiffres à forte valeur méta-textuelle (cinq et vingt-six) figurent dans le passage introductif ; ensuite parce que la disposition et la longueur du poème obéissent également à une logique métatextuelle. Par le jeu des reports à la ligne, le texte occupe, en effet, vingt-cinq lignes, précédées en amont – juste après le titre – et en aval – juste avant la reprise du titre – par une ligne blanche. Aux trois « TOUT » du début répondent les trois « *Blancs* » de la fin, le blanc étant, on va le voir, le tout du poème. A première lecture, le texte se présente comme une accumulation « poétique », jouant sur des effets de rythme et de rimes. Le paradigme du « blanc » ne tarde pas, cependant, à s'imposer comme principe d'unitaire : chaque élément de la liste désigne, en effet, soit quelque chose qui existe en blanc (« maillots », « raisins », « vins ») soit un synonyme qui peut être qualifié de blanc (« poignards »/arme blanche, « lombrics »/vers blancs, « charbons »/houille blanche), soit une expression toute faite, plus ou moins synonymique, comportant le mot « blanc » (marquer d'une pierre blanche, de but en blanc, connu comme le loup blanc). Une fois le fil conducteur découvert, l'écheveau lexico-sémantique se dévide progressivement, avec au bout du compte, malgré

quelques hésitations, la certitude d'une cohérence. L'autoreprésentation procède donc à la fois par niveaux – arithmétique, lexical, sémantique – et par degrés – de l'allusion nouée de grosses ficelles à l'astuce la plus subtile. Une fois la solution de l'énigme découverte, le jeu consiste à découvrir et démêler toutes les ruses.

Texte 2 :
« *Down with Obscurity* ». Bien que présentée comme un indice, la liste pose, dans sa version anglaise, des problèmes de déchiffrement incontestables : à peine croit-on percevoir l'amorce d'un réseau que déjà tout s'effiloche. Ainsi, la valeur métatextuelle des chiffres 5 et 26 en amont du poème est sensiblement affaiblie par l'apparition de deux intrus (40 et 69) à l'intérieur du poème, lui-même constitué de 19 lignes en italiques. Alors que le titre français (« A bas l'obscur ») pouvait, en fin de parcours, se lire à la fois comme une imprécation et un appel au déchiffrement, le titre anglais (« Down with obscurity ») se lirait plutôt sur le seul mode de l'imprécation, les « ANYTHING » « et *ANYTHING AT ALL* » du début ainsi que le triple « a Void » de la fin désignant alors le n'importe quoi, le vide sémantique. Mais un vide sémantique tout à fait relatif, on est loin du *nonsense verse* tel que le pratiquait un Edward Lear. Ici et là s'esquissent, en effet, des embryons d'unité : autour des isotopies du lavage (« *pants* », « *stockings* » etc. ; « *woodwork* », « *raisins* », « *coal* », « *rainy day* »), du blanc/*white* (« *spirits* », « *fish* », « *connubials* », « *billows* », « *manuscripts* ») et du blanc/*blank* (« *omissions* », « *void* », « *without* » etc.), voire de l'écart (« *gaps* », « *lapsus* », « *flaws* »). Même si certains termes susceptibles de faire double emploi (« hair » et « hands » par exemple) peuvent, à la rigueur, permettre de construire des liens entre les diverses isotopies, le résidu est important. Or tous les éléments résiduels, qui constituent autant d'obstacles à la compréhension pour l'anglo-saxon, se trouvent être des traductions approximatives du français : « *swords* » (« poignards »), « *nights without 40 winks* » (« nuits sans roupillons »/blanches), « *aims and ambitions* » (« buts aussitôt mis »/de but en blanc), « *months in a shopping plaza* » (« saisons dans un Grand Magasin »/mois du blanc), « *bars and bistros* »(« zincs à blanchir »/ blanc de zinc) etc. Si l'ensemble ne manque pas de « poésie » (allitérations, assonances, parallélismes), il ne saurait fonctionner véritablement comme indice ; il contribuerait plutôt à brouiller les cartes et à obscurcir le mystère[16].

On s'approcha d'Amaury qui parcourait l'album. Il comportait vingt-six folios, tous blancs, sauf, au folio cinq, un placard oblong, sans illustrations, qu'Amaury lut à mi-voix :

A BAS L'OBSCUR
(Homo blanchit tout...)

TOUT *paraîtra plus blanc, car Il blanchit*
TOUT *: vos slips, vos bas, vos maillots, vos sarraus, vos tricots, vos cotons, vos burnous.*
TOUT *: vos draps (pur coton), vos pantalons pour marins (vrai basin uni), mais aussi vos bois, vos boudins, vos*
[*raisins,*
vos vins, vos mains, vos maux
vos lombrics, vos poignards
vos gros poissons, vos moins gros poissons
vos tifs, vos charbons
vos nuits sans roupillon, vos conjungos
[*sans coït*
vos mignons cailloux pour bons jours, vos
[*scazons,*
vos flots, vos loups trop connus, vos lins
[*sans lupus,*
vos omissions, vos trous, vos bourdons
vos manuscrits
vos buts aussitôt mis, vos saisons dans un Grand Magasin, vos notations pour hautbois, vos abominations pour Tarzan, vos zincs à blanchir, à l'infini, du Blanc, du
[*Blanc, du Blanc !*

A BAS L'OBSCUR

— Il nous faudrait un Champollion, murmura, abattu, Amaury.

Texte 1. G. Perec, *La Disparition*, p. 113

La Disparition / A Void : *deux temps, deux histoires*

Olga, Clifford and Savorgnan form a group around Amaury, who starts scrutinising Anton's album. It consists of 26 folios, all blank but for a solitary column, without any sort of illustration, stuck on to folio No. 5, a column that Amaury runs through in a faint murmur

DOWN WITH OBSCURITY

(Homo w*sh*s wh*t*r th*n P*rs*l)
ANYTHING can look virginal, for It will wash
ANYTHING AT ALL: your pants, stockings, T-shirts,
your shifts, smocks and cardigans,
your saris and Arab burnous.
ANYTHING AT ALL: your cotton pillowslips and cotton sailor suits,
but also your woodwork, your black puddings, your raisins,
your spirits, your hands, your pains
your worms, your swords
your big fish in small ponds, your small fish in big ponds
your hair, your coal
your nights without 40 winks, your connubials without 69
your savings put away for a rainy day,
your billows, your too famous flaws, your fabrics without a scar
your omissions, your gaps, your lapsus
your manuscripts
your aims and ambitions, your months in a shopping plaza,
your notations for hautboy, your abominations for Tarzan,
your bars and bistros, ad infinitum, a Void, a Void, a Void!

DOWN WITH OBSCURITY

"Alas, only a Champollion would know how to clarify that," murmurs a downcast Amaury.

Texte 2. G. Adair, *A Void*, p. 97

Est-ce à dire que *A Void* propose un roman plus conforme aux visées ultérieures de Perec, qui dix ans après la publication de *La Disparition*, jugeait l'ouvrage inabouti ? Non, pas vraiment. L'insatisfaction de Perec tenait, en effet, non pas tant au fonctionnement métatextuel lui-même qu'à sa prévalence, le second niveau prenant le pas sur les autres niveaux de lecture possibles :

> Dans *La Disparition*, il y a un personnage dont on ne pouvait écrire qu'il était mis sur son trente-et-un, alors j'ai écrit : « Mis sur son 28 + 3 ». Mais ça se situe à un second niveau. Pour moi, ce n'est pas un livre complètement abouti, c'est un livre qui se lit tout le temps au second degré ... Ce qui est important pour moi dans un livre, c'est qu'il puisse être lu à plusieurs niveaux. *La Vie mode d'emploi*, de ce point de vue, est complètement réussi[17].

Le roman policier n'en restait pas moins pour Perec un modèle :

> Ce n'est pas la découverte de la vérité qui compte. Une fois qu'on connaît le coupable, comme on dit, on n'a plus tellement d'intérêt à lire le livre. Si on le lit jusqu'au bout, c'est pour savoir comment on va se faire coincer par celui qui a écrit le livre, comment il va nous faire croire certaines choses pour..., tout en nous donnant tous les éléments. C'est très très beau. C'est comme dans une partie d'échecs : c'est un jeu où on tourne autour de quelque chose et puis, en fait, il y a une autre tactique qui se met derrière[18].

En privilégiant le premier niveau, le romanesque, la jubilation, le plaisir des mots, Adair ne manque jamais de séduire et de divertir son lecteur – ce qui n'est pas le moindre de ses mérites. Mais il le fait, on l'a vu, aux dépens des autres niveaux et transforme ainsi de manière radicale la relation entre texte et lecteur, telle que pouvaient la concevoir Perec, et bien d'autres avec lui[19]. Il n'y a plus de déchiffrage progressif d'indices qui s'enchaînent et se superposent, ni d'interrogation amusée sur les diverses modalités de l'autoreprésentation. Bref, il n'y a plus de jeu.

La version anglaise telle qu'elle est présentée dans l'édition Harvill en vient même à interdire toute possibilité de découverte[20]. La quatrième de couverture intitulée « A stunning literary exploit » ne laisse aucun doute sur la nature exacte de l'exploit en question : « without at any point invoking that most basic prop of traditional syntax : an e ! » et tend ainsi à promouvoir le type même de lecture réductrice que déplorait Perec :

> ça a joué surtout au niveau de la critique : pour *La Disparition* on ne parlait pas du livre mais du système : c'était un livre sans « e », il était épuisé dans cette définition[21].

Reste l'admiration béate que l'on peut avoir pour la performance de Gilbert Adair qui, battant Perec sur son propre terrain, parvient à réaliser un lipogramme nettement plus long que l'original[22]. Alors que *La Disparition* voulait se démarquer par rapport à une certaine idéologie dominante, *A Void*, contrairement aux prétentions du post-scriptum, se situe manifestement sur un terrain où la subversion n'est plus de mise. Les temps ont changé[23].

En conclusion, je ne me poserai pas la question de savoir s'il était, ou non, souhaitable de traduire le roman lipogrammatique de Georges Perec, ni celle de savoir s'il était véritablement possible de le faire. Il faut croire que c'était faisable puisque l'ouvrage a déjà été traduit en plusieurs langues, et au moins trois fois en anglais. Force est de constater, néanmoins, que la traduction d'un roman comme *La Disparition* requiert un tel effort et un tel investissement personnel qu'elle peut difficilement se faire sans appropriation. Chaque traducteur se l'approprie à sa manière, en fonction non seulement de ses compétences et de ses choix esthétiques et idéologiques mais en fonction du contexte historique et culturel dans lequel s'inscrit son activité. Plus que tout autre, ce roman me paraît donc plus ou moins inévitablement voué au détournement. Somme totale de toutes ses « traductions significativement différentes »[24], *La Disparition* ferait donc partie de ces textes hautement traductibles qui appellent sans cesse la traduction. *A Void* serait la version néo-libérale.

Notes

1. Jacques Roubaud, « La mathématique dans la méthode de Raymond Queneau » dans *Oulipo, Atlas de littérature potentielle*, Paris, Gallimard, 1988 (Folios/Essais), p. 55. Voir « Georges Perec : La maison des romans » (Propos recueillis par Jean-Jacques Brochier), le *Magazine littéraire*, n° 141, octobre 1978, p. 32-35, repris dans Dominique Bertelli et Mireille Ribière (éd.), *Georges Perec : Propos* (entretiens, conférences, discussions), à paraître.
2. Pour une brève présentation de l'ensemble voir Yves Jaeglé, « On peut tout traduire, même les folies de Perec », *L'Européen*, n° 3, 8 avril 1998, p. 60-63.
3. Sur les raisons de ce choix, voir Marc Parayre, « La Disparition : Ah, le livre sans e ! El Secuestro : Euh ... le livre sans a ? », dans Traduire la contrainte, *Formules*, n° 2 (1998-1999), Paris, L'Age d'homme, p. 61-70.
4. Les curieux pourront les consulter à l'Association Georges Perec, Bibliothèque de l'Arsenal, 1 rue de Sully, 75004 Paris.
5. Diffusé par la BBC à partir du 5 octobre 1969, Monty Python's Flying Circus devient la référence humoristique de la jeune génération britannique dans les années 1970 et 1971, mais son rayonnement ne se limite pas au petit écran. Un premier film – *Monty Python and the Holy Grail* (Sacré Graal), où précisément, l'anachronisme est roi – paraît en 1974, suivi de *Monty Python's Life*

of Brian (La Vie de Brian) en 1979 et de Monty Python's *The Meaning of Life* (Le Sens de la vie) en 1982.

6. Par « métatextuel » ou « autoreprésentation » – les deux termes seront utilisés ici de manière interchangeable –, j'entends « l'ensemble des procédures par lesquels un texte désigne, de l'intérieur, les opérations qui le constituent ». Pour plus de détails sur ces fonctionnements, voir les travaux de Bernard Magné, notamment la série d'articles parus dans la revue TEM à partir du numéro 5 (Grenoble, 1985).

7. Une lecture intertextuelle ferait apparaître des liens avec la description de la révolution de 1848 proposée par Flaubert dans *l'Education sentimentale* (Gustave Flaubert, Œuvres complètes, Gallimard, La Pléiade, pp. 316-323) et les manifestations contre la guerre d'Algérie brièvement évoquées dans *Les Choses*, livre placé sous l'égide de Flaubert.

8. Voir « Pouvoirs et limites du romancier contemporain » où Perec reconnaît sa dette envers Barthes. Cette conférence prononcée le 5 mai 1967 à l'Université de Warwick est reproduite dans Mireille Ribière éd., *Parcours Perec*, Lyon, PUL, 1990, pp. 31-39.

9. *Un singe en hiver* de Blondin est le seul titre de roman qui jouisse encore d'une certaine notoriété, et cela, probablement, en raison de son adaptation au cinéma par Henri Verneuil en 1962 avec Jean Gabin et Jean-Paul Belmondo dans les rôles principaux.

10. Dans la mesure où Gilbert Adair réussit fort bien à gérer la narration à la troisième dans d'autres passages du roman, on aurait tort, me semble-t-il, de donner du passage de la troisième à la première personne une explication purement technique.

11. Voir la communication de Marcel Bénabou au colloque « Mallarmé et après » dirigé par Daniel Bilous à Tournon en 1998.

12. Stéphane Mallarmé, « Crise de vers », in : *Œuvres complètes*, Paris, Gallimard (Bibliothèque de la Pléiade), 1945, p. 366.

13. Roland Barthes, « La mort de l'auteur » paru dans *Mantéia* V en 1968 et repris dans *Le Bruissement de la langue. Essais critiques IV*, Paris, Seuil, 1984, pp. 64-65. C'est « scriptor » qui traduit « scripteur » dans la traduction anglaise (Roland Barthes, *Image-Music-Text*, essays selected and translated by Stephen Heath, London, Fontana, 1977, pp. 142-148).

14. La référence mallarméenne n'a pas été retenue dans la version anglaise : « Bris Marin » de Mallarmus, qui inaugure la série de transcriptions lipogrammatiques de poèmes archi-connus, a cédé la place à « Living, or not living » de William Shakspar, et « nul discours jamais n'abolira l'hasard » (p. 50) devient « *no amount of prolix circumlocution, brillant as it may sound, can abolish flip-a-coin fortuity* » (p. 36).

15. Gilbert Adair, *The Death of the Author*, Minerva 1993, p. 23. (Première édition parue en 1992.)

16. Dès lors qu'aucune solution forte ne finit par s'imposer, le pacte implicite avec le lecteur est brisé.
17. « En dialogue avec l'époque », entretien avec Patrice Fardeau, *France Nouvelle*, n° 1744, 16 avril 1979, p. 48-49.
18. Entretien inédit enregistré à Paris le 20 mars 1981 par Bernard Pous (à paraître dans Dominique Bertelli et Mireille Ribière (éd.), *Georges Perec : Propos*, Vol. 1.
19. Je rappelle que 1969 voit également la publication des *Lieux-dits* de Jean Ricardou, qui est sans doute, sous tous rapports – y compris la dimension ludique –, le roman le plus proche de *La Disparition*.
20. Au cours de la discussion, Hans Hartje me faisait remarquer qu'il est impossible aujourd'hui de lire le roman de Perec et ses traductions sans savoir, au préalable, qu'il s'agit d'un lipogramme. Difficile, peut-être, impossible, non. D'autant plus que nous avons la mémoire toujours plus courte et que l'existence d'un livre ne se limite pas aux quelques mois de battage médiatique qui suivent sa parution.
21. « En dialogue avec l'époque », entretien cité, p. 48.
22. Voir John Lee, « The Rough and the Smooth. *La Disparition* : problem translations », à paraître dans *Palimpsestes*, revue du Centre de recherche en traduction et stylistique comparée (Sorbonne nouvelle).
23. Lors d'une table ronde organisée par l'Institut français du Royaume-Uni à Londres à l'occasion de la sortie de la traduction anglaise, Gilbert Adair avouait que le second niveau lui avait parfois échappé, mais déclarait ne pas avoir sollicité l'aide d'autres lecteurs parce qu'il lui importait de travailler seul. Etant donné la contribution des Oulipiens à *La Disparition*, on mesure à quel point on est loin de l'écriture collective telle que la pratique l'Oulipo, et telle que l'ont souvent pratiquée les groupes d'avant-garde.
24. Pour plus de détails, voir les travaux de Léon Robel sur la traduction du texte poétique, notamment « Traduction, transformation », dans *Change de forme. Biologies et prosodies*, Paris, Union générale d'édition (10/18), 1975, pp. 249-291.

Perec et le monde arabe

par

Anne Roche
Université de Provence I

Dans *W ou le souvenir d'enfance*[1], on ne trouve guère que deux signifiants qui renvoient au monde arabe : le signifiant « Algérie » (qui n'a rien à voir avec la guerre de *Quel petit vélo*..., mais qui est le lieu où meurt le fils d'Athos, dans *Le Vicomte de Bragelonne*)[2] et le signifiant « crouille »[3], mot d'argot raciste, désignant les Arabes, et que les habitants de l'île W emploient pour désigner les derniers d'entre eux, les parias. Ce dernier terme est peut-être dérivé du signifiant « musulman » qui désignait, dans le vocabulaire des camps de concentration, les déportés qui avaient perdu tout ressort physique et mental et qui se tenaient accroupis, attendant la mort.

Dans *W* donc, apparemment, rien ou presque. Mais en reprenant les articles publiés sur *W* depuis la parution en volume, j'ai relu l'article de Robert Misrahi sur « W, un roman réflexif »[4], qui reproche de façon générale à Perec de ne pas parler d'Israël :

> Israël n'est jamais nommé dans *W*. Israël n'entre sans doute pas dans les préoccupations de Perec. Ou l'auteur pressent peut-être qu'un écrivain qui clamerait trop ouvertement son attachement à Israël se condamnerait (...) à la mort littéraire.

Allant plus loin, Misrahi rapproche les dates d'écriture de *W* de l'attentat de Munich en 1972, et reproche encore à Perec de ne pas avoir signalé cette « source » :

> *W* est daté : 1970-1974. *Or, 1972, c'est* MUNICH. C'est l'attentat terroriste perpétré par l'O.L.P. contre les athlètes israéliens dans le Village olympique de Munich. Par cet attentat contre des sportifs désarmés, et au sein d'un espace fondé sur l'idéologie de la compétition fraternelle, les membres de l'O.L.P. renversaient leur pseudo-idéal de liberté démocratique et

fraternelle, et ce renversement était comme le progrès insidieux et irrésistible d'une pourriture. Ne peut-on reconnaître là ce qui est précisément décrit dans W ? (...) Nous sommes persuadés que si (Perec) avait nommé Israël et Munich, son œuvre eût été barrée, repoussée dans l'ombre, et gommée par l'oubli. Il est infiniment plus important que W soit connu et diffusé...[5]

Or, Perec a certes été frappé par les événements de Munich, mais probablement pas dans le sens que voudrait Misrahi :

> J'ai passé tout l'été dans une niche, en lisant à peine les journaux, dans une sorte de stase schizophrénique. (...) [Mais] ce qui m'a le plus frappé, c'est évidemment Munich. (...) Le grand événement politique international, c'est la tentative des feddayin de Munich et son déroulement qui, lui, n'entre pas du tout dans ce qui est prévu. (...) Le sort des Palestiniens, des Biafrais, des Irlandais sont des choses qui nous concernent au premier chef...[6]

D'autre part, la rédaction du feuilleton s'achève en 1970, soit deux ans avant les événements qui lui auraient servi de « source »...

Cet article reste troublant, en ce qu'il tend à enfermer Perec dans une sorte de destin d'écriture et de pensée : juif, il n'aurait pu qu'être sioniste, ou bien dans la dénégation du sionisme et de la réalité d'Israël.

D'où un double projet, qui ne sera qu'esquissé ici :
– prendre la mesure de ce que furent les idées politiques de Perec et en particulier de son internationalisme, qui ne pouvait que se démarquer de tout nationalisme quel qu'il fût ;
– parcourir l'œuvre en y cherchant les indices et les signes d'un intérêt pour « le monde arabe » (terme vague, peu satisfaisant, mais qui a l'avantage de son flou) : intérêt qui apparaît clairement dans la première œuvre publiée, *Les Choses*, et dans le roman posthume « *53 jours* », mais qui, c'est du moins mon hypothèse, se poursuit tout au long de l'œuvre.

Vu le temps imparti, j'ai choisi de me limiter à trois textes, les deux que je viens de citer, plus *La Disparition*. Manquera notamment *Quel petit vélo...* sur la guerre d'Algérie.

Dans *Les Choses*, le monde arabe est présent sous un double aspect : l'Algérie (à cause de la guerre) et la Tunisie (où les héros vivront un an). Mais les deux ne sont pas équivalents. « La guerre d'Algérie avait commencé avec eux, elle continuait sous leurs yeux. Elle ne les affectait qu'à peine. (...) C'est la guerre d'Algérie pourtant, et elle seule, qui pendant presque deux ans, les protégea d'eux-mêmes. (...) Des images de sang, d'explosion, de violence, de terreur, les accompagnaient en tout temps »[7].

Avec la fin de la guerre d'Algérie, « fin languissante, mélancolique »[8], le groupe d'amis se disloque. Jérôme et Sylvie acceptent un poste de professeur en Tunisie : « offre médiocre, terre-à-terre (...) Mais ils avaient quelques amis à Tunis, d'anciens camarades de classe, de faculté, et puis la chaleur, la Méditerranée toute bleue, la promesse d'une autre vie... »[9].

La Tunisie est-elle autre chose qu'un décor, vu superficiellement par de jeunes coopérants qui n'ont pas l'idée de s'y impliquer, d'apprendre la langue, etc. ? On serait tenté de le croire au premier abord. En fait, la description de Perec est significative, mais autrement.

Sfax est provincial, sans caractère, leur premier repas comporte une escalope milanaise. Leur appartement, vide, est un no man's land, ils y posent leurs insignes d'exilés, reconstituent leur décor parisien, écoutent du Beethoven et du Schubert. Ils entendent de la musique arabe, mais ce n'est pas par choix, un haut-parleur la diffuse : « modulations stridentes, cent fois ressassées, litanies d'une flûte au son aigre... »[10]. Ils se promènent dans la ville arabe, « mais parce qu'ils n'étaient justement que des promeneurs, ils y restèrent toujours étrangers. Ils n'en comprenaient pas les mécanismes les plus simples, ils n'y voyaient qu'un dédale de rues. »[11] Sfax est « une ville opaque »[12].

Il y a bien des noms de lieux qui désignent le monde arabe (l'avenue Bourguiba, l'avenue Hedi-Chaker, le Centre de propagande du Destour, etc.) mais la description que Perec fait de cette ville désertifiée est en fait une description de l'aliénation, double : aliénation du colonisé, aliénation différente du colonisateur (fût-il subjectivement innocent) qui ne *voit* rien de ce qui est devant lui. « Monde de fausses places, de fausses rues, d'avenues fantômes » : c'est le lecteur de Lukacs, l'auditeur de Goldmann, qui parle. Le caractère spectral du lieu métaphorise l'absence de tout contact possible avec les Tunisiens, mais aussi avec les autres étrangers du port (Italiens, Maltais, Grecs), et pour d'autres raisons avec les autres Français. « Jérôme pouvait donner l'impression qu'il avait emmené sa patrie, ou plutôt son quartier, son *ghetto*, sa zone, à la semelle de ses souliers anglais »[13].

Les tentatives d'évasion ne donnent rien : « ils tentaient (...) de trouver, dans les panoramas, dans les horizons, dans les ruines, quelque chose qui les aurait éblouis, bouleversés, des splendeurs chaleureuses qui les auraient vengés. Les restes d'un palais, d'un temple, d'un théâtre, une oasis verdoyante (...) les récompensaient parfois de leur quête. Mais, le plus souvent, ils ne quittaient Sfax que pour retrouver (...) les mêmes rues mornes, les mêmes souks grouillants et incompréhensibles... »[14]. Leur vision du désert, à la frontière libyenne, est sordide, minable (« carcasse d'âne, vieux bidon rouillé (...) chameaux pelés (...) chiens galeux... »). Les silhouettes humaines, à peine esquissées, sont conventionnelles : femme voilée, hommes qui boivent du thé en jouant aux dominos, marchands du souk. Tout les renvoie au « monde de leur propre solitude, de leur propre aridité »[15]. Seule la belle demeure de Hammamet, « construction ancienne, de style local » mais appartenant à des Anglais, « Tunisie cosmopolite, aux prestigieux vestiges », eût pu les séduire, « mais ils n'étaient devenus que des Sfaxiens, des provinciaux, des exilés »[16]. Ce n'est que le jour du départ que « Sfax sera vraiment une très belle ville »[17].

La citation de Marx qui clôt *Les Choses* constitue une clef de lecture. Non par rapport à la société de consommation comme on l'a trop dit. L'épisode de Sfax, qui occupe peu de pages dans le livre (pp. 141-178, 37 pages sur un total de 185) n'est pas un intermède : il est la variante désolée du *Portrait du colonisé*, c'est le portrait d'une vie fantôme. Sfax n'est pas Bouville comme on pourrait le croire d'abord, c'est bien une ville arabe quadrillée par le colonisateur, et à laquelle les héros ne peuvent rien comprendre : du moins, et c'est à inscrire à leur crédit, ne font-ils pas semblant.

La Disparition[18]

Dans *Les Choses*, si la Tunisie est en partie le lieu de l'action (ou de l'inaction), il n'y a aucun recours à un vocabulaire d'importation arabe, aucun effet d'exotisme lexical. Il en va autrement dans *La Disparition*, où prolifère tout un lexique « arabisant ». Précisons que je ne relève pas sous ce terme les mots français d'origine arabe, mais dont le locuteur habitué ne perçoit plus l'origine, comme azur ou divan. Les emprunts sont dans des registres très divers : lexique du vêtement (burnous pp. 42, 113, 268-9, gandourah, pp. 21, 80), de la météo (khamsin, p. 48, sirocco, p. 121, simoun, p. 56), de la nourriture (halva, rahat-loukoum, p. 166, boukha, p. 99, couscous, p. 161), de l'architecture (Alhambra, pp. 12, 139, Kasbah, pp. 139, 162, 183, moucharab, p. 32, où la forme *moucharabieh* subit évidemment la contrainte, souk, p. 250), de la religion (Coran, pp. 28, 195, talisman, p. 31, marabout, p. 177, iman, p. 90, Allah, pp. 151, 247, 251, Inch-Allah, pp. 267, 270, Islam, p. 175, ramadan p. 167 : ce dernier mot, sous la forme élidée ramdam, prend aussi son sens argotique de désordre, raffût, pp. 49, 93), des animaux (chacal, pp. 31, 248, sloughi, p. 109), de la géographie (Sahara, pp. 69, 275, Agadir, p. 90, Tunis, Casablanca, p. 274, Hoggar, chotts, In Salah, Tindouf, Tombouctou... (p. 276). On rencontre aussi des mots arabes plus ou moins passés dans la langue française mais perçus comme arabes : fissah (p. 176), smalah (p. 176), bakchich, (p. 234), gourbi (p. 265), chaouch (p. 267), kawa (p. 267). Dans certains de ces cas, l'emploi du mot arabe a pour fonction seconde d'obéir à la contrainte (*kawa* au lieu de café, *fissah* au lieu de vite).

Tous ces termes, passés ou non dans la langue française, ont en commun d'être exotiques certes, mais à peu près compréhensibles : à l'exception peut-être de *boukha* (qui sait ce que c'est ? Une liqueur de figue), leur référent est saisissable par le lecteur francophone. Effet donc d'exotisme tempéré, que seule la quantité souligne.

Au-delà de ce premier inventaire lexical, on constate que certains personnages du roman, individuels ou collectifs, sont arabes ou ont à voir avec le monde arabe. L'un des protagonistes, Ibn Abbou (à ne pas confondre avec Ibn Barka, dont l'enlèvement et l'assassinat sont effectivement évoqués pp. 73-74, avec des noms de personnages trop réels comme Oufkir : ce qui ne justifie pas l'erreur du critique qui vit dans le roman une histoire de l'affaire Ben Barka) est marocain, et si de nombreux indices suggèrent une identification avec un spécialiste réputé de l'Antiquité au Maghreb, et ami de Perec, dans la fiction le nom est clairement arabe, ou si l'on veut judéo-arabe.

Dans l'Avant-Propos, « on s'attaqua aux Nords-Africains, aux Noirs, aux juifs » (p. 11). L'un des personnages, Savorgnan, porte un patronyme illustre et fume des brazzas (p. 98), ce qui permet de reconstituer le nom d'un « héros » de la conquête africaine.

Que faire de ces remarques quelque peu disparates ?

De même « qu'un tanka a toujours trois, cinq, six ou parfois jusqu'à huit significations » (p. 115), je me risquerai à proposer une nouvelle (?) interprétation de *La Disparition*, qui ne vient pas contredire les précédentes, mais s'y ajouter. Ou plutôt deux :

1. *La Disparition* comme plagiat par anticipation du *Sanglot de l'Homme blanc*, puisqu'il y est question en toutes lettres, c'est le cas de le dire, de « La Disparition du Blanc » (p. 112) : un grand roman géo-politique et anti-impérialiste. L'origine de la malédiction, n'est-ce pas précisément « un soi-disant droit moral qui, classant l'individu suivant son rang, donnait tout aux Initiaux qu'il disait purs, bons, blancs, ôtait tout aux ultimaux qu'il noircissait tout à loisir » (p. 247) ?

2. Version lettriste ou formelle. L'arabe n'est-il pas le « jargon avocal »(p. 198) par excellence ? Mais il n'est pas seul dans ce cas, malheureusement pour ma démonstration.

Il serait ici nécessaire de jalonner l'ensemble des œuvres pour y relever allusions ou traces. A défaut, une lecture de « *53 jours* », par la netteté du contraste que ce dernier texte propose par rapport à *Les Choses*, pourra suggérer les pointillés d'une évolution.

« 53 jours »[19]

Le titre, on le sait, est dérivé de Stendhal, « c'est le temps que Stendhal a mis à écrire *La Chartreuse de Parme.* »[20]. Les noms de lieux sont italiens, tirés du même roman (Grianta, Cularo...) ou internationaux : place de la Paix, brasserie de Paris, bar du Hilton. Les premières pages du roman pourraient se situer n'importe où sauf en France (puisqu'y figure un Lycée Français). On serait tenté de voir une sorte de répartition entre les noms non-arabes (qui désigneraient les espaces du luxe ou du loisir) et les noms arabes (qui désigneraient les lieux du pouvoir et de ses bases économiques : noms de la famille du Président (Ouazilah, Farid Beldi, Boularkia)[21], de la mine d'uranium (Bab-el-Zghal) etc.). Mais la répartition ne serait pas rigoureuse : certains noms d'hôtel sont arabes, sacrifiant sans doute au désir de dépaysement des riches touristes (El-Ghazâl), et à l'inverse, certains lieux de lutte avec le pouvoir, de répression, portent des noms français.

Par ailleurs, les deux premiers romans enchâssés dans le texte (*La Crypte* et *Le Juge est l'assassin*) ne se situent nullement en Afrique du Nord : le premier, dans un pays nordique plus ou moins imaginaire, le second en France (une France oulipienne, puisque l'assassinat se déroule à *l'hôtel de Sens*). Les lieux évoqués dans *La Crypte* font l'objet d'un décryptage qui permet au narrateur d'y reconnaître un hôtel et deux restaurants de Grianta[22]. Le troisième, *K comme Koala* « se balad(e) allègrement entre Tunis, Alger, Paris, Ankara, Exeter, le Chili et l'Indonésie »[23], mais aucun des noms de lieux ne fonctionne, sinon hors texte, puisque le narrateur nous confie que « l'auteur a soigné la couleur locale » mais ne nous en donne aucun exemple[24].

La couleur locale, nous allons néanmoins en trouver quelque peu, dans des indices qui renvoient effectivement à l'Afrique, d'abord une Afrique intertextuelle, qui provient du premier roman *Les Choses* : « chatoyantes reproductions de faux portulans, un peu trop abondamment rehaussées d'AFRIQYA INCOGNITA »[25] ou moquette écossaise déjà vue par Jérôme et Sylvie à Hammamet. Puis une Afrique touristique : cornes de gazelles, tête de rhinocéros, défenses d'éléphants, carapaces de tortues géantes qui sont censés apporter aux clients du Hilton « les effluves exaltants des grandes chasses et de la pêche au gros »[26], masques, cimeterres et sagaies, tentures d'alfa et seroual noir du serveur[27]. Une Afrique en partie mythique, fondée sur des souvenirs de lectures d'enfance ou d'adolescence, de l'histoire de René Caillé, le découvreur de Tombouctou, se reflète dans le titre, et sur la couverture du roman de Serval, *La Crypte*, qui porte une illustration : paysage désertique, indigène souriant, chameaux et chameliers, avec l'inscription « Tombouctou 52 jours », « elle-même surmontée d'une inscription en arabe qui, je suppose, veut dire la même chose (mais dans l'autre sens) »[28]. Cette indication palindromique désignant le fonctionnement même du roman, « dont la seconde (partie) détruit méticuleusement tout ce que la première s'est efforcée d'établir »[29].

Or Perec, depuis son premier séjour à Sfax, est revenu à plusieurs reprises en Tunisie et y a gardé de nombreux amis : nul doute que ces voyages ont nourri les évocations de « 53 jours ». Les réminiscences autobiographiques sont même précises, par exemple lorsque le narrateur, se remémorant son adolescence au pensionnat d'Etampes, revoit en pensée les internes tunisiens : « c'était d'eux que nous nous sentions les plus proches, ils étaient encore plus fauchés que nous ne pouvions l'être... »[30]. Cette proximité, les informations dont Perec peut disposer grâce à ses amis tunisiens, vont probablement être l'une des sources de la description du régime politique de Grianta.

Mais paradoxalement, la description de Grianta, peut-être parce que lieu fictif, est, à un premier niveau du moins, beaucoup plus précise et plus chargée que n'était l'évocation de la Tunisie dans Les Choses. « Description » est d'ailleurs un terme impropre : il s'agit plutôt d'un inventaire au sens où l'entend Nicole Bilous à propos du premier roman de Perec :

> Alors que l'inventaire mentionne, la description construit. Dans un cas, une énumération qui juxtapose des informations, dans l'autre une représentation qui les organise avec des relations déictiques et logiques. (...) Occupé à repérer les concordances et les discordances avec son univers, et à se placer dans les coordonnées spatio-temporelles requises, le lecteur ne pense pas à s'interroger sur les intentions du descripteur. (...) Il y a donc une fausse parenté énonciative entre l'inventaire et la description. Le premier n'est pas contestable, la seconde est rarement contestée mais pourrait l'être.[31]

En effet, dans Les Choses, nous l'avons vu, il y avait bien une description, fût-elle oblique, de la Tunisie, qui nous a paru significative du regard socio-politique de Perec à l'époque. Description convaincante, mais qui « pourrait être (contestée) », dans la mesure où elle est le signe d'un engagement de l'auteur. Dans « 53 jours », en place de description, ce sont plutôt des fiches signalétiques, à caractère politique (Le Président-à-Vie, la corruption, les scandales, les constructions abusives...[32]). On apprend incidemment qu'il y a un couvre-feu, que des luttes de clans déchirent le gouvernement local, que les services secrets des grandes puissances y rivalisent, à cause de l'uranium et d'un archipel à importance stratégique[33]. La Main Noire, garde prétorienne du Président, « ramassis de tontons macoutes », torture, assassine... et exerce pour finir la réalité du pouvoir[34]. Le texte s'expanse parfois, par exemple pour évoquer les sinistres activités de cette garde prétorienne :

La terrible réputation de cruauté qui les entoure n'est pas du tout le fruit de l'imagination populaire ; à Grianta, presque tout le monde a eu un jour ou l'autre la pénible occasion de voir ce qu'ils étaient capables de faire ; certains matins, on trouve des hommes empalés sur les grilles du Jardin Botanique, ou d'autres, pendus par leurs tripes aux platanes de la place des Trophées...[35]

Mais de tels passages sont l'exception : la plupart du temps, pour évoquer la dictature de Grianta, le texte adopte l'énonciation économique, dépouillée, du journalisme : avec pour effet la production d'une sorte d'incontestable vérité – et la perte de toute interrogation, de toute problématisation de l'objet décrit.

Il ne faut certes pas oublier que « 53 jours » est un roman posthume, que Perec aurait probablement retravaillé. Mais la partie dactylographiée, jusqu'au chapitre XII, témoigne d'un relatif achèvement, or c'est celle qui se déroule à Grianta (moins les enchâssements déjà évoqués). Cette énonciation pose plusieurs questions.

Par rapport aux *Choses*, le lecteur peut y voir une régression : ce style journalistique, plat, pour décrire un pays arabe sous le joug d'une dictature, est finalement consensuel : quel lecteur aura envie de défendre une maffia ou un gouvernement corrompu et cruel ? Ce caractère non problématique suggère, de la part de l'auteur, une espèce d'indifférence, vis-à-vis d'une évidence qu'il ne serait plus nécessaire de démontrer, sur laquelle on n'a plus besoin de s'interroger (ce qui n'était pas le cas avec la Tunisie des *Choses*).

Peut-être peut-on faire un rapprochement avec ce que Perec, dans un entretien bien antérieur, dit des personnages de *Les Choses* :

A une époque où le Quartier latin était quotidiennement quadrillé, assiégé, on ne pouvait pas oublier la guerre. Mais quand ils (Jérôme et Sylvie) cessent d'être étudiants, la guerre, qui continue, reste à peu près le dernier élément d'une conscience politique forte. Elle épuise pour eux l'action politique ; et quand elle se termine, ou même dès qu'ils comprennent qu'elle va se terminer, leur conscience d'être à gauche devient une conscience vide. Avec la guerre d'Algérie, ils ont perdu leur signe de reconnaissance. Ils ne trouvent pas de nouveaux terrains de contestation.[36]

On se trouverait donc devant ce paradoxe : « 53 jours », apparemment aussi engagé qu'un tract, dénonçant sous des pseudonymes transparents un régime nord-africain répressif, serait en fait un texte « dégagé », où l'essentiel serait à chercher bien loin de cette sorte de satire facile.

Dans le même sens, il convient de remarquer une sorte de « déterritorialisation » de la Grianta fictive : dans les notes inachevées, Perec écrit : « dès les premières lignes, tout est dit : la ville quadrillée, l'état d'urgence : bien sûr, la description tristement banale d'un régime policier : mais aussi, la France sous l'Occupation, les Gardes Mobiles, la « Résistance »... »[37]. La comparaison est sans doute historiquement abusive, mais elle indexe un refus de l'identification trop facile, qui établirait une équivalence sans nuances entre Grianta et la Tunisie (ou le Maroc, ou l'Algérie).

Ce dernier texte nous laisse donc sur une impression d'incertitude. Si Perec, de son premier roman au dernier, a parsemé ses textes d'allusions au monde arabe, si son intérêt pour la cause palestinienne et son éloignement pour le sionisme ne font aucun doute, le lecteur ne peut se défendre du sentiment que l'auteur des articles de L.G. a pris, depuis, ses distances vis-à-vis d'une volonté de décrire le monde et de le transformer : la dénonciation du régime de Grianta apparaît bien trop convenue pour être autre chose qu'un cadre pittoresque à la fiction. Et l'analyse « spectrale » des *Choses* était, sur ce plan, d'une autre pertinence.

Il y avait certes quelque intention polémique, ou au moins malicieuse, à chercher en Perec, juif, sinon « écrivain juif », des traces d'un intérêt pour le monde arabe. Je citerai pour finir, dans l'esprit d'une réconciliation peut-être pas utopique, *Phantasia*, roman du Tunisien Abdelwahab Meddeb, dont le narrateur médite devant la synagogue de Tolède :

> Admirez à Tolède l'austérité almohade de la synagogue transformée en église (...). L'arabesque, qui mêle la géométrie à la flore, envahit les murs, à l'accroc des pommes de pin, cédant la place, à l'approche du plafond, à une frise où la lettre hébraïque, dans la rectitude de ses pleins et déliés, bourgeonne et accompagne, d'éterne joie, la calligraphie arabe peinte en coufique tressé sur la corniche du plafond en bois de mélèze. Refusant de me soumettre au diktat de mon époque, nageant à contre-courant, je célèbre ce vestige comme l'emblème du conviviat arabo-juif.[38]

Notes

1. Georges Perec, *W ou le souvenir d'enfance* (1975), réédition Gallimard, coll. L'Imaginaire, 1997. Cf. Anne Roche, *W ou le souvenir d'enfance de Georges Perec*, Gallimard, coll. Foliothèque, 1997.
2. *W*, op. cit., p. 196. David Bellos a constaté, en étudiant le manuscrit du *Souvenir d'enfance*, que le signifiant « Algérie » apparaissait d'abord dans l'évocation du service militaire qui fit de Perec « un éphémère parachutiste » (p. 81). Dans le texte définitif, le mot a été déplacé : il reste dans un chapitre autobiographique (XXXI), mais il est dans un contexte fictionnel (le roman de Dumas).
3. *Ibid.*, p. 159 et passim.
4. Robert Misrahi, « W, un roman réflexif », in *L'Arc*, n° 76, 3ᵉ trimestre 1979, pp. 85-86.
5. *Ibid.*, pp. 85-86.

6. *Cause commune*, n° 4, novembre 1972, débat sur la violence.
7. Georges Perec, *Les Choses* (1965), J'ai Lu, 1972, pp. 92-96.
8. Ibid., p. 101.
9. Ibid., p. 140.
10. Ibid., p. 166.
11. Ibid., p. 149.
12. Ibid., p. 155.
13. Ibid., p. 160.
14. Ibid., pp. 163-64.
15. Ibid., p. 168.
16. Ibid., p. 170.
17. Ibid., p. 178.
18. Georges Perec, *La Disparition*, Denoël, 1969.
19. Georges Perec, « *53 jours* », P.O.L., 1989.
20. Ibid., p. 187. A noter que Dominique Bertelli a proposé une autre interprétation de ce titre, dans « L'invention du cinquante-trois », in *Le Cabinet d'amateur*, n° 1, printemps 1993, pp. 57-68.
21. « *53 jours* », op. cit., p. 80.
22. Ibid., pp. 72-73.
23. Ibid., p. 101. Cette liste sèche n'en est pas moins chargée d'intertextualité : Tunis (*Les Choses*), Alger (*Quel petit vélo...*), Ankara (*La Disparition*), Exeter (*Les Revenentes*), le Chili (*W*).
24. Ibid., p. 104.
25. Ibid., p. 17.
26. Ibid., id.
27. Ibid., pp. 17-18.
28. Ibid., p. 42.
29. Ibid., id.
30. Ibid., p. 31.
31. Nicole Bilous, « Les choses dans *Les Choses* », in *Le Cabinet d'amateur*, n° 1, Printemps 1993, p. 111.
32. « *53 jours* », op. cit., pp. 75-76.
33. Ibid., p. 105.
34. Ibid., pp. 111-115.
35. Ibid., p. 113. On songe forcément aux corps suppliciés des chapitres en italiques de *W*.
36. Propos recueillis par Marcel Bénabou et Bruno Marcenac dans *Les Lettres françaises*, 2 décembre 1965, pp. 14-15, reproduit in *Le Cabinet d'amateur*, n° 2, automne 1993, p. 69.
37. « *53 jours* », op. cit., p. 305.
38. Abdelwahab Meddeb, *Phantasia*, Sindbad 1986, p. 126.

Ecriture et Shoah
– raconter cette histoire-là, déchiffrer la lettre

par

Anny Dayan Rosenman
Université de Paris VII–Denis Diderot

La démarche novatrice qui a fait de deux moments et de deux choix d'écriture un seul texte, a généré une œuvre qui, dans sa singularité, semble avoir cristallisé le rapport de Perec à son histoire et à l'Histoire. Au point que *W ou le souvenir d'enfance* influe désormais sur la lecture et la réception de l'ensemble de l'œuvre perecquienne, happant parfois ses autres textes vers ce versant muet de l'écriture que le récit autobiographique et le récit fictionnel ne font que border.

On a longuement et brillamment analysé les rapports que tissent les deux textes qui constituent *W*, de même que les liens qui les rattachent à l'ensemble du texte pérecquien ou de la bibliothèque perecquienne. Ce qui ressort de la plupart des analyses, c'est que le texte autobiographique apparaît impuissant à dire sa propre histoire, d'où l'intuition qu'il faut chercher une possible énonciation de celle-ci ailleurs, dans le croisement, dans l'intertexte, dans l'écart, la suture, dans l'écho de certaines contraintes d'écriture[1]. D'où l'intuition aussi, que c'est bien le même récit qui se distribue d'un texte à l'autre, suivant des modalités différentes et successives, la forme fictionnelle établissant, si besoin en était, la nécessité du déplacement, de la mise à distance. Paradoxe supplémentaire, puisque c'est à ce texte fictionnel auquel il revient, suivant ses modalités propres, de dire l'Histoire.

Or pour Perec comme pour de nombreux écrivains, descendants de victimes de la Shoah, le rapport à l'Histoire dessine un rapport à une identité qui fut mortelle, et en l'absence d'une transmission portant sur l'ensemble d'un héritage religieux, historique et culturel, il induit des représentations de cette identité qui restent rivées au désastre, dans un rapport de fascination ou/et de dénégation, dans le déploiement d'une imagerie le plus souvent funèbre.

En témoigne l'univers de Modiano hanté par les métaphores de chasse, et où le gibier est toujours un gibier juif[2]. Celui d'Henri Raczymow[3] où les images qui s'imposent sont celles d'un livre aux pages blanchies, monstrueusement effacées, ou encore l'image d'un trou, d'une fosse au bord de laquelle se tient toute une génération (page blanche que l'on retrouve dans le blason d'Otto Apfelstahl, trou auquel Perec réfère son nom). Ou encore l'univers de Gérard Wacjman[4] où, aux photographies de famille qui représentent des morts, l'auteur associe des voix absentes, voix perdues, qu'il croit entendre résonner quand il entend parler yiddish.

Qu'en est-il chez Perec ?

Dans un article fondateur, Marcel Benabou traçait des pistes[5], mais indiquait aussi des fausses pistes, une pléthore de clés et de serrures plus ou moins bien ajustées, signalant, en fait, les limites, les dangers et les dérives d'une telle exploration. Et en effet, étudier dans l'œuvre perecquienne les représentations d'une judéité à la fois suscitée et interdite par les traces de la Shoah, revient à prendre conscience de leur mouvance, de leur complexité.

A prendre en compte la chronologie de l'écriture, à relire en *mauvais lecteur*, un texte *puis* l'autre, il devient possible de percevoir qu'un certain nombre d'images et de notations en apparence contradictoires, constituent les étapes d'une évolution qui, au cours des trois moments d'écriture que constituent les pages en gras du chapitre VIII, le feuilleton et le récit autobiographique, s'opère dans la capacité du narrateur à dire la perte et à assumer son identité, fût-ce sur le mode de la nostalgie. Il est par ailleurs possible de percevoir la manière dont ces traces se différencient selon qu'elles sont liées à la figure du père ou à celle de la mère.

Trois approches tentent ici de cerner ces représentations identitaires liées à l'Histoire. La première se centre sur les représentations très différenciées de l'identité de André-Judko et de Cyrla-Cécile. La seconde voudrait mettre en rapport l'histoire de deux cicatrices qui ponctuent diversement le texte pérecquien. La troisième met en parallèle et en miroir deux séances de déchiffrement[6] : un déchiffrement impossible et comme *interdit*, celui du blason d'Otto Apfelstahl dans le texte fictionnel ; un déchiffrement réussi, celui de la lettre hébraïque dans le texte autobiographique.

Les figures parentales

Dans *W* comme dans l'ensemble de l'œuvre de Perec, il y a comme une non-concordance entre les deux figures parentales qui ne sont presque jamais évoquées ensemble[7]. L'enfant Perec n'a pas de photos du couple parental, ou en tous cas, il n'en commente pas. Significativement, dans le récit fictionnel, Gaspard Winckler, le narrateur, est élevé par son père puis adopté par un voisin, en l'absence totale de personnage maternel, tandis que l'enfant autiste est élevé par sa mère sans qu'il soit jamais, à son propos, fait mention d'un père[8].

En fait, il semblerait presque qu'André-Judko et Cyrla-Cécile ne lèguent pas la même identité, tant l'un apparaît libre de tout déterminisme d'origine là où l'autre est comme circonscrite à sa judéité.

Une figure paternelle rassurante

Dans un premier temps, la figure du père ne semble en rien rattachée à la judéité. C'est une figure rassurante, conforme à une certaine imagerie, repérée et évoquée avec humour : *Sur la photo, le père a l'attitude du père*. Ce père existe pour son fils grâce à sa photo en tenue militaire. Si l'enfant a vu une autre photo de celui-ci en civil, s'il sait qu'il n'a été militaire que très peu de temps, c'est pourtant comme un soldat qu'il se le représente, et c'est cette représentation qui explique sa *passion féroce pour les soldats de plomb*.

En fait, ce soldat mort pour la France, semble avoir été engendré à l'âge de seize ans par la tante Esther qui l'a fait venir en France et qui *l'éleva presque seule*. Car dans ce premier texte, le père n'a pas d'origine définie, pas de lieu de naissance, pas d'existence antérieure à son arrivée en France. Perec narrateur nous annonce qu'il a beaucoup de renseignements sur son père parce qu'il a été adopté par la famille de celui-ci : *je sais où il naquit, je saurais à la rigueur le décrire, je sais comment il fut élevé ; je connais certains traits de son caractère*.

Ces informations, cependant, il omet en partie de nous les transmettre, de sorte que la saga familiale semble débuter en France. D'où la tante est-elle arrivée ? D'où a-t-elle fait venir sa famille ? A ce stade nous ne le savons pas. De même qu'à aucun moment, il n'est alors dit du père qu'il est juif. Ni de la tante, d'ailleurs[9].

En note, il nous sera donné un complément d'information. Le père est venu France en 1926, ce qui lui tient lieu, dans le texte, de date de naissance. Nous apprenons aussi qu'il avait auparavant été mis en apprentissage chez un chapelier de Varsovie, mais sans référence à son lieu de naissance.

L'enfant pense que son père s'appelle André et il est très fortement attaché à ce prénom : *Il avait un nom sympathique. André. Mais ma déception fut vive le jour où j'appris qu'il s'appelait en réalité – disons sur les actes officiels – Icek Judko, ce qui ne voulait pas dire grand-chose.* Dans la note numéro huit, consacrée à l'onomastique familiale, Perec nous donne la signification apparemment *évidente* de ce prénom qui ne voulait pas dire *grand-chose* : *Icek est évidemment Isaac et Judko est sans doute un diminutif de Jehudi,* référent juif s'il en est[10]. Un peu plus tard, à propos d'un souvenir qui se situe à Villard-de-Lans, le prénom du père apparaît associé à l'image de la croix dans un long développement, où le narrateur évoque une *Croix de Saint André*[11]. Plus tard encore, nous apprenons que Judko repose dans un cimetière militaire à l'ombre d'une croix de bois, une croix encrée. L'association répétée de Judko-André au motif de la croix ne semble pourtant pas avoir une signification religieuse[12]. Même si elle rattache fermement le prénom d'André à celui de l'apôtre crucifié, elle semble plutôt témoigner du désir de garder le père inscrit dans ce qui est senti comme une norme rassurante ou en tous cas, de refouler (langue, histoire, religion) ce qui pourrait l'en distinguer. Car ce père, qui *apprit le français avec une grande facilité* et qui apparaît si fortement lié à la France, semble capable de distribuer, de conférer de la *francité* : *Il me donna un unique prénom Georges et déclara que j'étais français.* L'expression est remarquable, même si nous savons qu'elle évoque une formalité administrative qui fait de l'enfant né sur le sol français, un Français. Car c'est bien la parole du père qui semble détenir le pouvoir de donner à l'enfant cette identité française.

L'enfant peut se représenter la mort de son père. L'une des variantes imaginaires de cette mort étant la mort de d'Artagnan emporté par un boulet. Il y donc un raccord possible entre le personnage du père, le monde des livres (d'Artagnan) celui des représentations enfantines (petits soldats) et, au sens large, celui de la culture.

Une image maternelle douloureuse et funèbre

Contrairement au père, qui est d'emblée présenté sous son nom français ou francisé, André, et qui n'émerge à la mémoire ou à la connaissance qu'au moment de son arrivée en France, la mère, évoquée dans le même chapitre, est immédiatement située dans son rapport à la judéité et à la Pologne :

> Cyrla Schulevitz, ma mère, dont j'appris, les rares fois où j'entendis parler d'elle, qu'on l'appelait plus communément Cécile, naquit le 20 août 1913 à Varsovie.

Cyrla est d'abord évoquée par son nom « étranger », c'est dans un second temps qu'elle se révèle être appelée communément Cécile. De façon notable, contrairement à la cascade d'interprétations étymologiques plus ou moins fantaisistes données en notes et concernant le nom de Perec (Peretz, Beretz, Baruk ou Barek) le nom de la mère ne donne lieu à aucune interprétation, à aucun commentaire sauf celui qui concerne la multiplication des fautes d'orthographe dans la transcription de son nom. Or, quels que soient les graphies utilisées, son nom, Schulevitz, renvoie toujours à la même racine *schul* qui veut dire synagogue.

La condition de Cyrla-Cécile semble pouvoir être résumée en quelques mots : *Elle était juive et pauvre*. Elle apparaît intimement associée à sa ville natale, Varsovie, et plus particulièrement à son ghetto, en une rêverie, une reconstitution imaginaire qui dessine le portrait de Cyrla enfant, en des vignettes où ne surnage qu'une image sinistre de misère (lumière blafarde, froid, neige). Le seul évènement heureux qui lui soit attribué est son départ pour la France[13] et la joie qu'elle en aurait ressenti. Joie évoquée en un beau texte qui renvoie l'image d'un fils et d'une mère en miroir, car ce sont bien des traits propres à Perec, amour des atlas et des cartes, qui sont alors décrits.

Ainsi, dès l'enfance, la mère semble prédestinée à être une victime, sort que n'arrive pas à conjurer la douceur de son sourire et qui est lié à son appartenance et à son lieu de naissance. De façon caractéristique, le texte qui lui est consacré insiste sur le fait que lorsque Cyrla Perec est déportée en Pologne, *elle revoit son pays natal avant de mourir*.

L'image de la mère introduit donc celle d'une judéité très fortement marquée[14] mais il s'agit d'une judéité douloureuse, souffrante, funèbre, où vont s'unir en une image doublement mortuaire, la neige et le feu.

Alliance métaphorique qui préside à la mort de la cantatrice Cecilia Winckler en Terre de Feu, et qui ressurgit en note dans le chapitre VIII à propos de Cyrla, l'associant à la tendre figure funèbre de la petite marchande d'allumettes. Autant que l'aspect stéréotypé du conte, souligné par Perec, ce qui frappe ici est la présence du même réseau mortifère, constitué par les images de neige, de froid, de blanc et de feu suggérées par la flamme si vite éteinte des allumettes.

De cette inscription sous le signe du feu, la mère a laissé une marque à l'enfant. *Je porte encore sur la plupart des doigts de mes deux mains, à la jontion des phalanges et des phalangettes les marques d'un accident qui me serait arrivé alors que j'avais quelques mois, une bouillotte en terre, préparée par ma mère se serait ouverte ou cassée, m'ébouillantant complètement les mains*[15].

Mère et judéité, ainsi associées, sont placées sous le signe de la brûlure, de la blessure, de la mort. *Il me semble qu'elle se blessa un jour et eut la main transpercée. Elle porta l'étoile.*

Identification et cicatrices

Il est fait état de deux cicatrices dans *W*. L'une, en apparence peu investie bien que signifiante[16], évoque des traces de brûlures sur les phalanges des deux mains, mentionnées comme en passant, comme oubliées par le narrateur puis par son lecteur. L'autre, surinvestie, joue un rôle important dans l'imaginaire perecquien. Elle résulte d'une blessure qui lui a été faite avec un bâton de ski, par un jeune garçon : *Pour des raisons mal élucidées, cette cicatrice semble avoir eu pour moi une importance capitale : elle est devenue une marque personnelle, un signe distinctif.*

Cette cicatrice, en quelque sorte masculine, faite avec un objet phallique (pointe en avant) induit une très forte identification avec un tableau, un portrait d'Antonello de Messine. Ce condottiere, ce chef d'armes, (les mercenaires combattaient souvent pour des villes qui n'étaient pas les leurs) présente des similitudes inattendues mais troublantes avec un autre combattant, un soldat, un père soldat (*je l'ai toujours connu soldat*) qui s'est engagé et a combattu pour la France dans un régiment d'étrangers. Un soldat, dont le prénom André, si important pour son fils, signifie en grec : homme, et, par extension, courageux, viril.

Si l'on se souvient que le titre entier du tableau si souvent cité est, plus précisément, *Portrait d'un homme, dit le Condottiere* d'Antonello de Messine et que, citant un passage d'*Un homme qui dort*, Perec évoque *le portrait incroyablement énergique d'un homme de la Renaissance, avec une toute petite cicatrice au dessus de la lèvre supérieure*, il apparaît que cette identification au *Condottiere* est une identification au père beaucoup plus littérale qu'on ne pouvait le penser à première vue (non pas identification au père en général, mais bien à ce père-là, avec son histoire propre, et il faudrait alors prendre la mesure de toutes les résonnances de ce prénom, André, qui veut dire homme, dans le cadre d'une histoire mortelle où ceux qui étaient anéantis étaient qualifiés de sous-hommes).

Cette identification par la cicatrice, fonctionnerait aussi dans le sens d'une transmission d'identité, puisque la cicatrice de Jacques Spiesser joue un rôle déterminant dans le fait que Perec le choisit pour jouer *L'homme qui dort*[17].

Est-ce dire que ne s'exprimerait dans *W* que le refus d'une identité juive, ressentie comme dangereuse, mortelle, et totalement associée à la mère[18] ? Un détour par Venise suggèrerait une réponse plus nuancée. Car si La

Ecriture et Shoah

Giudecca, où Gaspard Winkler croit reconnaître un homme de W, apparait à première vue comme un référent juif incontestable, si très communément on pense qu'il s'agit du lieu où vivaient les Juifs de Venise, en fait, quelle que soit l'étymologie du nom Giudecca (l'une des hypothèses en ferait non l'île des Juifs mais l'île du jugement), les Juifs de Venise n'y ont jamais habité. Ils habitaient le ghetto où, traditionnellement, leur métier était d'être fondeurs (*il fut un peu coiffeur, il fut fondeur et mouleur*).

Le référent apparent se trouve donc être un référent féminin en quelque sorte vide, alors que le référent se situe ailleurs, de façon plus voilée, du côté du père[19], un père qui, rappelons-le, *était dans les transmissions.* Processus d'identification qui peut être encore confirmé par la comparaison de deux épisodes.

Du blason d'Apfelstahl à la lettre hébraïque

La mise en rapport de deux épisodes de déchiffrement pourrait éclairer l'évolution inscrite dans le texte, par rapport à une identité et à une histoire. Le premier se situe dans le texte fictionnel. Il s'agit de la missive écrite à Gaspard Winkler par Otto Apfelstahl et de la tentative de déchiffrement du blason de ce dernier. Cette lecture sera suivie d'une rencontre avec le mystérieux Apfelstahl.

Le second épisode se trouve dans le texte autobiographique et concerne la lecture d'une lettre de l'alphabet hébraïque. Le déchiffrement de cette lettre constituerait le premier souvenir d'enfance du narrateur. Il s'agit d'un texte abondamment et brillamment commenté qui se situe au chapitre quatre du texte autobiographique et se trouve encadré par les chapitres trois et cinq du texte fictionnel.

A mettre en relation les deux épisodes, on est frappé par un certain nombre de détails récurrents et de transformations signifiantes car les deux scènes fonctionnent dans un rapport qui est à la fois un rapport de condensation et un rapport d'inversion. Le souvenir ou la construction imaginaire de l'enfant assis et déchiffrant la lettre, condense plusieurs éléments de l'autre épisode : la lecture de la lettre d'Otto Apfelstahl, la tentative de déchiffrement de son blason et le rendez-vous dans le bar de l'hôtel. On y repère facilement, d'une séquence à l'autre, un certain nombre d'éléments communs.

Au niveau des notations temporelles : le narrateur a changé d'identité depuis trois ans lorsqu'il reçoit la lettre[20], l'enfant a trois ans au moment du déchiffrement.

Au niveau des représentations spatiales : le bar de l'hôtel où est fixé le rendez-vous se situe au fond du hall, et le narrateur s'installe au fond du bar. La scène familiale se situe dans une arrière-boutique[21].

La présence des journaux est, dans les deux cas, soulignée de façon insistante : journaux réclamés, lus, reposés dans le bar. Dans l'autre épisode, journaux éparpillés par terre, sur lesquels l'enfant est assis[22].

Mais si ce rapport est un rapport de condensation, c'est aussi un rapport d'inversion. Les deux textes fonctionnent en miroir. Dans le cas de la lettre hébraïque : *le signe aurait eu la forme d'un carré ouvert à son angle inférieur gauche*[23].

Dans le blason, par contre, on trouve *au bas à droite un livre ouvert*.

Autre élément d'inversion : lors de la scène dans le bar, le narrateur se retrouve absolument seul. Il insiste à plusieurs reprises sur le fait qu'il n'y a absolument personne dans le bar et que personne ne fait attention à lui, pas même le nouveau serveur[24]. Alors que pendant la lecture de la lettre hébraïque, l'enfant est entouré, fêté, encerclé par *toute la famille, la totalité, l'intégralité de la famille*[25] qui s'extasie sur sa performance.

A étudier attentivement les deux objets successifs de déchiffrement, il apparaît que le blason d'Apfelstahl et la lettre hébraïque pourraient proposer deux représentations différentes d'une identité juive, représentations qui vont *se succéder* dans W puis dans Le souvenir d'enfance et dont on peut penser qu'elles renvoient respectivement à la mère et au père.

Le blason

Lors de la première tentative de déchiffrement, le blason énigmatique renvoie à une appartenance de groupe, autant qu'à une identité individuelle. Comme l'écrit Béatrice Fraenkel,

> L'héraldique constitue une sorte de passerelle entre la conception toute collective du sujet qui prévaut au Moyen-Age et l'individualisme contemporain magnifiant la signature.[26]

Le blason d'Apfelstahl, incompréhensible et indéchiffrable pour le narrateur, représenterait donc davantage que la seule identité du personnage. Sa lecture initie d'ailleurs une interrogation et une perplexité qui vont se déplacer de l'identité du correspondant inconnu sur celle du narrateur lui-même.

Ce qui *interdit* la lecture et la compréhension de ce blason[27], c'est l'absence d'un code (que le narrateur ne connaît pas) mais aussi l'aspect double et ambivalent de ses figures (à l'intérieur d'un récit double qui met en scène deux narrateurs dont l'un est encore dédoublé au niveau du nom).

Bien que le narrateur s'abstienne de toute interprétation, les deux premières figures du blason semblent *lisibles*, en tous cas pour un lecteur perecquien qui accepterait une lecture au premier degré et, en quelque sorte, innocente.

La tour crénelée est un symbole sans doute courant dans le langage héraldique mais qui n'en préfigure pas moins la tour crénelée qui s'élève au centre de l'île W[28] : *ce nom-même de Forteresse vient du bâtiment central, une tour crénelée, presque sans fenêtres, construite dans une pierre grise et poreuse, une sorte de lave pétrifiée et dont l'aspect évoquerait assez celui d'un phare.*

La lave pétrifiée, jaillissement de matière en fusion, constitue ici une première occurrence de la thématique du feu présente dans une série de connotations qui se répèteront de façon insistante. De même, le blason laisse assez clairement voir *un livre ouvert aux pages vierges* : le peuple juif est appelé le peuple du livre et l'on sait que l'identité de Perec se situe d'abord dans l'écriture. (En hébreu, le mot Perec a d'ailleurs le sens de chapitre.) Le fait que les pages du livre soient vierges suggèrerait que, plutôt que d'un livre héritage, il s'agit d'un livre à écrire[29]. Mais ces pages blanches peuvent aussi suggérer, comme dans l'œuvre de Raczymow, qu'il s'agit d'un livre aux pages *monstrueusement effacées.*

Les autres signes sont plus obscurs et appellent une interprétation plus élaborée ou plus humoristique. Bien qu'il ne soit ni *sinuant* ni *couronné de lauriers,* on retrouve un serpent dans les armes de Lord Ashtray[30] dont le nom est par ailleurs fortement rattaché à la même thématique de flammes et de cendres[31].

Par contre, les images suivantes ont l'air de s'organiser en séries rattachées au destin de la mère. Si le terme de racine peut s'inscrire dans un champ sémantique identitaire, la *main qui aurait été en même temps racine,* la main enterrée, la main de morte renvoie à des signifiants plus tragiques. et rattachés à l'image de la mère dans W. On peut se rappeler qu'il est question plusieurs fois de main blessée, de main transpercée, d'ongles ensanglantés lorsqu'il s'agit de la figure maternelle.

La troisième figure, nous dit-on, pourrait être *aussi bien un nid qu'un brasier,* c'est-à-dire un élément aérien généralement métaphorique de la cellule familiale, de l'abri où la mère protège et nourrit ses petits[32], mais qui, mis en correspondance avec le mot brasier, évoque alors l'image d'une cellule familiale détruite, consumée, et nous renvoie à son tour à la thématique du feu, de la fumée, de la flamme suspendue en l'air, obsédantes images du génocide.

Ce troisième élément suggère d'ailleurs au narrateur encore d'autres lectures apparemment inspirées de l'Ancien comme du Nouveau Testament. Il lui semble reconnaître *une couronne d'épines,* ou un *cœur transpercé,* motifs que l'on peut mettre en rapport avec le calvaire christique déjà évoqué[33].

Enfin il y voit aussi *un buisson ardent,* élément qui renvoie à l'une des expériences fondatrices du judaïsme, la révélation faite à Moïse dans le désert du Sinaï. Et cette référence inscrit à son tour le rapport au judaïsme dans un contexte de flammes, elle le rattache à ce qui brûle et donc au réseau sémantique déjà relevé.

C'est dans ce réseau signifiant que s'inscrit l'évocation de la brûlure décrite dans le récit autobiographique, et qui traduit l'ambivalence du narrateur face à une figure maternelle douloureusement, indissolublement liée aux flammes et à l'anéantissement.

Un certain nombre des figures repérables dans le blason avaient pour caractéristique commune leur aspect plus ou moins circulaire : nid, couronne d'épines, cœur. Or Perec au cours d'un long développement étymologique insiste sur le fait que Perec, le nom de son père, voudrait dire en hébreu trou : *Le nom de ma famille est Peretz. Il se trouve dans la Bible. En hébreu, cela veut dire trou, en russe poivre, en hongrois (à Budapest plus précisément) c'est ainsi que l'on désigne ce que nous appelons Bretzel*[34]. Le bretzel étant une sorte de galette trouée[35].

Ce blason même partiellement déchiffré renvoie donc aux éléments les plus douloureux d'une identité religieuse, calvaire christique, camps symbolisés par la tour crénelée, flammes, familles dévastées, supplice de la mère auquel s'adjoint la thématique liée au nom et à l'héritage qui est celle du trou, de la béance.

On peut comprendre que le narrateur ait du mal à déchiffrer ce blason, qu'il y renonce, sauf en ce qui concerne un élément à la fois plus évident et plus positif, que constitue le livre.

La lettre hébraïque
Si le premier déchiffrement donne lieu à une lecture impossible, le second témoigne d'une lecture réussie et entraîne (fût-ce imaginairement) un sentiment d'appartenance à la communauté de la lettre.

On peut remarquer que le doute induit par Perec lui-même sur le caractère improbable de la lettre hébraïque et les commentaires qu'il a suscités, semble avoir détourné l'attention de l'une des caractéristiques de cette scène : le déchiffrement de la lettre hébraïque renvoie à un sentiment d'unité, de bonheur, rarement évoqué dans l'ensemble du récit, à une rêverie d'inclusion heureuse au sein de la famille, la totalité, l'intégralité de la famille (famille qui sera décimée) et plus largement à une rêverie d'inclusion au sein d'une communauté. Dimension encore renforcée par la référence de présentation au Temple où Jésus est entouré de vieillards bienveillants. Ce sentiment d'appartenance le rattachant au groupe par la lettre.

Si l'on se situe sur ce plan, il n'est pas essentiel que la lettre hébraïque soit ou non correctement calligraphiée, qu'elle se transforme plus tard en *gamette* ou *gamelle* et qu'elle soit ainsi humoristiquement frappée d'inexistence. Elle fait partie dans la réalité ou dans l'imaginaire, d'un signifiant juif qui n'est plus *interdit*, qui peut susciter une démarche de déchiffrement, *d'identification* (identifier/s'identifier) et de partage.

De surcroît, ce signifiant s'inscrit dans une scène remarquable par sa douceur, par sa lumière, par sa référence à un tableau de Rembrandt, qui opère à différents niveaux. Cette référence a pour fonction de rappeler qu'il s'agit d'une scène reconstituée, d'une vignette et de souligner la lucidité du commentateur Perec quant à l'inclusion dans le souvenir d'un *ready made* culturel.

Mais cette séquence a aussi pour fonction d'inclure la référence à la judéité non seulement dans le malheur de l'Histoire mais aussi dans la culture et une certaine forme d'harmonie. Elle opère un raccord avec l'univers culturel de Perec qui est sa véritable famille.

Que le tableau existe sous ce titre ou non, la référence à la *Présentation au Temple* de même que l'autre titre proposé *Jesus en face de docteurs*, ou *Jesus au milieu des docteurs* renvoient à une présentation faite par le père, devant ceux que l'on appelle traditionnellement les docteurs de la loi, élément qui renvoie, là aussi, à la figure paternelle[36].

Du feuilleton *W* au texte autobiographique, s'est donc opérée une évolution[37] qu'illustrent deux séances de lecture, centrées autour de deux lettres.

Dans un premier temps, l'identité juive semble associée à un blason que le narrateur ne peut ni déchiffrer ni identifier, blason de la Shoah, blason de la mère, lié à des images négatives, destructrices, mortifères. Par contre, quand cette identité est référée au père, bien que de façon voilée, elle peut alors donner lieu à une lecture heureuse, à des représentations plus positives qui déboucheront, plus tard, sur le projet de *L'Arbre* et sur *Les Récits d'Ellis Island*.

Notes

1. *Cahiers Georges Perec* n° 2, *W ou le souvenir d'enfance : une fiction*, *Textuel*, revue de l'UFR Sciences des Textes et Documents, Université Paris VII–Denis Diderot.
2. Métaphore très développée dans *Livret de famille*, Gallimard, 1977, mais présente dans une grande partie de l'œuvre de Patrick Modiano.
3. Henri Raczymow, *Un cri sans voix*, Gallimard, 1985.
4. Gérard Wacjman, *L'Interdit*, Denoël, 1986.
5. Marcel Benabou, Perec et la judéité, in : *Cahiers Georges Perec* n° 1, P.O.L, 1985.
6. Séquences qui ont été largement commentées mais séparément.
7. A quelques exceptions près, dont le passage, essentiel, qui clôt le chapitre VIII.
8. Des références plus précises à *La Disparition* et à *La Vie mode d'emploi* mettraient en évidence les troubles qui y affectent les schémas familiaux, troubles auxquels Claude Burgelin consacre une partie de son étude, Perec et la cruauté, in : *Cahiers Georges Perec* n° 1, P.O.L., 1985.
9. Dans ce chapitre, il est fait mention d'un oncle qui part en Israël, mais c'est pour y faire fortune (choix curieux à l'époque pour ce genre d'ambition).
10. *Jehudi* peut se traduire par juif.
11. Georges Perec, *W ou les souvenir d'enfance*, Denoël, 1975, p. 105.
12. Bien qu'un motif christique traverse effectivement le texte, mais distribué entre les différents membres de la famille.
13. Faut-il associer à ce rapport très investi à la France, l'erreur troublante qui fait croire à son fils qu'elle a été déportée à Ravensbrück ?
14. Il semble même que, dans certains cas, il existe comme un glissement vers la figure maternelle, des éléments de judéité de la famille paternelle. Le père de Cyrla, Aaron Schulevitz, est représenté sur le mode humoristique en train de chausser ses lunettes à monture d'acier pour lire la Bible. Or il semblerait, d'après David Bellos, que c'est le père de Judko qui passait son temps à lire la Bible.
15. *W ou les souvenir d'enfance*, op. cit., chapitre 6, note 24.
16. Ela Bienenfeld, que j'ai interrogée à ce propos, ne se souvient ni de cet épisode ni de cicatrices sur les mains de Georges Perec. Elle se souvient par contre avoir eu, elle-même, dans son enfance, les mains brûlées par l'eau d'une bouilloire. Après un plâtre, et un bandage, une cicatrice qui circule ?
17. *W ou les souvenir d'enfance*, op. cit., p. 142.
18. Ce que pourrait confirmer sous forme de boutade, cette déclaration attribuée à Jésus qui ne fait état que d'un seul de ses deux parents, son père qui *était dit-on ouvrier charpentier*, Georges Perec, *Je suis né*, Seuil, 1990, p. 10.

19. L'auteur de ces considérations hésite à aggraver son cas en ajoutant que la Giudecca est située sur la Spina Lungha, et qu'il suffit d'une très légère rotation pour que le voyageur se retrouve dans une autre petite île, dénommée, par anticipation sans doute, San Giorgio.
20. Le chiffre trois qui est répété dans les deux textes correspond à la troisième lettre de l'alphabet hébraïque, c'est-à-dire le guimel dont il pourrait être question.
21. « Le premier souvenir aurait pour cadre l'arrière-boutique de ma grand-mère. »

    Dans *La mémoire et l'oblique* (P.O.L., 1991), Philippe Lejeune présente six versions de ce souvenir, qui ont précédé la version définitive : « Quatre d'entre elles viennent de *Lieux* ; les deux autres sont tirées des avant-textes de *W ou le souvenir d'enfance* et datent de 1970 » (p. 216). Dans deux de ces versions, on retrouve la même scène dans une arrière-cuisine, ou dans un arrière-magasin mais avec la même distribution de l'espace.
22. « Je suis assis au centre de la pièce, au mileu de journaux yiddish éparpillés. »

    Dans l'une des versions du texte citées par Philippe Lejeune l'enfant est assis sur de *vieux* journaux. Le journal lu dans le bar dans le récit fictionnel *date de plus de deux mois*.
23. On sait l'importance et la récurrence de cette structure, analysée par Bernard Magné.
24. « ... trop occupé à prendre les commandes des clients récemment attablés pour faire attention à moi » (*W ou le souvenir d'enfance*, op. cit., p. 27).
25. *W ou les souvenir d'enfance*, op. cit., p. 22.
26. Béatrice Fraenkel, *La signature, genèse d'un signe*, Gallimard, 1992. Il est d'ailleurs intéressant de noter que, dans les deux cas, persiste la trace de la signature qui se réfère à l'individu. A côté du blason se trouve la signature de Apfelstahl qui, elle, est identifiable. La fameuse lettre hébraïque à l'identité incertaine ressemble pour Catherine Binet à la signature de Perec. Pour David Bellos elle aurait la forme de l'initiale de son prénom inversée : G.
27. « En fait je ne parvins à reconnaître clairement que deux des cinq symboles qui le composaient : *une tour crénelée au centre,* sur toute la hauteur du blason, et, au bas, à droite, *un livre ouvert aux pages vierges ;* les trois autres en dépit des efforts que je fis pour les comprendre me demeurèrent obscurs... des figures en quelques sortes doubles, d'un dessin à la fois précis et ambigu, qui semblait pouvoir s'interpréter de plusieurs façons sans que l'on puisse jamais s'arrêter sur un choix satisfaisant : l'une aurait pu à la rigueur passer pour *un serpent sinuant dont les écailles auraient été des lauriers,* l'autre pour *une main qui aurait été en même temps une racine* ; la troisième était aussi bien *un nid qu'un brasier, ou une couronne d'épines ou un buisson ardent, ou même un cœur transpercé* » (*W ou le souvenir d'enfance*, op. cit., p. 6).

28. « Deux des symboles reconnaissables, *une tour crénelée* et *au bas à droite un livre ouvert*, ont une valeur d'annonce ; ils préfigurent *la tour crénelée (qui) sert de siège au Gouvernement central de W* et le récit qu'entreprendra le narrateur. » Mireille Ribière, L'autobiographie comme fiction, in : *Cahiers Gorges Perec* n° 2, p. 28. De même, Mireille Ribière met en rapport le caractère hébraïque *ouvert en son angle inférieur gauche* et, dans le blason, le livre ouvert *au bas à droite*.
29. Dans un certain nombre de représentations picturales, la position des livres apparaît très codée. Ainsi on trouve souvent représentés deux livres, symboles des Ecritures : l'un ouvert, qui représente le Nouveau Testament, l'autre fermé qui représente l'Ancien Testament.
30. « Il n'est pas difficile d'établir un lien entre un brasier et un buisson ardent qui nous renvoie vers une symbolique d'Abraham et de la judéité. » « Une brève incursion dans l'onomastique par le biais de la traduction littérale du nom Ashtray nous renvoie à : ash-cendre, ashtray-cendrier et à H dans asHtray – c'est la grande H de l'histoire. » Ewa Pawlikowska, Une biographie intertextuelle : autoréférences et citations dans *W* et dans *La Vie mode d'emploi*, in : *Cahiers Georges Perec* n° 2.
31. Ce serpent couronné des lauriers de la connaissance qui lui ont valu, ainsi qu'à sa comparse, tant de déboires, pourrait nous entraîner vers une réjouissante bande dessinée biblique. De plus, la pomme fatale, absente de ce syntagme, se retrouve dans le blason du même Lord Ashtray.
32. Dans *La Vie mode d'emploi* (Hachette, 1978), parmi les miniatures peintes par Marguerite, la femme de Gaspard Winckler, on retrouve des figures similaires : *Sur l'a-plat d'émail d'une chevalière, elle restituait un paysage énigmatique, où sous un ciel auroral, parmi des herbes pâles bordant un lac gelé, un âne flairait les racines d'un arbre ; sur le tronc était cloué une lanterne grise ; dans les branches un nid vide était posé* (p. 309).
33. Ou avec celui de la mère. A l'une des séances du colloque Perec, Daphné Schnitzer commentait ce cœur transpercé, en évoquant le livre de Raymond Roussel, *Impressions d'Afrique*, et la mort de Rhul, mère coupable, dont le cœur est transpercé par une épingle à cheveux.
34. *W ou les souvenir d'enfance*, op. cit., p. 51.
35. Lorsque Gaspar Winckler entre dans le bar de l'Hotel Berghof, lieu de son rendez-vous, le serveur se dirige vers lui et lui demande s'il veut des Bretzel. Dans *La Vie mode d'emploi*, on retrouve un écrivain nommé Bretzlee.
36. Mais aussi à Otto Apfelstahl docteur de la loi, à sa façon, à défaut d'être *medical doctor*.
37. Evolution qui apparaît liée au contexte historique et mémoriel des années 70, à la démarche analytique, mais aussi à la démarche d'écriture, le premier texte, texte fictionnel, libérant en quelque sorte l'écriture du second.

Entrer dans la Boutique obscure[1]
(sans se heurter à la table)

par

Daphné Schnitzer
Université de Tel-Aviv

Histoire d'un accident de lecture

Un curieux petit texte intitulé : « Peut-on entrer dans la Boutique obscure sans se heurter à la table ? » (de matières bien sûr !)[2] figure dans la seconde livraison du Cabinet d'amateur 2. L'auteur de ce texte, Wilfrid Mazzorato a été victime, en lisant la Boutique obscure[3] d'un accident de lecture : il a cru découvrir, dans la table, un autobiographème. En effet, la numérotation des rêves y est coupée de manière curieuse : certaines séries de chiffres sont interverties. Mazzorato compte 34 numéros de rêves intervertis, soit un 43 inversé. Seulement, l'édition consultée est posthume : l'édition originale ne contient pas ces coupures, qui en fait sont des coquilles : on a coupé les pages un peu trop bas. Exit l'autobiographème : ce n'était pas Perec après tout.

Paradoxalement, Mazzorato voit dans cette coïncidence la preuve évidente que le texte perecquien, même et surtout lorsqu'il échappe à son scripteur, est voué au sens. Idiosyncrasie perecotique, déformation professionnelle ? Sans doute. Mais on touche néanmoins ici à un point névralgique du phénomène Perec, à savoir la question du bon usage de l'autobiographème[4].

Trouver de l'autobiographème là où on ne s'y attendrait pas *a priori* – dans une table de matières – c'est faire preuve d'une maîtrise raisonnable des règles du jeu, lesquelles réfutent la possibilité d'une zone neutre dans le texte perecquien ; trouver de l'autobiographème dans les coquilles d'édition posthume, c'est poursuivre sur cette voie au-delà de toute limite. On trouve du sens, mais c'est par hasard : ce n'est plus du sens programmé par Perec, on n'est plus dans le texte. Il n'empêche que, même à vide, la machine à décrypter fonctionne et produit quelque chose.

Mais pourquoi s'être attaqué en premier lieu à la table de matières de la Boutique et pas, ce qui aurait été plus logique, à la première page ? La réponse à cette question nécessite une incursion du côté de la singulière histoire de *la Boutique obscure*.

1. Le statut générique de *la Boutique obscure*
1.1. Du côté de l'épitexte.
LBO a été authentifiée par les experts, en l'occurrence David Bellos et Philippe Lejeune, comme le journal onirique – du moins une partie de ce journal – tenu par Perec, commentaires diurnes et croquis en moins. Les rêves qui y figurent reproduisent, sous leur forme première, les notations prises au réveil. Il n'y a pas eu de travail d'écriture à proprement parler.

Rien de moins sûr pourtant, car ce que nous raconte l'épitexte de LBO – soit les publications de l'analyste de Perec et le récit de cure de l'analysé – c'est que cette transcription brute est déjà censée être seconde. En effet les rêves de Perec étaient toujours au rendez-vous, et lui venaient, de son propre aveu, « tout écrits dans la main, y compris leurs titres ». Au point où Pontalis se demandait si ces rêves avaient vraiment été vécus, ou s'ils avaient d'emblée été rêvés comme rêves et finalement rêvés pour être dits en analyse.[5] Formulation à laquelle fait écho celle de Perec : « j'ai fini par admettre que ces rêves n'avaient pas été vécus pour être rêves, mais rêvés pour être textes »[6]. Chassé-croisé qui rend le statut de ces rêves/textes littéralement indécidable : s'agit-il de transcriptions non encore élaborées de rêves, publiées telles quelles pour des raisons de contingence – un contrat à respecter avec l'édition Denoël, selon David Bellos[7] – et dans ce cas, quel pourrait bien être leur degré de lisibilité sans les associations de l'analyse ? Faut-il gager d'un inconscient perecotique (oulipien), d'une pathologie privée ou s'agit-il au contraire de textes déjà élaborés, mais dans le rêve ? C'est-à-dire de faux rêves, faux parce qu'aboutissant non pas à l'appropriation d'une intériorité, à la constitution d'une intimité mais simplement à la rédaction d'un texte, l'honnête transcription du rêve, une fois promue objet de désir – devenant une perversion, un acte fétichiste – selon le diagnostic partagé du tandem Pontalis-Perec. Et nous revoici en pleine pathologie privée, cette fois du côté du texte : à partir du moment où le rêve est rigoureusement identique au récit du rêve, qu'y a-t-il à lire ?

Défaut de littérarité ou défaut d'onirisme ? Quels critères invoquer ? Est-on censé comparer les textes de *la boutique* aux récits de rêve d'autres écrivains pour juger de leur degré de littérarité – ou aux autres textes de Perec pour juger de leur degré d'onirisme ?

1.2. Du côté du péritexte.
Pour échapper à ce dilemne, on est tenté de se jeter, à la suite de Mazzorato, sur le péritexte qui pourrait finalement représenter ce qui se rapproche le plus, ici, de l'écriture (en tout cas de l'idée qu'on s'en fait ...).

Le péritexte auctorial de *LBO* comporte un titre et un sous-titre – *la Boutique obscure, 124 rêves* ; une table de matières, une dédicace, une citation mise en exergue, un petit commentaire introductif et un commentaire sur la mise en page. Procédons à l'examen sommaire de ces données en commençant, Mazzorato oblige, par la table de matières. A première vue, rien de particulier : les 124 rêves mentionnés dans le sous-titre sont dûment numérotés dans la table, la numérotation des rêves se substituant à une pagination, qui aurait fait double emploi.

A y regarder de plus près, on constate, chose inhabituelle dans un journal onirique que quatre rêves ne sont pas de Perec : les rêves 38, 39, 40 sont attribués à « J.L. » (Jacques Lederer) et le rêve 104, à « P » (Paulette ?). Le nombre de rêves restant – 120, ou trois fois 40 incite à s'interroger sur le choix du nombre 124, qui est relativement restreint par rapport à la durée du journal onirique – de mai 1968 à août 1972, en tout quatre années et trois mois. On retrouve l'autobiographème du 43, certes, mais en même temps sont mis en rapport les événements de mai 1968 et le massacre des athlètes israéliens à Munich, en août 1972 – rappel des jeux olympiques de 1936 qui vont jouer leur rôle olympoulique dans *W ou le souvenir d'enfance* en 1975.

2. Analyse
2.1. Pages de garde.
Je me limiterai ici à l'examen sommaire des pages de garde. Sur la première page, en haut à droite, on trouve cette dédicace : « Pour Nour ». Nour, alias Noureddine Mechri, frère d'élection de Perec mais aussi homophonie en « our », qui pour une oreille juive, fait résonner, dans le prénom arabe, le nom biblique de la patrie d'Abraham. Référence qui parait incongrue au premier abord, si ce n'est que le père de Perec se nommait Icek, c'est-à-dire Isaac. Sous la dédicace, un peu à gauche, on peut lire le texte suivant : *puisque je pense que le réel n'est réel en rien, comment croirais-je que les rêves sont rêves* – qui suggère dans une veine philosophique l'interchangeabilité du rêve et du réel – et, en dessous, une double signature, qui relativise quelque peu la portée de cette argumen-

tation : Jacques Roubaud et le Moine Saigyo. L'écart temporel flagrant entre Roubaud, écrivain oulipien du XXe siècle et le Moine Saigyo – poète japonais du XIIe siècle – incite à faire un détour du côté de l'intertexte, et plus précisément d'un petit livre de Roubaud paru en 1970 et qui porte le joli titre : *Mono no aware*[8], « l'esprit des choses » en français. Ce livre est une traduction littérale de tankas du XIVe siècle.

Rappelons que le tanka est un type de poésie à forme fixe comportant cinq vers qui se décomposent invariablement en trente et une syllabes d'après une métrique impaire et irrégulière : 5, 7, 5, 7, 7 syllabes. Les syllabes jouent un prosodique et typographique : elles font partie du poème et fonctionnent à la manière d'un accompagnement musical. La traduction de Roubaud transpose la métrique du tanka de la syllabe au mot : le poème traduit fonctionnera en 3 3 5 3 5 mots – soit 19 mots en tout contre 16 dans l'original. Le poème cité en exergue à LBO est le 140e poème de *Mono no aware* (voir annexe A : le poème original et sa traduction par Roubaud, et la version de Perec – qui est une traduction au carré, traduction d'une traduction).

En comparant la version japonaise à la traduction française, on voit que dans la partie japonaise du texte, chaque vers commence à un endroit différent de la ligne : dans la partie française qui lui est associée le vers commence au même endroit, mais les vers ne sont pas dans le même ordre. Pour le dire en chiffres : le vers 1 japonais correspond au vers 2 français ; le vers 2 japonais au vers 3 français ; le vers 3 au vers 1 ; le 4 au 5 et le 5 au 4. Ce qui revient à un déplacement, dans le sens le plus littéral du terme.

Passons maintenant à la transcription perecquienne, qui est bien sûr à comparer à celle de Roubaud, et non au poème du Moine Saigyo. La première différence qu'on constate par rapport à Roubaud, c'est que Perec brouille le principe de base du tanka : les vers 1, 2 et 4 c'est-à-dire les syntagmes du réel, de la négation du réel et du rêve commencent tous au même endroit sur la ligne ; de même pour les vers 3 et 4, soit les syntagmes, en principe opposés, de la raison et de la croyance.

La seconde différence, plus flagrante, est que le texte japonais original disparaît dans la version perecquienne, ou plutôt est présent en creux via le nom du Moine Saigyo. Il en découle cette troisième différence, que le moine Saigyo, nommé dans le texte de Perec où il n'est pas présent, est présent dans le texte de Roubaud qui justement ne le nomme pas.

En résumé : Saigyoroubaud désécrit par Perec produit les changements suivants : *occultation* du texte-souche : le tanka japonais, devenu invisible ; *transcription fautive* de la traduction de Roubaud, qui elle-même représente un *déplacement* par rapport à l'original ; apparition de la double signature, qui fonctionne comme un *lapsus*, une erreur renvoyant à l'original japonais qui, incompréhensible pour la moyenne des lecteurs français, fonctionne comme la *langue oubliée du rêve latent* : un désir qui est là, mais qui reste inaccessible, intraduisible strictu sensu...

Mais une lecture freudienne ferait valoir que ce n'est pas par hasard que Perec choisit de remanier le tanka 140 : la métrique impaire et les 16 mots décomposés en 31 syllabes renvoient en effet à ce père âgé de 31 ans et mort un 16 juin en 1940[9]. En 1968 – date du premier rêve consigné dans *LBO* – Perec est plus âgé que son père : retour à l'homophonie en « Our » dans la dédicace, à Abraham au lieu d'Isaac. Sur la page suivante figure un commentaire sans signature aucune :

> *Tout le monde fait des rêves. Quelques-uns s'en souviennent, beaucoup moins les racontent, très peu les transcrivent. Pourquoi les transcrirait-on, d'ailleurs, puisque l'on sait que l'on ne fera que les trahir (et sans doute se trahira-t-on en même temps ?). Je croyais noter les rêves que je faisais : je me suis rendu compte que, très vite, je ne rêvais déjà plus que pour écrire mes rêves.*
>
> *De ces rêves trop rêvés, trop relus, trop écrits, que pouvais-je attendre, sinon de les faire devenir textes, gerbe de textes déposée en offrande aux portes de cette « voie royale » qu'il me reste à parcourir – les yeux ouverts ?*

La voie que Freud croyait royale – voie d'accès, au terme d'un parcours réglé : déplacement, condensation, figuration, du rêve manifeste au désir latent – Perec se propose ici de la parcourir les yeux ouverts : très consciemment. Freud désécrit par Perec donne l'équation suivante : le rêve manifeste est la trahison du rêve latent de même que la transcription est la trahison du rêve manifeste. Pris à la lettre, ce processus engendre un paradoxe : là où il y avait du latent, se trouve maintenant du manifeste ; là ou il y avait du rêve manifeste, se trouve maintenant une transcription, du texte. Le paradoxe étant bien sûr qu'on ne peut pas avoir en même temps et à la fois – au même endroit – du rêve manifeste et un texte transcrit... Roubaud, *et* le Moine Saigyo.

Chiasme bien perecquien, permutation qui retourne le présupposé freudien contre le lecteur/analyste, puisque la transcription, une fois décryptée ne mène pas au latent, mais au manifeste. Nous voici fixés : *LBO* s'annonce, par le biais paratextuel, comme un texte perecquien à part entière. Forts de cette rassurance – si on peut dire – entrons enfin examiner la marchandise, en l'occurence, le rêve 1 placé sous la double égide de Freud et de l'Oulipo : le mot « taille » désigne, entre autres, un poème à forme fixe.

2.2. Le texte du rêve n° 1 : La taille.

n° 1

Mai 1968

La taille

La taille (dont le nom m'échappe : métronome, perche) où devoir rester ad. lib. plusieurs heures. Comme de bien entendu. L'armoire (les deux caches). La représentation théâtrale. L'humiliation. ?. L'arbitraire.

C'est une pièce avec plusieurs personnes. Il y a dans un coin une toise. Je me sais menacé de devoir passer plusieurs heures dessous ; c'est une brimade plutôt qu'un véritable supplice, mais extrêmement inconfortable, car rien ne retient le haut de la toise et, à force, on risque de rapetisser.

Comme de bien entendu, je rêve et je sais que je rêve comme de bien entendu que je suis dans un camp. Il ne s'agit pas vraiment d'un camp, bien entendu, c'est une métaphore de camp, un rêve de camp, un camp-métaphore, un camp dont je sais qu'il n'est qu'une image familière, comme si je refaisais inlassablement le même rêve, comme si je ne faisais jamais d'autre rêve, comme si je ne faisais jamais rien d'autre que de rêver de ce camp.

Il est bien évident que cette menace de la toise suffit d'abord à concentrer en elle toute la terreur du camp. Ensuite, il apparaît que ce n'est pas si terrible. D'ailleurs, j'échappe à cette menace, elle ne se réalise pas. Mais c'est précisément cette menace évitée qui constitue la preuve la plus évidente du camp : ce qui me sauve, c'est seulement l'indifférence du tortionnaire, sa liberté de faire ou de ne pas faire ; je suis entièrement soumis à son arbitraire (exactement de la même façon que je suis soumis à ce rêve : je sais que ce n'est qu'un rêve, mais je ne peux échapper à ce rêve).

La seconde séquence reprend ces thèmes en les modifiant à peine. Deux personnages (dont l'un est très certainement moi-même) ouvrent une armoire dans laquelle ont été pratiquées deux caches où sont entassées les richesses des déportés. Il faut entendre par « richesses » tous objets susceptibles d'augmenter la sécurité et les possibilités de survie de leur possesseur, qu'il s'agisse d'objets de première nécessité ou d'objets possédant une valeur d'échange. La première cache contient des lainages, énormément de lainages, vieux, mités et de couleurs ternes. La seconde cache, qui contient de l'argent, est constituée par un mécanisme à bascule : une des étagères de l'armoire est creusée intérieurement et son couvercle se soulève comme un couvercle d'un pupitre.

Entrer dans la Boutique obscure

Pourtant cette cachette est jugée peu sûre et je suis en train d'actionner le mécanisme qui la dévoile afin d'en retirer l'argent, lorsque quelqu'un entre. C'est un officier. Instantanément nous comprenons que, de toute façon, tout cela est inutile. En même temps, il devient évident que mourir et sortir de la pièce sont équivalents.

La troisième séquence aurait sans doute pu, si je ne l'avais presque complètement oubliée, donner un nom à ce camp : Treblinka, ou Terezienbourg, ou Katowicze.

La représentation théâtrale était peut-être le « Requiem de Terezienbourg » (*Les Temps modernes*, 196., n°., pp. ...-...). La morale de cet épisode effacé semble se référer à des rêves plus anciens : On se sauve (parfois) en jouant...

2.3. Dossier critique de La taille.

A première vue, *La taille* s'insère dans la rubrique « Rêves du troisième Reich » à cause de la référence massive aux camps, doublée de l'identification du rêveur à la victime. D'où, sans doute, la faveur dont jouit ce texte auprès des critiques. *La taille* est en effet le seul rêve de Perec à avoir un dossier critique, et à être, malgré sa longueur, intégralement cité par ses commentateurs. Mais comme souvent dans le cas de textes jugés explicites, la fréquence de la citation est inversement proportionnelle à la longueur du commentaire. Voici, à titre démonstratif, celui de Hartje et Bellosta, paru dans *L'humain et l'inhumain* :

> Lorsque, en 1973, Perec fait paraître 124 récits de rêves, il ouvre et ferme son receuil par deux rêves où est inscrite la mémoire des camps de concentration. Voici le premier.[10]

Suit le rêve, avec une petite coquille : le point d'interrogation du premier alinéa est accolé à la note qui le précède, au lieu d'en être séparé, comme dans la version originale, par un point.

Le commentaire de David Bellos est plus court encore, et se réfère plutôt à la date du rêve qu'à son contenu :

> In May 1968, in the midst of *la Disparition* and of the first great love affair of his life, Perec had a dream that he noted down, and then tidied up for publication.[11]

Suit la reproduction tronquée de *La taille*, sans le titre, et sans le premier alinéa.

Le seul commentaire élaboré de *La taille*, celui de Jean-Daniel Gollut[12], porte non pas sur le thème concentrationnaire ni sur la date mais sur la dimension discursive du texte. Gollut s'arrête sur une particularité du rêve 1, qui est le seul des 124 rêves dont le récit est présenté à deux stades de son élaboration. Le premier alinéa (qui se distingue de la suite du texte par la taille légèrement réduite des caractères) représenterait la version première, la notation du rêve ; les cinq autres alinéas représenteraient la version « rédigée ».

L'analyse de Gollut procède en deux temps. En un premier temps est établie une table de concordance approximative entre les deux versions (voir annexe B). Dans un deuxième – et dernier – temps, sont explicitées les procédures d'élaboration du récit de rêve perecquien, parmi lesquelles on retrouve sans surprise la logique énumérative chère à Perec, et la surdétermination des composantes de base, qui figurent dans le premier alinéa et que la version « rédigée » s'appliquera à détailler. Mais l'analyse achoppe sur le manque de cohésion textuelle : Gollut se demande pourquoi Perec s'est arrêté là, au seuil d'un « vrai » récit, dans son travail d'élaboration[13].

Récapitulons. *La taille*, rêve-fétiche de la critique, suscite soit la citation sans commentaire, à titre illustratif d'une mémoire d'un enfant de la Shoah, soit l'analyse discursive, qui reste décevante : on voit qu'il y a élaboration, mais l'élaboration reste partielle : manque le récit. Quant à l'interprétation du rêve, elle brille par son absence.

2.4. *Le parcours interprétatif.*

Essayons de dépasser cette difficulté. A reconsidérer *La taille* et les commentaires que ce rêve a suscités, on constate l'existence de lacunes symétriques. Du côté de la lecture référentielle, n'est pas prise en compte la pluralité des signifiés potentiels : le rêve parle des camps, certes, mais il est encadré par des références à une autre scène, elle-même dédoublée : Mai 1968, ce sont les barricades à Paris, mais c'est aussi la date de parution du numéro spécial des *Temps modernes* consacré au conflit arabo-israélien. D'autre part, *Les Temps modernes*, c'est le titre du film satirique de Charlie Chaplin, sorti en 1936 – l'année de naissance de Perec.

Du côté de la lecture formelle, soit du tableau de Gollut, il y a également des lacunes significatives. Ainsi la première notation du récit A, qui est la seule à former une phrase entière, quoique agrammaticale (manque le sujet) : « La taille (dont le nom m'échappe : métronome, perche) où devoir rester ad. lib. plusieurs heures » est simplement mise en rapport avec les lignes 1 et 2 du texte B : « il y a dans un coin une toise, je me sais menacé de devoir passer plusieurs heures dessous. »

Or cette première notation résonne ailleurs dans le rêve : la parenthèse sur le nom qui échappe à Perec fait écho au nom oublié du camp dans le sixième alinéa ; le métronome fait écho au mécanisme à bascule dans le cinquième alinéa et au requiem mentionné dans le sixième alinéa comme source possible du rêve. Le mot « où » (devoir rester) fait écho à « passer dessous » dans le deuxième alinéa ; enfin l'oxymore « devoir rester ad.lib. » – ou *ad libitum*, au gré de l'exécutant – fait écho à la liberté du tortionnaire de faire ou de ne pas faire, dans le quatrième alinéa.

La seconde remarque, « comme de bien entendu », renvoie effectivement au vertigineux troisième alinéa, mais on en trouve aussi une trace dans le quatrième : « il est bien évident », et dans le cinquième : « il faut entendre (par richesses tous objets...)». De manière plus générale, une prise en compte des unités discursives peut difficilement faire l'économie du facteur de cohésion central de *La taille* : les jeux de mots, allitérations, homophonies et anagrammes dont la présence massive incite à soupçonner, sinon un inconscient métronomique, du moins une très consciente contrainte à l'œuvre. Dans le premier alinéa à lui seul, on ne compte pas moins de six jeux de mots, assonance, allitération, anagramme : dont le nom/métronome ; plusieurs/heures ; représentation/humiliation/point d'interrogation ; échappe/perche ; l'armoire, la représentation, l'arbitraire ; LA Représentation théâTRALe.

Se profile assez rapidement une surdétermination tant sur le plan référentiel que sur le plan du signifiant : d'où le besoin de reconstituer un niveau premier de lecture. Or cette opération est mise en échec, dans la pratique, par un double mouvement de réduction et de bifurcation du sens. Prenons le titre : *La taille*. D'une part, le potentiel associatif quasi illimité de ce mot (« taille de diamant », « taille de monument », « taille de vêtement », « tour de taille », « format », « hauteur », « se tailler » en argot, « ténor », « tailleur » , « entaille ») est brusquement réduit, dans le premier alinéa, à la seule idée de mesure avec la mention du métronome et de la perche, avant-coureurs de la toise.

D'autre part, la séquence logique – devoir rester caché plusieurs heures dans l'armoire – se dédouble en deux scénarios distincts : passer à la toise, et retirer de l'argent d'une armoire. Scénarios qui semblent, d'ailleurs, être disposés dans le mauvais ordre : « normalement », la menace de la toise devrait venir sanctionner le délit, la première séquence aurait dû être seconde. Mais ce n'est déjà plus le même scénario. Et de toute manière, l'expression populaire « passer à la toise », qui signifie s'enrôler dans l'armée, n'offre aucun point de contact immédiat avec la torture dans les camps nazis. Quoique la phrase « c'est cette menace évitée qui constitue la preuve la plus évidente du camp » ait sa vérité politique : elle semble faire écho à l'argument de Faurisson qui prétend que l'absence de témoins est la preuve de l'inexistence des chambres à gaz.

Ou alors, autre exemple de réduction ad absurdum, la référence au musée Auschwitz – entassements de chaussures, de lunettes, de cheveux – qui prend ici la forme d'un tas de vieux lainages tenant sur une étagère dans l'armoire ; et la fameuse bibliothèque pivotante de la cache d'Anne Frank, ici réduite à une étagère creuse. A moins que, par effet de contagion de l'argot militaire, on ne choisisse de lire « étagère à mégots » – c'est à dire : oreille – quitte à voir dans cette étagère creusée intérieurement non pas une référence à une cache mais un autoportrait de Perec fumant à son bureau en écoutant jouer, pourquoi pas, le *Requiem de Terezienbourg* ?

Et que faire justement des fautes d'orthographe dans la transcription des deux derniers noms de camp – Terezienbourg au lieu de Terezienstadt, KatowicZe avec un « z » au lieu de Katowice ? Faut il y lire un cathowitz, un witz catholique : rapport au requiem, au cruZifix – toise crue fixe ? Ou une invite à lire, sous Katowicze, le nom Auschwitz, dernière destination des Schulewitz, Katowicze étant à Auschwitz ce que la toise est au camp : une métonymie inadéquate, une litote ?

A ce compte, le texte se transforme en machine infernale actionnée par le lecteur réduit au rôle de balancier détraqué, à l'image de Chaplin dans *Les Temps modernes*. Le problème, en somme, consisterait à fixer le haut de la toise. Une manière de le faire serait de suivre le mode d'emploi auctorial (deuxième page de garde de *LBO*) et d'actionner la clef « freudienne ». Or une lecture freudienne a vite fait de trouver une cohérence dans les apparentes incongruités du texte. Ainsi le scénario de la brimade sous la toise représente l'instance paternelle, plus spécifiquement, le père soldat, mort et enterré dans un coin du cimetière militaire[14] ; la toise de bois, placée dans un coin et dont le haut tombe, formant visuellement une croix est une représentation décalée de la tombe du père. Par ailleurs, une toise mesure six pieds, convoquant l'expression « six pieds sous terre ». Le scénario concentrationnaire qui intervertit le camp et la cache représente l'instance maternelle, plus spécifiquement, la mère qui, faute de s'être cachée, fut prise dans une rafle et déportée. L'inversion des séquences – du retrait de l'argent et de la punition sous la toise – se comprend, dans la logique freudienne, comme un lien de causalité entre la mort des deux parents : la mère de Perec fut déportée parce qu'elle eut la naïveté de croire, avec tant d'autres, que son titre de veuve de guerre la protégerait[15]. Enfin la troisième séquence, qui cumule lapsus et lacunes, représente la survie au prix de l'effacement presque complet du souvenir de la disparition des parents.

Sur le plan microtextuel font sens les éléments suivants : le camp qualifié d'« image *familière* » ; l'allitération en « m » et en « p » (« métronome », « perche ») évoquant *mère* et *père* dans les mots « métronome » et « perche » ; ainsi que la répétition du « comme si » au troisième alinéa, dont l'écho allemand (« komme' sie ») évoque sur le plan du latent un désir de régression, de symbiose avec les parents morts. On ne manquera pas de s'arrêter sur l'écho entre « métronome » et « énormément (de lainages) », renvoyant à ce mot énorme, ou mot-valise constitué par les trois noms de camps dans la troisième séquence : Treblinka, ou Teresienbourg, ou Katowicze.

Factuellement, il y a peu de rapport entre ces noms, dont seul le premier correspond au qualificatif de « camp ». Treblinka est un camp d'extermination ; Teresienstadt est un ghetto, Katowice n'a jamais été un camp : s'il y a bien eu en 44 quelques petits camps de travail pour juifs à proximité de Katowice, ce nom évoque, en premier lieu, la vie juive dans la Pologne d'avant-guerre. On chercherait aussi en vain une référence au « *Requiem de Teresienbourg* », ou Stadt, dans les numéros des *Temps modernes* des années 60. On y trouve, par contre, en 1966 un extrait de *Treblinka*, roman de J. F. Steiner, précédé d'un extrait de *La voie ferrée* de Kozinsky (un jeune garçon de sept ans, ayant perdu la trace de ses parents), et suivi d'un texte intitulé « De l'interprétation ou la machine herméneutique, de la lecture de Freud », par Michel Tort.

The Terezin Requiem est le titre du témoignage de Joseph Bor[16], publié en 1963. Les référents du mot-valise n'étaient donc pas le camp et le ghetto, mais des titres de livres. Or un titre fonctionne comme souvenir-écran par rapport à l'autre : Perec cite le *Requiem* de Joseph Bor à la place de *Treblinka* de Steiner. D'où la logique de la succession des noms dans le mot-valise : d'abord Treblinka, puis par-dessus Teresienbourg, qui se relie à Katowicze par le biais de la date de parution du *Requiem* : 1963 est l'anagramme de 1936 ; en 1936 est proclamée à Katowicze l'interdiction du rite kasher, avant-coureur de mesures anti-juives plus drastiques ; détail cité par Perec dans les extraits de journaux parus le jour de sa naissance et cités dans *W ou le souvenir d'enfance*.

Or, si Katowicze avec un Z évoque à la fois Szulewicz et Auschwitz il contient aussi le nom du père : Icek. Retour au Witz catho, à ce crucifix mal fixé dans un coin du cimetière militaire : coin se dit « Ecke » en allemand, père et ecke donnent Perec[17].

Toujours du coté du franco-allemand, Teresienbourg se lit : « terre sein bourre » ; la terre est de la bourre, un amas de poils détachés avant le tannage de la peau des animaux abattus, ou des déchets de matières textiles : retour au tas de vieux lainages dans l'armoire et au sort de la mère disparue sans laisser de trace. Retour aussi, par le biais du *Requiem*, au titre du rêve, puisque le livre de Bor raconte le sauvetage miraculeux – et temporaire d'un merveilleux ténor (= taille) ; et la performance unique du *Requiem* de Verdi, exécuté devant Eichman dans un décor de théâtre improvisé sur les lieux de l'hôpital juif – vidé de ses malades, on imagine de quelle manière – pour l'occasion.

La référence à la judaïsation du requiem catholique de Verdi – par un chœur chantant son propre kadish avant la déportation à Auschwitz – a pour effet d'actualiser dans le texte perecquien un lexique musical passé jusqu'à présent inaperçu : les sept notations du premier alinéa faisant écho au sept parties du *Requiem* de Verdi, le haut descendant de la toise reproduisant l'accélération du rythme du métronome, l'allitération en « d » dans « des déportés » se désécrivant en « des portées » – de musique, évocatrices de barreaux et de barbelés, au même titre que la toise-métronome, qui convoque également la délégation de la croix rouge envoyée visiter le ghetto de Teresienstadt.

Mais pourquoi cette appropriation de Teresienstadt – lieu où ni les Perec ni les Schulewicz n'ont transité ? Et pourquoi cette identification aux musiciens pour qui « sortir de la pièce » et mourir étaient effectivement équivalents puisqu'à la sortie les attendait la chambre à gaz ? La raison est sans doute à chercher du côté du choix imposé aux musiciens par les SS entre leur art et la mort immédiate avec les leurs. Les répétitions du *Requiem* représentaient un espoir de survie pour les artistes ; espoir démenti bien sûr par leur extermination ultérieure. Les répétitions du *Requiem* de Verdi ont été interminables parce qu'il fallait constamment renouveler le chœur ; les chanteurs « choisissant » invariablement de suivre leurs familles dans les transports.

Cécile Perec – dont le prénom bien français est emprunté à la patronne des musiciens, et que Perec imagine, dans *W ou le souvenir d'enfance*, grande cantatrice – n'a pas choisi d'être prise dans une rafle et d'être internée à Drancy, puis déportée en Pologne. Mais en faisant évacuer son fils et en restant à Belleville avec les siens, elle le dédie – ou le sacrifie – à l'écriture. D'où la logique rétrospective du choix de se produire « avec » les artistes de Terezin.

Métronome, ce mot énorme s'anagrammatise aussi en « mère to nom », et en « môme ténor » : confirmant la valeur commémorative de l'acte d'écrire. Les anagrammes, homophonies et allitérations dans le premier alinéa de *La taille* reproduisent les mots ART, SION, et le nom PEREC. En relisant le texte, on constate que toutes les allitérations sont en P, R et C/Z, à l'exception de la phrase en SS dans le cinquième alinéa (voir la liste complète en annexe C). L'allitération/anagramme en « ter » (terreur/terrible/Treblinka) se relie au prénom de Perec : Georges, qui signifie : travailleur de la terre[18]. L'arbitraire historique se désécrit en « l'art-bitraire », synonyme de l'Oulipo. L'omniprésence de la signature de l'artiste dans ce rêve, doublée de la valeur autobiographique des chiffres 7 et 3 (sept notations dans l'alinéa ; trois séquences) démontre, si besoin était, qu'on n'est pas dans du latent inconscient, mais dans un texte méta-freudien, produit par un sujet analysé.

3. Enjeux de la lecture
3.1. Contextualisation.
Là où la méthode freudienne présupposait une subjectivité inconsciente, Perec inscrit, par le truchement des inférences culturelles, du biographique collectif : la mémoire consignée de Teresienstadt. Le parti-pris de Perec – l'encryptage dans la dimension langagière, qui en soi va à l'encontre du discours traditionnel sur la Shoah[19] – doublé de la mise en scène de l'intégration de la mémoire collective de la Shoah au discours social institué[20] – constitue une approche originale de la question du statut de l'écriture dite « de l'après » : désarticuler le langage, refamiliariser le lecteur avec le jeu littéral sur les lettres isolées, équivaut au refus de l'indicible, de même que d'un quelconque langage nouveau (Nouveau Roman etc.) en faveur d'un rapport nouveau au langage existant.

Envisagé dans cette perspective, c'est tout le champ discursif culturel qui devient matériel à déchiffrer. En atteste, dans le microcosme perecquien, l'activité débordante de l'actuelle génération de lecteurs...

Annexe A : N° 140

  utsutsu wo mo
        utsutsu to sara ni
              omowaneba
      yume wo mo yume to
            nani ka omowamu

                puisque je pense
que le réel
    n'est réel en rien
        comment croirais-je
      que les rêves sont rêves
            (Roubaud, Mono no aware)

puisque je pense
  que le réel
    n'est réel en rien
comment croirais-je
  que les rêves sont rêves

        (Perec, *la Boutique obscure*)

Annexe B : Table de correspondances de La taille par J. D. Gollut (*Conter les rêves*, p. 354)

A	B
La taille (dont le nom m'echappe metronome, perche) ou devoir rester ad. lib. plusieurs heures.	Il y a dans un coin une toise. Je me sais menacé de devoir passer plusieurs heures dessous (lignes 1-2)
Comme de bien entendu	Comme de bien entendu, je rêve et je sais que je rêve comme de bien entendu que je suis dans un camp. Il ne s'agit pas vraiment d'un camp, bien entendu ... (6 sqq)
L'armoire (les seux caches)	Deux personnages (dont l'un est très certainement moi-même) ouvrent une armoire dans laquelle ont été pratiquées deux caches où sont entassées les richesses des déportés (23 sqq)
La représentation théâtrale	La représentation théâtrale était peut-être le « Requiem de Teresienbourg »...(41) (éventuellement:) C'est une pièce avec plusieurs personnes (1) Deux personnages (23) Il devient évident que mourir et sortir de la pièce sont équivalents (37-38)
L'humiliation	C'est une brimade plutôt qu'un véritable supplice (3)
?	La troisième séquence aurait sans doute pu, si je ne l'avais presque complètement oubliée (39-40)
L'arbitraire	l'indifférence du tortionnaire, sa liberté de faire ou de ne pas faire ; je suis entièrement soumis à son arbitraire (17-19)

Annexe C :   Le parcours interprétatif

Lecture « freudienne »

1. Plan manifeste

inversion de l'ordre des séquences 1 et 2
une image de camp/n'est qu'une image *familière*
métronome /énormément/Treblinka, ou Terezienbourg, ou Katowicze

2. Plan latent

métronome, perche-mère, père
parenthèse-parents
comme si (komme' sie)
Terre sien-sein bourre / énormément de lainages
catho witz (crucifix, cru si fixe)

Actualisation du texte (faux latent)

– lexique musical faisant transition :
Taille (ténor)
thèmes
des déportés (des portées)
pupitre
jouer

– homophonies :
LARmoire/La Représentation théatRALe/L'ARbitraire/L'ARgent/la moRALe (l'art)
représentaTION/humiliaTION/point d'interrogaTION (Sion)
CETTE cachETTE (7)

– allitérations :
Pièce avec Plusieurs Personnes
paSSer deSSous
menaCe de la toiSe Suffit... à conCentrer
C'est préCiSément Cette menaCe
la SeConde SéQUenCE
ouvRent une aRmoiRe dans laquelle ont été pRatiquées
entaSSées les richeSSes des déportés...poSSibilités de survie de leur poSSeSSeur qu'il s'agiSSe d'objets de première néceSSité ou d'objets

poSSédant..
la seConde Cache QUi Contient
méCaniSme à baSCule
une des étagèRes de l'aRmoiRe est CreuSée intéRieuRement et son
CouveRCle Se Soulève Comme un CouverCle de PuPitRe. PouRtant
RetiReR l'aRgent
lorsQUe QUelQU'un
TeREZienbourg/REpréSentation
se RéféReR à des Rêves

- anagrammes
PERChE
PRECisEment
EChapPER(à ce rêve
séquenCE REPrend
/dont l'un est TRES CERTainement moi-même/
devient évident

TERreur/TERrible/TREblinka/TEResienbourg (Georges, « travailleur de la terre »)

TREblinKA, ou TERezienbourg, ou KAtowicze (kat/4 ou Ter/3, ou Kat/4, 43)

métronome
mère to nom
mène o mort
notre môme
môme ténor

Notes

1. En compagnie de Wolfgang Orlich, s'entend !
2. Wilfrid Mazzorato : « Peut-on entrer dans *la Boutique obscure* sans se heurter à la table ? (Histoire d'un accident de lecture) », in *Le Cabinet d'amateur*, Revue d'études perecquiennes 2, Toulouse, automne 1993, pp. 31-36.
3. Georges Perec : *la Boutique obscure, 124 rêves*, Paris, Denoël, 1973. Toutes les références ultérieures à ce texte se réfèrent à cette édition désormais désignée par *LBO*.

4. Voir, sur cette question Bernard Magné : « L'autobiotexte perecquien », in : *Le Cabinet d'amateur*, Revue d'études perecquiennes 5, Toulouse, juin 1997, pp. 5-42.
5. J.-B. Pontalis : *Entre le rêve et la douleur*, Paris, Gallimard, 1977, p. 31.
6. Georges Perec, « les Lieux d'une ruse », in *Penser/Classer*, Paris, Hachette, 1985, p. 70.
7. David Bellos : *Georges Perec, A Life in Words*, London, Harvill, 1993, p. 505.
8. Jacques Roubaud : *Mono no aware*, Paris, Gallimard, 1970.
9. Voir *W ou le souvenir d'enfance*, Paris, Denoël, 1975, réed. Gallimard, 1993, p. 53.
10. Marie-Christine Bellosta et Hans Hartje : « *W ou le souvenir d'enfance de Georges Perec* », in : *L'Humain et l'inhumain*, Paris, Belin, 1997, p. 242.
11. Bellos, op. cit., p. 405.
12. Jean Daniel Gollut : *Conter les rêves, la narration de l'expérience onirique dans les œuvres de la modernité*, Paris, Corti, 1993, pp. 351-358.
13. Ibid., p. 358.
14. Voir *W ou le souvenir d'enfance*, op. cit., p. 54.
15. Voir *W*, op. cit., pp. 48, 57.
16. Josef Bor : *Terezinské Requiem*, Prague, 1963, trad. anglaise Edith Pargeter, 1963.
17. Voir W, op. cit., p. 54.
18. Je me souviens que j'ai été très surpris d'apprendre que mon prénom voulait dire « travailleur de la terre ». Georges Perec : *Je me souviens*, Paris, Hachette, 1978, p. 45.
19. Soumis à l'impératif éthique de la commémoration, qui se traduit sur le plan discursif par la représentativité et la linéarité.
20. Motif récurrent dans les écrits perecquiens : voir notamment la mécanique bien huilée des pélerinages aux lieux de mémoire ironiquement exposée dans *Récits d'Ellis Island*, Editions du Sorbier, 1980.

Perec et l'avant-garde dans les arts plastiques

par
Tania Ørum
Université de Copenhague

Je me propose, dans cette intervention, de montrer que l'œuvre de Georges Perec se rattache, de plus d'une manière, à l'avant-garde des années 1960 et du début des années 1970 dans les arts plastiques. Les parallèles sont, en fait, si nombreux qu'on peut parler de préoccupations artistiques communes, voire d'esthétique commune. Bref, il me semble que l'œuvre de Perec ne serait guère ce qu'elle est hors du cadre de référence esthétique des années 1960 issu très largement des arts plastiques.

Je n'évoquerai que très brièvement les questions d'influence : « Que savait Perec de l'actualité artistique en France et à l'étranger ? » « Comment en était-il informé ? » etc.

Sans doute, Perec connaissait-il plutôt bien ce qui se faisait à l'époque dans le domaine des arts plastiques. Ainsi, l'œuvre du peintre américain Joe Brainard et son livre *I Remember* (1975) lui étaient assez familiers pour qu'il en tire son propre *Je me souviens* (1978) – lequel devait à son tour susciter plusieurs tentatives semblables, notamment, sur le mode ironique, *Ce dont ils se souviennent*[1] (1990) de Christian Boltanski, qui explore les notions de perte, de mémoire et de disparition depuis la fin des années soixante.

Perec était probablement informé de ce qui se passait aux États-Unis par Harry Mathews. On sait également qu'il avait des contacts en Allemagne, notamment avec le groupe dynamique constitué autour de Max Bense – pionnier de la poésie concrète (dont la poésie visuelle et acoustique) proche des situationnistes allemands ainsi que de nombreux plasticiens et musiciens d'avant-garde des années soixante. Il aurait, par ailleurs, été impossible à Perec de ne pas connaître les activités de l'avant-garde en France. On pense, en particulier, aux monochromes et aux actions publiques d'Yves Klein (1928-62) qui, prenant en partie modèle sur le compositeur américain John Cage, s'était fait connaître du tout Paris et des milieux artistiques internationaux. Klein, qui avait le don de la provocation, avait fait de l'utilisation d'un certain bleu d'outremer sa marque exclusive et créait des tableaux en public ou devant la caméra, en utilisant, par exemple, des corps de femmes nus enduits de peinture bleue fraîche comme des « pinceaux vivants »[2]. Les activités des représentants du Nouveau réalisme et du groupe Fluxus comme Robert Filliou et Daniel Spoerri étaient également très loin de passer inaperçus.

Je ne m'attarderai pas plus longtemps sur ces questions d'influence et de sources. Ce que j'aimerais approfondir, en revanche, c'est la nature des liens manifestes entre l'œuvre de Perec et celle des plasticiens de son époque, à savoir la poétique et l'esthétique qui leur sont communes.

La manière dont Perec décrit sa collaboration avec les plasticiens montre bien que les rapports se fondaient sur une esthétique et une pratique artistique communes. Perec déclare, en effet, qu'il s'agit d'abord pour lui de « regarder comment [l'artiste] travaille » et ensuite d' « essayer de faire passer dans [son] propre travail quelque chose qui va venir se coller à ce qu'il fait mais qui n'est pas un commentaire »[3]. Comme le montre Bernard Magné, la relation entre le texte et l'image dans les œuvres issues de cette collaboration est « non une liaison anecdotique et illustrative [...] mais une liaison structurale au plan de l'activité productrice », de sorte que la collaboration se fonde précisément sur une esthétique commune ou, pour citer à nouveau Magné, sur « une certaine éthique visant à instaurer entre image et fiction une manière d'égalité dans la rigueur formelle »[4]. Mireille Ribière note, par ailleurs, à propos d'un texte écrit pour un catalogue d'exposition : « il ne s'agit pas pour Perec de faire concurrence à la peinture sur son propre terrain [...] mais de trouver à l'intérieur du matériau et des conventions linguistiques et littéraires un équivalent opératoire, voire paramétrique, du travail pictural »[5].

Au niveau esthétique – qui est aussi éthique et pratique, on le verra – Perec et l'avant-garde des années soixante et du début des années soixante-dix partagent, me semble-t-il, toute une série de présupposés esthétiques.

Il n'y a rien d'étonnant à cela, en un sens, puisque qu'ils appartiennent tous d'une manière ou d'une autre au « postmodernisme » ou « modernisme des années soixante », deux expressions utilisées pour désigner tantôt une époque tantôt un certain type d'art. Le (post)modernisme des années soixante (en littérature comme dans les arts plastiques) débute avec la seconde moitié des années cinquante et se poursuit très avant dans les années soixante-dix, période durant laquelle Perec produira une partie importante de son œuvre. Nombre des aspects qui caractérisent ce (post)modernisme, en tant que catégorie artistique, se retrouvent chez Perec.

Le (post)modernisme des années soixante, s'inscrit dans la tradition avant-gardiste. Il trouve, en effet, son origine dans le modernisme et l'avant-garde classique du début du siècle dont l'influence est encore très vive dans les années soixante et au début des années soixante-dix. Au sein de l'Oulipo, Perec sera en contact direct avec Queneau et diverses personnalités proches des milieux expérimentaux parisiens des vingt premières années du XXe siècle.

De même que l'avant-garde du modernisme classique, les années soixante remettent en cause les clivages traditionnels entre moyens d'expression : les écrivains font des films, les plasticiens manient mots et concepts, les compositeurs font appel à la poésie concrète dans leurs pièces radiophoniques ; des artistes venus de tous horizons préparent ensemble actions publiques, « happenings » ou projets liés à un questionnement d'ordre anthropologique, sociologique ou politique. On sait bien que Perec a lui aussi participé à de telles expériences. Ajoutons que dans ce type de collaboration, les arts plastiques jouent souvent un rôle moteur.

Contrairement à la plupart des artistes dont l'œuvre relève du modernisme classique, les (post)modernistes des années soixante ne manifestent cependant aucune hostilité envers la culture populaire et la consommation de masse. Loin d'être un avilissement tragique des valeurs culturelles, la culture de masse fait, pour eux, partie intégrante de la vie. Curieux, voire fascinés, par les produits de grande consommation, ils nient l'opposition entre beaux-arts et culture populaire. Le premier roman de Perec, *Les Choses* (1965), témoigne de cette fascination, aussi ambiguë fût-elle, pour les biens de consommation – lesquels figurent en bonne place parmi les souvenirs évoqués dans *Je me souviens* et les écrits plus sociologiques. Au plan stylistique, Perec évite, par ailleurs, le langage dit « poétique » afin de minimiser l'écart entre littérature et langue de tous les jours. Dans un même esprit d'ouverture culturelle, il fait place au jeu dans ses textes (puzzles, go, échecs, etc.).

L'un des aspects du refus postmoderne de la dichotomie entre beaux arts et culture populaire est la remise en question de la conception romantique (et, jusqu'à un certain point, moderniste) de l'artiste visionnaire et inspiré – refus que Roland Barthes (un des maîtres à penser du jeune Perec) résume par « la mort de l'auteur ». Le style d'écriture, discret et « neutre », que Perec adopte dans une grande partie de ses textes à partir des *Choses*, est précisément l'un des signes de cette « mort de l'auteur ». L'écriture n'est pas affaire d'inspiration, elle ne jaillit pas spontanément de l'esprit de l'auteur : le sens des textes n'est pas à chercher dans les tréfonds du texte, au niveau d'une psychologie des personnages ou d'une thématique qui correspondrait à la profondeur même des sentiments ou des pensées de l'auteur. L'écriture, nous disent les textes, est affaire de surface : ce sont des mots sur le papier dont l'agencement obéit à certains codes, contraintes ou règles de jeu.

Autre aspect de l'avant-garde des années soixante : la tentative généralisée d'abolir les barrières qui séparent le quotidien de l'art. Pour faire une place à l'art dans la vie, il faut débarrasser celui-ci de son aura sacrée, le rendre accessible à tous ceux qui sont prêts à participer, et l'associer aux activités et objets journaliers. Cette problématique du rapport entre l'art et la vie se retrouve dans la manière dont Perec intègre certains éléments biographiques dans son œuvre, dont le projet de *Lieux* et ses tentatives de description de ce qu'il appelle l'infra-ordinaire.

On note enfin chez les écrivains, plasticiens, compositeurs et autres artistes de l'époque un même intérêt pour les systèmes, la production de séries et les processus de catégorisation. Cet intérêt se manifeste sous diverses formes : questionnement de la représentation et des pratiques artistiques (avec, parfois, métadiscours et mise en abyme) ; importance des mathématiques, de la logique et de la philosophie ; fascination pour les modes de production standardisés et la planification rationnelle, dont témoignent, par exemple, la sculpture de Donald Judd, de Robert Morris et de Dan Flavin, ou les dessins et collages architecturaux d'Alison et de Peter Smithson ; intérêt phénoménologique pour les modes de perception de base, tel qu'il se manifeste dans *Tentative d'épuisement d'un lieu parisien* (1975) de Perec ; et, enfin, désir d'intervention à finalité ludique ou politique dans l'art ou le quotidien. Tout cela se retrouve chez Perec, notamment dans sa passion pour les listes, les catalogues, les index, les contraintes comme pour les puzzles, les mots croisés et les jeux.

Ce modèle du (post)modernisme des années 1960, auquel Perec appartient, m'amène à envisager le personnage de Bartlebooth dans *La Vie mode d'emploi*[6] comme l'image même, pour Perec, du peintre d'avant-garde.

Bartlebooth transforme son existence en projet artistique autodestructeur : pendant dix ans il s'initie à l'art de l'aquarelle ; pendant les vingt années suivantes, il parcourt le monde selon un itinéraire prémédité et peint des marines représentant des ports de mer sur des feuilles de papier de même format, destinées à être découpées en puzzles ; et les vingt dernières années de sa vie se passent à reconstituer les puzzles, et donc les marines originales, avant de les faire transporter à l'endroit même où elles ont été peintes et de les plonger dans une solution détersive qui permettra au papier de retrouver sa blancheur originale.

On aurait là une parfaite caricature de l'artiste d'avant-garde des années soixante, n'était-ce que le projet de Bartlebooth ne quitte pas la sphère privée, alors que l'enregistrement du travail de l'artiste sous une forme quelconque, aussi réduite soit-elle, est une des conditions minimales de l'existence de l'art. C'est ce que montre Richard Long, dont le nom reste associé au Land Art et qui utilise depuis les années soixante des sites et des matériaux appartenant au paysage pour faire de la « sculpture ». Il effectue des allées et venues répétées sur un morceau de pelouse et en fait photographier les traces (*A Line made by Walking*, 1967). Il parcourt le désert à pied pendant des jours en s'arrêtant parfois pour construire des monuments éphémères avec des pierres trouvées en chemin, ou pour tracer des lignes et des motifs dans le sol, et laisse tout cela derrière lui au moment de reprendre sa marche. Mais pour ces actes solitaires, dépourvus d'existence permanente, inaccessibles au public et s'inscrivant dans un rite personnel ou un exercice de méditation – tout comme les aquarelles de Bartlebooth –, il se fait toujours accompagner d'un photographe. Parfois une partie des sites naturels utilisés sont, d'ailleurs, reconstitués dans des musées.

De même, certains « happenings » prolongeant le travail des peintres et des sculpteurs du début des années soixante présentent un caractère à la fois privé et éphémère. Dans le cadre d'une exposition consacrée au mouvement Fluxus, par exemple, la New-Yorkaise Alison Knowles exposait en 1993, au Whitney Museum de New York, une œuvre des années soixante composée de cinq ou six lignes de consignes dactylographiées et de quelques photographies de qualité médiocre où on la voit en train de manger un hamburger au fromage dans un restaurant où elle avait l'habitude de déjeuner avec la personne qui partageait alors son studio. Quiconque répétait cette action était invité à compléter l'œuvre exposée en y ajoutant sa propre photographie. Comme le souligne Thomas Crow dans *The Rise of the Sixties*[7], l'existence de l'œuvre ne dépend pas, dans ce cas, de ses réalisations particulières, bien qu'il soit essentiel qu'elle soit réalisable dans le temps et l'espace et puisse se répéter ; c'est ce qui la distingue de la poésie, ou de la littérature en général. De ce point de vue, on pourrait dire que le simple fait que Perec décrive, dans son roman, l'entreprise de Bartlebooth suffit à faire de celle-ci une œuvre d'art telle que la définit Crow.

Parodie du modernisme des années soixante ou non, la démarche de Bartlebooth ne diffère pas fondamentalement du projet descriptif de *Lieux* mis en chantier par Perec en 1969 et définitivement abandonné en 1975. Comme Bartlebooth, Perec mise sur le temps : il s'agit, en effet, de décrire à intervalles réguliers, sur une période de douze ans, douze lieux parisiens, choisis en raison du rôle qu'ils ont joué dans la vie de l'auteur, soit qu'il y ait vécu – par exemple, la rue Vilin où il a passé le début de son enfance – soit que des souvenirs personnels l'y rattachent – ainsi la rue où est situé l'appartement parisien d'une maîtresse longtemps regrettée. Chaque endroit doit faire l'objet de deux descriptions par an : l'une sur le lieu même ; l'autre, ailleurs, de mémoire. Les vingt-quatre descriptions à faire sont réparties sur les douze mois de l'année grâce à un algorithme complexe permettant de séparer la description du lieu réel de celle des souvenirs qu'il évoque, et de s'assurer que l'ordre des descriptions ne se répète pas d'une année à l'autre. Les descriptions obtenues, parfois accompagnées de photographies ou d'éléments susceptibles de servir plus tard de témoignages (tickets de métro, notes de restaurant, etc.) sont placées dans des enveloppes scellées. Comme il l'explique dans *Espèces d'espaces*, ce n'est qu'au bout de douze ans que Perec décidera du sort des 288 enveloppes : « Je saurai alors si (cette expérience) en valait la peine : ce que j'attends, en effet, n'est rien d'autre que la trace d'un triple vieillissement : celui des lieux eux-mêmes, celui de mes souvenirs et celui de mon écriture »[9].

Le projet de *Lieux* comporte plusieurs dimensions : analyse sociologique des transformations urbaines ; étude sur le temps, la mémoire et la perception ; expérience d'écriture et retour spéculaire sur le développement de l'écriture ; et enfin discipline de vie structurant le quotidien et les déplacements de Perec pendant des années.

Tel que le décrit Perec, ce projet n'est pas sans rappeler certains « happenings », dus à l'initiative des membres de Fluxus, qui visent à nier l'écart entre l'art et le quotidien en définissant un cadre d'intervention, une séquence temporelle et une suite de mouvements mais en laissant les participants libres d'occuper à leur guise le temps et l'espace impartis. Il s'établit alors une tension entre la rigidité du programme et la spontanéité de sa réalisation, entre le hasard et la détermination, entre l'individu et le social, entre les objets et les événements journaliers et l'œuvre artistique singulière (action, livre ou sculpture) qui risque de paraître très éloignée du quotidien ou de passer pour une excentricité aux yeux du public. C'est ce type même de tension que l'on retrouve au centre de l'œuvre de Perec. Ainsi, *Tentative d'épuisement d'un lieu parisien*[10] montre Perec aux prises avec ce qu'il appelle l'infra-ordinaire : ce qui se passe quand il ne se passe rien, la manière dont nous apparaît le monde lorsque notre esprit l'appréhende sans aucun filtrage préalable :

> Les journaux parlent de tout, sauf du journalier. Les journaux m'ennuient, ils ne m'apprennent rien. [...]
>
> Ce qui se passe vraiment, ce que nous vivons, le reste, tout le reste, où est-il ? Ce qui se passe chaque jour et qui revient chaque jour, le banal, le quotidien, l'évident, le commun, l'ordinaire, l'infra-ordinaire, le bruit de fond, l'habituel, comment en rendre compte, comment l'interroger, comment le décrire ? [...]
>
> Comment parler de ces « choses communes » ? [...]
>
> Peut-être s'agit-il de fonder enfin notre propre anthropologie : celle qui parlera de nous, qui ira chercher en nous ce que nous avons si longtemps pillé chez les autres. Non plus l'exotique, mais l'endotique. Interroger ce qui semble tellement aller de soi que nous en avons oublié l'origine. [...]
>
> Ce qu'il s'agit d'interroger, c'est la brique, le béton, le verre, nos manières de table, nos ustensiles, nos outils, nos emplois du temps, nos rythmes. Interroger ce qui semble avoir cessé à jamais de nous étonner. [...]
>
> Faites l'inventaire de vos poches, de votre sac. Interrogez-vous sur la provenance, l'usage et le devenir de chacun des objets que vous en retirez. [...]
>
> Combien de gestes faut-il pour composer un numéro de téléphone ? Pourquoi ?
>
> Pourquoi ne trouve-t-on pas de cigarettes dans les épiceries ? Pourquoi pas ?[11]

L'ambition de Perec est très proche de celle exprimée par Allan Kaprow (né en 1927), pionnier des installations et des « happenings » de type environnemental à New York vers la fin des années cinquante et le début des années soixante. Dans un essai intitulé « The Legacy of Jackson Pollock », paru dans la revue *Artnews* en 1958, il déclare :

> Nous devons prendre conscience, être éblouis même, par l'espace et les objets de tous les jours, qu'il s'agisse de notre corps, de nos vêtements, des pièces où nous habitons, voire de l'immensité de la Quarante-deuxième rue de New York ... toutes ces manifestations dont on ne parle pas, à chercher dans les poubelles, les dossiers de police, les halls d'hôtel ; vues dans des vitrines ou dans la rue, et ressenties à l'occasion de rêves et de terribles accidents.[12]

Dans le but de capter ce réel, Perec décide d'enregistrer, de manière quasi mécanique, tout ce qui se passe place Saint-Sulpice à Paris pendant trois jours consécutifs. L'aspect mécanique de l'entreprise est important, puisque Perec souhaite neutraliser les filtrages et les choix motivés par la psychologie du sujet, et se débarrasser des grilles de discrimination et d'évaluation intellectuelles et culturelles afin d'entrevoir le quotidien dans sa réalité la plus brute. En s'imposant cette contrainte, Perec refuse de choisir, mais il ne s'agit nullement d'écriture automatique au sens où l'entendaient les Surréalistes, l'objectif n'étant pas d'accéder à l'inconscient. En général, l'avant-garde des années soixante est soit indifférente soit hostile à la psychanalyse, étant donné que les artistes de l'époque s'inscrivent en faux contre le culte moderniste de l'artiste et l'intériorisation de l'art ; ils tentent de faire de l'art une pratique beaucoup plus expérimentale, c'est-à-dire tournée vers l'extérieur, sociale et ouverte, qui fait appel au hasard ou à des contraintes formelles plutôt qu'à l'inspiration d'un individu solitaire. Perec se situe à l'opposé de l'écriture automatique : il tente d'accéder sciemment aux bruits de fond et à toutes les données sensibles qui sont habituellement filtrées par la conscience.

Cette poursuite de l'infra-ordinaire au moyen de règles mécaniques et de contraintes, rattache manifestement Perec à l'avant-garde des arts plastiques des années soixante. Ainsi, le projet de *Lieux* est remarquablement proche de la *Topographie anecdotée du hasard*[13] de Daniel Spoerri (né en 1930), la différence essentielle étant que *Lieux* joue sur la durée tandis que *Topographie anecdotée du hasard* propose l'inventaire de tout ce qui se trouvait sur la table de cuisine de Spoerri à un moment précis, choisi au hasard – le 17 octobre 1961 à 15 h 47. L'inventaire comprend quatre-vingt objets numérotés : ils sont chacun représentés par un dessin sommaire accompagné soit d'une brève description soit d'un récit anecdotique relatant les conditions dans lesquelles l'objet est arrivé sur la table de l'artiste – d'où le titre.

Immobiliser le temps à un instant précis choisi au hasard permet à Spoerri d'attirer l'attention, comme le fait Perec avec les observations recueillies place Saint-Sulpice, sur des objets d'utilisation courante considérés habituellement comme dépourvus d'intérêt – du moins artistique. Les diverses anecdotes rapportées par Spoerri servent à montrer combien l'histoire personnelle de l'artiste, son œuvre et ses relations avec les autres sont inextricablement liées à des objets de tous les jours , souvent bon marché et produits en série, de manière à combler l'écart entre l'art et la vie. Les endroits choisis par Perec pour figurer dans le projet de *Lieux* de même que les autres structures autobiographiques présentes dans son œuvre témoignent chez lui d'une démarche semblable. La *Topographie anecdotée du hasard* s'inscrit dans une stratégie artistique globale qui consiste à tenter de capter le réel et rendre plus perméable la frontière entre le quotidien et l'art : au lieu de réaliser des toiles ou des sculptures, Spoerri crée ce qu'il appelle alors des « pièges ». Le plus connu d'entre eux a été réalisé pour l'exposition de 1962, dont la *Topographie anecdotée* constitue le catalogue : Spoerri avait aménagé la galerie en restaurant avec des tables, etc., invité relations et amis (parmi eux les poètes Pierre Restany et John Ashbery) à venir y faire la cuisine et le public à s'y restaurer ; le repas achevé, l'artiste fixait couteaux, fourchettes, verres, assiettes et restes de repas au plateau de la table avec un puissant adhésif de manière à obtenir des tableaux qu'il accrochait aux murs de la galerie ; l'exposition se constituait et se transformait donc au fil des jours.

Il est possible que Perec ait eu connaissance des activités de Spoerri et de son entourage. En tout cas, les interventions de celui-ci, surtout lorsqu'il collabore avec Robert Filliou, comportent une dimension humoristique que Perec n'aurait pas reniée. Quoique beaucoup plus jeune, Perec partage ce que Crow appelle « l'ambition première » de Fluxus (au moment où le dirige Georges Maciunas), à savoir « remettre en question l'unicité précieuse de l'objet d'art, et avec elle tout le marché de l'art, et proposer à la place des objets bon marché, d'utilisation courante et mutables. C'est dans ce but que les artistes du camp Fluxus se mettent à expérimenter avec toutes sortes d'objets trouvés et d'assemblages »[14].

En ce qui concerne *Lieux* de Perec et la *Topographie anecdotée* de Spoerri (de même que certaines œuvres de Sophie Calle influencées par Joe Brainard puis Perec), il est difficile de dire s'il s'agit de représenter l'art comme une forme de vie (voire une stratégie de vie ou de survie) ou plutôt de transformer la vie en œuvre d'art.

L'Américain Joseph Kosuth, artiste qui se rattache à l'art conceptuel, mentionne plusieurs exemples de brouillage des frontières entre la vie et l'art dans un article de 1969 intitulé « Art and Philosophy ». Il cite notamment les paroles d'un peintre minimaliste américain, Richard Serra, qui a tenté de fusionner complètement l'art et la vie – tel Bartlebooth ? ou Perec ? : « Je ne fais pas de l'art, je me livre à une activité ; si quelqu'un décide d'appeler cela de l'art, libre à lui, mais ce n'est pas à moi de le faire. C'est plus tard qu'on pourra en juger »[15]. Il y a dans cette déclaration de Serra une certaine fausse naïveté qui n'échappe pas à Kosuth. Celui-ci, en revanche, ne cache pas son intérêt pour un autre peintre :

> On Kawara, artiste japonais qui a entamé une série de voyages à travers le monde en 1959, [qui] pratique un art hautement conceptuel depuis 1964 :

> On Kawara a d'abord proposé des toiles où il ne peignait qu'un seul mot, puis il est passé à des « questions » et des « codes » avant d'y noter, par exemple, la longitude et la latitude d'un point donné du Sahara. Mais il est surtout connu pour ses « date paintings » qui, comme leur nom l'indique, portent seulement (inscrite à la peinture) la date du jour où la toile est réalisée. Si la toile n'est pas « achevée » le jour même où elle a été entamée (et cela, avant minuit), il la détruit. Tout en continuant à faire des « dates paintings »(il a passé l'an dernier à parcourir tous les pays d'Amérique du Sud), il s'est lancé dans d'autres projets au cours de ces deux dernières années. Parmi ceux-ci : un « calendrier de 100 ans », où il relève le nom de tous les gens rencontrés chaque jour (*I met*) telle qu'il l'a noté dans ses agendas ainsi que *I went* qui est un calendrier où figure la carte de toutes les villes visitées avec l'indication de toutes les rues qu'il a parcourues. Par ailleurs, il expédie quotidiennement des cartes postales où il précise l'heure à laquelle il s'est réveillé le matin. Les raisons pour lesquelles On Kawara se livre à ce type d'art sont extrêmement personnelles. Rebelle à toute publicité, il se tient à l'écart du monde de l'art et n'expose pas.[16]

On retrouve là quelque chose de très proche du projet de Bartlebooth dans *la Vie mode d'emploi* ou d'œuvres comme *Je me souviens* (1978), « Lieux où j'ai dormi »[17], « Tentative d'inventaire des aliments liquides et solides que j'ai ingurgités au cours de l'année 1974 »[18] (1976), « Deux cent quarante-trois cartes postales en couleur véritables »[19](1978), « 81 fiches-cuisine à l'usage des débutants »[20] (1980) ou *Lieux*. Celles-ci évoquent, par ailleurs, d'autres travaux de type conceptuel cités par Kosuth, notamment ceux de Kristine Kozlov, plasticienne qui propose, entre autres, après 1966 une « pile constituée de plusieurs centaines de feuilles de papier vierges – dont chacune correspond à une des journées où elle a rejeté un concept » et *Figurative work* où elle recense tout ce qu'elle a mangé au cours d'une période donnée de six mois »[21].

L'aspect privé de telles œuvres peut être envisagé soit sous l'angle de la contrainte formelle ou de la règle du jeu soit comme élément narratif transformant la vie personnelle de l'artiste en mythe. On en trouve un autre exemple chez l'Allemand Joseph Beuys qui imprègne les matériaux industriels, en soi inexpressifs, dont il se sert pour ses sculptures et ses performances – feutre, graisse – de toute une mythologie personnelle (son avion s'étant écrasé dans le désert durant la Seconde Guerre mondiale, il a été sauvé par des nomades etc.). Peut-être pourrait-on rapprocher cela de la manière dont *W ou le souvenir d'enfance* construit une histoire personnelle en créant une mythologie ouverte à de multiples interprétations – processus d'élaboration complexe que retrace Philippe Lejeune dans *La mémoire et l'oblique*.[22]

Le recours, sous forme de contrainte, à des éléments tirés de l'expérience personnelle est illustré dans l'un des textes fondateurs de Fluxus, *An Anthology*[23] (1963), où figure, entre autres, la performance suivante suggérée par le compositeur d'avant-garde américain La Monte Young :

Piano Piece for David Tudor 2 :
Soulever le couvercle du clavier, et ce faisant, éviter de faire le moindre bruit. L'opération pourra être répétée plusieurs fois dans ce but. Le morceau est terminé lorsqu'on y est parvenu ou lorsqu'on décide de ne plus essayer. Il n'est pas nécessaire d'expliquer quoi que ce soit au public. Faire ce qu'il y a à faire, et lorsque le morceau s'achève, indiquer que la prestation est terminée de la manière habituelle
Octobre 1960

Comme l'explique à juste titre Thomas Crow, dans des cas comme celui-ci « la subjectivité de l'artiste – loin d'être source même d'expressivité – est l'élément déstabilisateur qui rend l'œuvre indéchiffrable »[24].

C'est sous cet angle, me semble-t-il, qu'il convient d'aborder les composantes autobiographiques de l'œuvre de Perec, c'est-à-dire en tant que remise en cause à la fois du culte de l'artiste/l'auteur et des clivages instaurés entre l'expérience quotidienne et l'art. Ce sont des thèmes de réflexion communs à Perec et aux plasticiens d'avant-garde des années 1960 et 1970. Ensemble, ils rejettent aussi la subjectivité et l'intériorité du modernisme classique.

Les artistes des années soixante et soixante-dix tendent à adopter une stance plus « objective » – je pense, notamment, à l'intérêt que les mouvements minimaliste et conceptuel (comme Perec) portent aux mathématiques, à la philosophie et au langage. Ils manifestent également une grande ouverture sur l'extérieur, qui tient à la fois de la curiosité, de la critique culturelle et de la volonté d'expérimentation : ainsi, Guy Debord et le mouvement situationniste se nourrissent d'anthropologie tandis que, dans son célèbre manifeste, Joseph Kosuth présente « l'artiste comme anthropologue ». On sait, par ailleurs, l'intérêt que Perec portait à la sociologie, à l'anthropologie et à la politique.

En fait, c'est seulement une fois replacée dans le contexte des années 1960 et 1970 que l'écriture expérimentale de Perec prend véritablement son sens. C'est pourquoi j'aimerais, pour conclure, revenir sur ce que dit Thomas Crow des arts plastiques des années soixante dans *The Rise of the Sixties*. Dans l'introduction de son ouvrage, il explique qu'au moment même où « artistes, danseurs et musiciens […] s'investissaient entièrement dans des actions hybrides, baptisées « happenings », où le hasard et l'improvisation de groupe se substituaient à toute intention artistique unique et singulière », le terrain d'action du radicalisme social se déplaçait sous l'effet du mouvement des droits civils aux États-Unis, de l'agitation des étudiants et des manifestations contre la guerre du Vietnam : « il quittait alors le domaine de la production industrielle et des partis de masse pour se tourner vers celui de la conscience, de l'expression symbolique et de l'organisation spontanée de la base ». Crow ajoute :

> Dans ce contexte, chaque décision artistique était désormais soumise à un questionnement d'ordre éthique, politique ou à une réflexion sur l'honnêteté et le mensonge dans la représentation ; chaque initiative artistique se chargeait d'une interrogation sur la nature et les limites de l'art lui-même. Par les moyens employés, le débat se situait à l'opposé des graves discussions verbales de l'époque. En effet, les concepts étaient condensés sous forme d'icônes visuelles, de séries non linéaires d'objets dans l'espace, d'actions publiques impossibles à répéter et d'interventions d'activistes à l'intérieur des musées ou des galeries considérés alors comme agents du pouvoir. Mais il y avait bien débat néanmoins et, pour bien saisir l'histoire de l'art à partir du milieu des années cinquante, il importe de suivre ce dialogue intense fait de voix multiples.[25]

Perec a véritablement sa place dans ce débat.

(Traduit de l'anglais par Mireille Ribière)

Notes

1. *Ce dont ils se souviennent* est un autoportrait ironique sous forme de propos (probablement fictifs) tenus par des personnes anonymes sur Boltanski. Il a été traduit et publié en anglais sous le titre *What They Remember* dans Didier Semin, Tamar Garb et Donald Kuspit, *Christian Boltanski*, London, Phaidon Press, 1997. L'ouvrage comporte une section « Artist's choice » entièrement composée d'extraits de *W ou le souvenir d'enfance*, de *Je me souviens* et de *Tentative d'épuisement d'un lieu parisien* (traduits en anglais).
2. *Anthropométries de l'époque bleue*, Galerie internationale d'Art, 9 mars 1960.
3. Georges Perec, « Je ne suis absolument pas critique d'art », in *L'œil d'abord … Georges Perec et la peinture, Cahiers Georges Perec*, n° 6, Paris, Seuil, 1996, p. 199.
4. Bernard Magné, « Georges Perec : poèmes d'images, in *L'image génératrice de textes de fiction*, La licorne, UFR Langues et Littératures, Poitiers, 1995, pp. 227 et 232-33.
5. Mireille Ribière, « En parallèle : rencontre (*Alphabet pour Stämpfli*) », *Le Cabinet d'amateur*, n° 1, 1993, p. 90.
6. Georges Perec, *La Vie mode d'emploi*, Paris, Hachette/Le Livre de poche, 1978.

7. Thomas Crow, *The Rise of the Sixties*, London, The Everyman Art Library, 1996, p. 131.
8. Pour une description exhaustive du projet voir Philippe Lejeune, *La mémoire et l'oblique*, Paris, P.O.L., 1991.
9. Georges Perec, *Espèces d'espaces*, Paris, Ed. Galilée, 1974, pp. 76-77.
10. *Tentative d'épuisement d'un lieu parisien*, dans *Le pourrissement des sociétés*, Cause commune 1975/1, Paris, 10/18 (n° 936), 1975, pp. 59-108.
11. « Approches de quoi ? », d'abord publié dans *Cause Commune* (n° 5, 1973) et repris dans Georges Perec, *L'infra-ordinaire*, Paris, Seuil (collection La Librairie du XXe siècle), 1989, pp. 9-13.
12. « The legacy of Jackson Pollock » (*Artnews*, 1958), repris dans Thomas Crow, *The Rise of the Sixties, op. cit.*, p. 33. La référence à Jackson Pollock et aux « rêves » et « accidents » renvoie évidemment au modernisme classique.
13. Daniel Spoerri, *Topographie anecdotée du hasard*, Paris, Editions Galerie Lawrence, 1962. Artiste roumain installé à Paris et associé, comme Arman (né en 1928), aux Nouveaux réalistes, Daniel Spoerri devait plus tard rejoindre le mouvement Fluxus. C'est d'ailleurs à un membre de Fluxus, Dick Higgins, que l'on doit la traduction anglaise de l'ouvrage de Spoerri (*An Anecdoted Topography of Chance*, New York, The Something Else Press, 1966).
14. Thomas Crow, *The Rise of the Sixties, op. cit.*, p. 129.
15. Cité dans Joseph Kosuth, « Art and Philosophy », *Studio International*, London, October 1969, p. 136.
16. *Ibid.*, p. 161.
17. « Trois chambres retrouvées », dans Georges Perec, *Penser/Classer*, Paris, Hachette (collection « Textes du XXe siècle »), 1985, pp. 25-30.
18. « Tentative d'inventaire des aliments liquides et solides que j'ai ingurgités au cours de l'année 1974 » dans Georges Perec, *L'infra-ordinaire, op. cit.*, pp. 97-106.
19. « Deux cent quarante-trois cartes postales en couleur véritables », *ibid.*, pp. 33-67.
20. « 81 fiches-cuisine à l'usage des débutants », dans Georges Perec, *Penser/Classer, op. cit.*, pp. 89-108.
21. Joseph Kosuth, « Art and Philosophy », *op. cit.*, p. 161.
22. Philippe Lejeune, *La mémoire et l'oblique*, Paris, P.O.L., 1991, pp. 61-138.
23. Édité par George Maciunnas et Lamonte Young en 1963.
24. Voir Thomas Crow qui cite et commente cet exemple précis dans *The Rise of the Sixties, op. cit.*, p. 129.
25. *Ibid.*, p. 11-12.